OLÍMPIA E O LEVIATÃ
A PARTICIPAÇÃO DO ESTADO PARA GARANTIA DA INTEGRIDADE NO ESPORTE

TATIANA MESQUITA NUNES

Prefácio
Jean Nicolau

OLÍMPIA E O LEVIATÃ
A PARTICIPAÇÃO DO ESTADO PARA GARANTIA DA INTEGRIDADE NO ESPORTE

Belo Horizonte

2023

© 2023 Editora Fórum Ltda.

É proibida a reprodução total ou parcial desta obra, por qualquer meio eletrônico, inclusive por processos xerográficos, sem autorização expressa do Editor.

Conselho Editorial

Adilson Abreu Dallari
Alécia Paolucci Nogueira Bicalho
Alexandre Coutinho Pagliarini
André Ramos Tavares
Carlos Ayres Britto
Carlos Mário da Silva Velloso
Cármen Lúcia Antunes Rocha
Cesar Augusto Guimarães Pereira
Clovis Beznos
Cristiana Fortini
Dinorá Adelaide Musetti Grotti
Diogo de Figueiredo Moreira Neto (*in memoriam*)
Egon Bockmann Moreira
Emerson Gabardo
Fabrício Motta
Fernando Rossi
Flávio Henrique Unes Pereira

Floriano de Azevedo Marques Neto
Gustavo Justino de Oliveira
Inês Virgínia Prado Soares
Jorge Ulisses Jacoby Fernandes
Juarez Freitas
Luciano Ferraz
Lúcio Delfino
Marcia Carla Pereira Ribeiro
Márcio Cammarosano
Marcos Ehrhardt Jr.
Maria Sylvia Zanella Di Pietro
Ney José de Freitas
Oswaldo Othon de Pontes Saraiva Filho
Paulo Modesto
Romeu Felipe Bacellar Filho
Sérgio Guerra
Walber de Moura Agra

CONHECIMENTO JURÍDICO

Luís Cláudio Rodrigues Ferreira
Presidente e Editor

Coordenação editorial: Leonardo Eustáquio Siqueira Araújo
Aline Sobreira de Oliveira

Rua Paulo Ribeiro Bastos, 211 – Jardim Atlântico – CEP 31710-430
Belo Horizonte – Minas Gerais – Tel.: (31) 99412.0131
www.editoraforum.com.br – editoraforum@editoraforum.com.br

Técnica. Empenho. Zelo. Esses foram alguns dos cuidados aplicados na edição desta obra. No entanto, podem ocorrer erros de impressão, digitação ou mesmo restar alguma dúvida conceitual. Caso se constate algo assim, solicitamos a gentileza de nos comunicar através do *e-mail* editorial@editoraforum.com.br para que possamos esclarecer, no que couber. A sua contribuição é muito importante para mantermos a excelência editorial. A Editora Fórum agradece a sua contribuição.

Dados Internacionais de Catalogação na Publicação (CIP) de acordo com ISBD

N972o	Nunes, Tatiana Mesquita
	Olímpia e o Leviatã: a participação do Estado para garantia da integridade no esporte / Tatiana Mesquita Nunes. - Belo Horizonte : Fórum, 2023.
	229 p. ; 14,5cm x 21,5cm
	Inclui bibliografia
	ISBN: 978-65-5518-458-7
	1. Direito Público. 2. Direito Desportivo. I. Título.
2 0 2 2 - 2387	CDD 341
	CDU 342

Elaborado por Odilio Hilario Moreira Junior - CRB-8/9949

Informação bibliográfica deste livro, conforme a NBR 6023:2018 da Associação Brasileira de Normas Técnicas (ABNT):

NUNES, Tatiana Mesquita. *Olímpia e o Leviatã*: a participação do Estado para garantia da integridade no esporte. Belo Horizonte: Fórum, 2023. 229 p. ISBN 978-65-5518-458-7.

Àqueles que me ensinaram a dançar na chuva, ao invés de aguardar passivamente até que ela passasse.

Àquele que dançou comigo.

Agradecimento especial ao amigo e colega de estudos desportivos Leonardo Andreotti, cujo apoio foi fundamental para a publicação desta obra.

Há um velho provérbio chinês: se não se penetrar no covil do tigre, como é possível capturar seus filhotes? Sendo este provérbio verdadeiro para a prática humana, ele é igualmente verdadeiro para a teoria do conhecimento.

Brohm, 2002

SUMÁRIO

PREFÁCIO
Jean Nicolau.. 15

INTRODUÇÃO
OLÍMPIA E O LEVIATÃ 19
I Olímpia 19
II O Leviatã 23
III Olímpia e o Leviatã: uma relação de poder 25

PARTE I
OLÍMPIA E O LEVIATÃ:
UM HISTÓRICO EMBATE

CAPÍTULO I
O ESPORTE, O ESTADO E A INTEGRIDADE 29
1.1 Estado, Direito e Esporte: a sociogênese do esporte e sua
peculiar formatação jurídica 29
1.2 O Estado no domínio esportivo: a autonomia do esporte
e sua qualificação como direito social 45
1.2.1 A autonomia das organizações esportivas 50
1.2 O esporte como direito social e sua influência para a
concepção da autonomia 54
1.2.3 A autonomia do esporte (ou a autonomia supervisionada
das organizações esportivas) 57
1.3 A integridade como ideal orientador do esporte 63
1.3.1 A integridade do esporte em si mesmo 68
1.3.2 A integridade pessoal no esporte ou a integridade das
competições 68
1.3.3 A integridade das organizações esportivas 70
1.3.4 A integridade procedimental dos eventos esportivos 71
1.3.5 Integridade e governança no esporte 71

CAPÍTULO II
ESTADO E ESPORTE NO BRASIL 75
2.1   A relação entre as organizações esportivas e o Estado
        brasileiro – escorço histórico 75
2.2   O esporte como direito social e a autonomia – exegese
        do artigo 217 da CRFB/1988 81
2.2.1   O artigo 217 e o bem jurídico protegido 84
2.2.2   Autonomia das organizações esportivas no Direito
        brasileiro – as concepções doutrinárias e
        jurisprudenciais atuais 88
2.2.3   As formas de interação do movimento esportivo com o
        Direito brasileiro – o exemplo da *Lex* FIFA 100
2.3   Arcabouço jurídico atual para garantia da integridade
        das organizações esportivas brasileiras 105
2.3.1   Repressão a ilícitos, à gestão temerária e aos atos contrários
        ao contrato ou estatuto social na Lei Pelé – o art. 27 107
2.3.2   Normas de boa governança incorporadas na Lei Pelé –
        o artigo 18-A 108
2.3.3   O Programa de Modernização da Gestão e da
        Responsabilidade Fiscal do Futebol (PROFUT) 113
2.3.4   O combate à dopagem como questão de integridade 123

PARTE II
OLÍMPIA E O LEVIATÃ:
UM CAMINHO PARA A COOPERAÇÃO

CAPÍTULO III
ESTADO E ESPORTE NO MUNDO 129
3.1   O modelo esportivo norte-americano e suas
        especificidades 132
3.1.1   Organizações esportivas norte-americanas: monopólios
        e truste 137
3.1.2   O exemplo da legislação antidopagem e a atuação
        estatal 141
3.2   A diferente visão do Estado francês em face do esporte:
        autonomia e regulação 143
3.2.1   A autonomia do esporte no Direito Francês – a relação
        entre Estado e organizações esportivas 149

3.2.2   Integridade no modelo esportivo francês............................ 154

a)   A integridade das competições esportivas: os exemplos do controle de dopagem e do combate à manipulação de resultados 157

b)   A integridade das organizações esportivas: o exemplo da aplicação das regras de transparência da vida pública 161

3.3   Configuração internacional da proteção ao esporte e à sua integridade 167

CAPÍTULO IV
PROPOSTA DE UM MARCO JURÍDICO PARA A INTEGRIDADE DAS ORGANIZAÇÕES ESPORTIVAS NO BRASIL 175

4.1   Esporte e autonomia sob a ótica de sua função social 176

4.2   A figura da organização esportiva frente ao bem jurídico esporte: peculiaridade do sistema esportivo e sua aproximação com os monopólios e carteis econômicos 184

4.3   A cooperação possível entre movimento esportivo e Estado: conciliação entre a autonomia das organizações esportivas e a normatização de regras de integridade para o esporte brasileiro 194

4.3.1   Adoção de medidas de transparência – o exemplo do Direito francês 204

4.3.2   Prevenção de situações em que o agente possa se encontrar frente à necessidade de adoção de comportamentos "não virtuosos" – o exemplo da luta contra o conflito de interesses na Justiça Desportiva 207

4.3.3   Sanções a comportamentos "não virtuosos" – a improbidade na administração do desporto 209

CONCLUSÃO
O ESPORTE E O ESTADO (PARA ALÉM DE OLÍMPIA E O LEVIATÃ) 211

REFERÊNCIAS 217

PREFÁCIO

Reconhecer a autonomia do movimento esportivo sem minimizar a influência exercida pelos poderes públicos; atentar para a importância do "equilíbrio entre o poder outorgado às organizações esportivas e aquele mantido pelo Estado"; propugnar uma relação de cooperação entre atores movidos por interesses usualmente diversos.

Esses são alguns dos diversos méritos da dissertação que conferiu a Tatiana Mesquita Nunes o título de mestre em Direito pela Universidade de São Paulo e, agora, deu origem à obra *Olímpia e o Leviatã*: a participação do Estado para garantia da integridade no esporte. A satisfação de prefaciá-la é no mínimo tão grande quanto foi a de participar da banca examinadora que, em 2020, reconheceu a qualidade do trabalho desta colega franciscana, que se tornaria, anos depois, uma parceira de outras aventuras acadêmicas, uma mentora (e madrinha) no tribunal brasileiro antidopagem e uma amiga fiel.

Sob perspectiva inovadora, Tatiana propôs-se a revisitar o histórico embate entre Olímpia e o Leviatã, entre o Esporte e o Estado. É possível que o resultado de seu detalhado estudo, isento e imparcial, apenas tenha sido alcançado graças às experiências vivenciadas pela autora em ambos os campos: além de sua notável carreira na Advocacia-Geral da União, ela ocupa com brilhantismo a presidência do Tribunal de Justiça Desportiva Antidopagem (TJD-AD), desde sua concepção.

Ao se aproximar pela primeira vez de Olímpia, Tatiana pegou gosto pelo Direito Desportivo. Seu engajamento na luta pelo jogo limpo foi determinante para a construção e o desenvolvimento do sistema brasileiro de luta contra a dopagem no esporte: estudiosa, interessada e sempre disponível, Tatiana tornou-se o pilar do TJD-AD. Ao mesmo tempo que contribuiu com a edificação tanto da regulamentação nacional antidopagem quanto de uma autêntica jurisprudência relacionada à matéria, Tatiana tornou-se referência no tema para toda a comunidade do Direito Desportivo; com competência, carisma e um aguçado espírito de equipe, exerce indiscutível ascendência sobre seus colegas da Justiça Antidopagem e, de forma mais ampla, sobre a crescente equipe da Agência Brasileira de Controle de Dopagem.

Não são muitos os que, como Tatiana, têm a oportunidade de transitar cotidianamente entre os mundos de Olímpia e Leviatã. Talvez por isso, os trabalhos anteriores que se dedicaram ao tema tenham, via de regra, tomado o partido de um dos dois campos. Enquanto os estudiosos do Direito Desportivo tendem a alardear uma ampla, senão quase irrestrita, autonomia esportiva, os publicistas que se debruçaram sobre o tema tendem a subjugar a corpo de normas, eminentemente privadas, que compõem o tecido jurídico do esporte.

Num contexto de progressiva interdependência entre entes públicos e privados, entre normas de origem pública e privada, cooperação e articulação tornam-se, no entanto, palavras de ordem. Não há mais sentido em nutrir ou ser indiferente diante do histórico antagonismo entre atores que, especialmente em tempos do esporte-negócio, foram compelidos ao diálogo.

Afinal, sob uma perspectiva prática, a ausência de cooperação entre poderes públicos e organizações esportivas pode dificultar ou mesmo inviabilizar a realização das grandes competições. A experiência demonstra que, quanto maior a envergadura do evento, maior o imperativo de cooperação. Não é fruto do acaso se, por ocasião de certos megaeventos, como a Copa do Mundo FIFA, é de rigor a presença dos chamados comitês organizadores locais, órgãos *ad hoc* destinados a atuar como interlocutores governamentais perante a entidade esportiva internacional que detém os direitos sobre a manifestação em questão.

Para além da organização de grandes eventos, a cooperação entre o movimento esportivo e os poderes públicos, inclusive internacionais, tem se revelado determinante na busca por objetivos comuns, especialmente relativos à preservação da integridade das competições. A propósito, seja por razões socioculturais ou econômicas, dois são atualmente os principais motivos de preocupação da comunidade internacional, dos Estados e das organizações esportivas internacionais: em tempos mais recentes, a manipulação de resultados e, sobretudo, a dopagem no esporte de alto rendimento. Neste particular, não parece haver exemplo mais bem acabado de cooperação entre Olímpia e o Leviatã do que a consolidação do sistema mundial antidopagem, que Tatiana conhece como poucos no Brasil.

Uma vertente específica, mas não menos importante, da necessária cooperação entre o Esporte e o Estado diz respeito à articulação entre as normas produzidas no âmbito de seus respectivos domínios. É justamente essa articulação que, ao possibilitar uma coabitação harmoniosa, dá azo a interações constantes entre os sistemas normativos constituídos no âmbito de Olímpia e do Leviatã. Assim como o movimento esportivo é instado a sujeitar-se a determinadas decisões judiciais e regras imperativas emanadas de autoridades estatais (ou supranacionais, como as da União Europeia), os poderes públicos têm boas razões – em especial econômicas – para julgar convenientes certas concessões abertas ao direito desportivo.

Na prática, a articulação entre normas provenientes da ordem jurídico-desportiva e dos sistemas estatais é uma realidade: são cada vez mais frequentes, com efeito, situações em que autoridades judicantes do movimento esportivo lançam mão de regras de Direito de origem pública para fundamentar suas decisões. Contemplam expressamente tal possibilidade regulamentos de entidades como as federações internacionais de futebol (FIFA) e handebol (IHF), entre tantas outras. De outra parte, já não são raros os casos em que tribunais estatais, inclusive nacionais, como inclusive o Tribunal Superior do Trabalho, promovem a aplicação de normas (privadas) de natureza esportiva quando se deparam com questões internacionais envolvendo atores do movimento esportivo.

Temas atinentes à cooperação entre Olímpia e o Leviatã são muito bem exploradas na obra de Tatiana. Se a primeira parte de seu trabalho é consagrada a uma apresentação histórica detalhada sobre a conflituosa relação entre os atores do esporte e os entes públicos, a segunda parte do livro dedica-se à cuidadosa reflexão sobre medidas concretas visando, em última análise, a promover a cooperação entre entes públicos e privados envolvidos na concepção e na organização das grandes competições.

Este conjunto ao mesmo tempo analítico e propositivo sobre um tema de constante atualidade converte *Olímpia e o Leviatã* em obra obrigatória aos operadores do Direito Desportivo, certamente, mas também aos estudiosos das interações entre sistemas ou, em última análise, do fenômeno do pluralismo jurídico.

Jean Nicolau
Doutor em Direito (USP e Universidade de Lyon). Membro do Tribunal de Justiça Desportiva Antidopagem. Membro do Tribunal da Fédération Internationale de Volleyball (FIVB).

INTRODUÇÃO

OLÍMPIA E O LEVIATÃ

I Olímpia

O melhor é a água, enquanto o ouro, como o fogo brilhando na noite, distingue-se mais que a riqueza exaltadora de homens.
Se jogos celebrar desejas, caro coração, não mais cálido que o sol luzindo de dia outro astro mires no ermo éter, nem uma competição superior à de Olímpia cantaremos.
(...)
E a fama das Olimpíadas de longe refulge dos hipódromos de Pélops, onde rapidez dos pés se disputa e extremos de vigor bem sofridos.
E o vencedor por toda vida o doce mel da bonança goza por causa dos jogos.
(...)
Mas o cume eleva-se para os reis. Não vises além.
Que tu possas por teu tempo nas alturas caminhar, e eu tão somente a vencedores associar-me, preclaro em minh'arte junto aos Helenos em toda parte.[1]

Conta Píndaro em suas odes que, na realização do Quinto de seus Doze Trabalhos,[2] Hércules teve como tarefa limpar os estábulos do rei Áugias em um único dia. O rei Áugias, participante da

---

[1] Trecho da Primeira Ode Olímpica de Píndaro (ROMERO, 2013). Píndaro foi um poeta grego que, em homenagem aos vencedores dos Jogos – Olímpicos, Píticos, Nemeus e Ístmicos –, compunha odes glorificando as façanhas dos competidores. Em suas *Odes Olímpicas* Terceira e Décima, principalmente, conta a história de Hércules e do seu Quinto Trabalho, o qual teria dado origem aos Jogos Olímpicos.

[2] Conta a lenda que os Doze Trabalhos de Hércules foram determinados pelos Deuses como punição ao seu temperamento raivoso. Assim, deveria Hércules servir ao rei Euristeu, de Micenas, por 12 anos, em cada um dos quais receberia uma difícil tarefa. Sobre o tema, veja RODRÍGUEZ, 2012.

expedição dos Argonautas e filho do rei Hélios, possuía um rebanho de cerca de 3.000 bois, cujos estábulos nunca haviam sido limpos. A tarefa de limpá-los em um único dia, dada pelo rei Euristeu, de Micenas, teria como pagamento o recebimento, por Hércules, de um décimo do rebanho do rei Áugias.

Para completar sua tarefa, Hércules desviou o curso do Rio Alfeu, de Olímpia, que passava próximo aos estábulos, permitindo, em poucas horas, que a água levasse a sujeira acumulada, refazendo, em seguida, o curso natural do rio. Ciente do sucesso de seu trabalho, Hércules foi buscar seu pagamento, recebendo a negativa do rei Áugias. Foi necessário, pois, após o período de 12 anos de servidão ao rei Euristeu, uma guerra pelo território, vencida por Hércules e seu exército.

Em celebração da vitória, Hércules resolveu homenagear seu pai, Zeus, instituindo uma competição, em Olímpia, na qual qualquer cidadão grego poderia demonstrar o quão forte e veloz era. Limpou o resto do campo, trilhou, com 600 de seus próprios passos, a pista de corridas, e deu aos jogos recém-instituídos o nome de Jogos Olímpicos.[3] Naquele local, Hércules plantou uma Oliveira, a qual deu forma à coroa de oliva, que glorificava os vencedores da competição.

Segundo essa lenda, as façanhas de Hércules teriam alçado Olímpia à condição de berço do movimento olímpico e, portanto, símbolo do que modernamente observamos como fenômeno esportivo. Os Jogos Olímpicos – ao lado dos demais Jogos Pan-Helênicos –[4] representavam a integração do povo grego, dando-lhes

---

[3] A lenda associada ao Quinto Trabalho de Hércules é apenas uma das lendas associadas à criação dos Jogos Olímpicos, havendo outras que também a explicariam, com base em considerações míticas e/ou históricas, a instituição. Uma das lendas de caráter mítico confere a Zeus a qualificação de "primeiro atleta olímpico", por ter vencido o pai, Cronos, na disputa pelo controle do mundo dos mortais. A comemoração teria ocorrido pela convocação de um time de deuses, inspiração para os primeiros jogos. Historicamente, costuma-se atribuir o início dos Jogos Olímpicos ao convite, enviado pelo rei Iphitos, em razão de mensagem do Oráculo de Delfos, para as cidades-Estado competirem em paz na cidade de Olímpia, em 776 a.C., ocasião em que os jogos teriam se constituído apenas de uma corrida, vencida por Koroibos. Sobre o tema, vide: SERVIÇO SOCIAL DA INDÚSTRIA, 2012.

[4] Os Jogos Pan-Helênicos, como forma de culto aos deuses adorados pelos gregos, dividiam-se em quatro principais: Jogos Olímpicos (realizados a cada quatro anos, em homenagem a Zeus), Jogos Píticos (também a cada quatro anos, em homenagem a Apolo), Jogos Nemeus ou Nemeianos (realizados a cada dois anos, em homenagem a Zeus e Herácles) e Jogos

INTRODUÇÃO
OLÍMPIA E O LEVIATÃ | 21

unidade, e sagrando os vencedores – helenos de qualquer parte – com os louros da vitória, em culto a Zeus.

Os Jogos Olímpicos eram disputados a cada quatro anos, sempre no verão, após as colheitas. Iniciavam-se os preparativos finais na primavera, quando os mensageiros deixavam a cidade de Elis e se dirigiam a toda a Grécia, convocando os atletas para os jogos. Os atletas eram, em Olímpia, heróis. Apresentavam-se nus, com óleo e areia sobre o corpo, ofertando a Zeus suas habilidades esportivas. O público – de mais de 40.000 pessoas, entre nobres, ilustres, religiosos, mercadores e "turistas" – assistia às competições em pavilhões exclusivos, lugares privilegiados ou de cima das colinas, a depender de sua classe social.

As disputas duravam cinco dias, intercaladas com momentos de lazer, como sacrifícios no Altis,[5] consultas aos oráculos, recitais de poesia e debates de filosofia. No primeiro dia, depois do juramento perante a estátua de Zeus, iniciavam-se as disputas de corrida, luta e boxe para competidores entre 12 e 18 anos. No segundo dia, após o desfile no hipódromo, os competidores iniciavam as corridas de carruagem e as corridas a cavalo – montando os cavaleiros em pelo e sem estribo.[6] A tarde era dedicada ao pentatlo, composto por provas de lançamento de disco e dardo, salto em distância e corrida. O início do terceiro dia era voltado aos sacrifícios dos animais que

---

Ístimicos (também a cada dois anos, em homenagem a Poseidon) (SERVIÇO SOCIAL DA INDÚSTRIA, 2012).

[5] O Altis era o bosque sagrado onde ficavam os templos de Olímpia. Era uma área irregular quadrangular de mais de 180 metros em cada lado, murada à exceção da parte norte, na qual era limitada pela colina de Cronos. No Altis ficavam os templos de Zeus e de Hera, sua consorte, assim como os principais altares e ofertórios, tesourarias e prédios de administração dos Jogos Olímpicos (ALTIS, [2022]).

[6] A lenda que originou as competições hípicas se relaciona com Hipodâmia, filha do rei Oinomaos, de Pisa. Encontrando-se a menina em "idade para casar", era levada para passeios de carruagem por seus pretendentes, sempre seguida por uma carruagem na qual se encontrava seu pai. Caso o pai conseguisse alcançar e emparelhar a carruagem, tinha o direito de tirar a vida do potencial noivo. Após cortar a cabeça de 20 pretendentes, por possuir os melhores cavalos, teria aparecido a figura de Pélope, da Frígia, apresentando-se duas versões para o fim da lenda. Pela primeira, o chefe dos cavalariços Myrtillos, apaixonado por Hipodâmia e em razão de promessa de Pélope de poder passar uma noite com a noiva, teria trocado as peças de bronze que fixavam as rodas aos eixos por peças de cera, fazendo a carruagem do rei tombar. Pélope teria jogado Myrtillos de um precipício. Pela segunda, Pélope teria recebido do deus Poseidon uma carruagem dourada, com quatro cavalos alados, assim como rodas que se soltariam da carruagem do rei, provocando-lhe a morte (SERVIÇO SOCIAL DA INDÚSTRIA, 2012, p. 21).

eram ofertados pela cidade de Elis, passando-se, no período da tarde, às corridas a pé. No quarto dia, ocorriam os esportes de contato (boxe e pancrácio), com lutas em pé e no solo, seguidos da corrida com armadura. O quinto e último dia era dedicado às celebrações, sagrando os vencedores com as coroas de ramo de oliveira.

Os Jogos Olímpicos da Antiguidade duraram pouco mais de 1.000 anos. No ano de 393 d.C., o imperador Teodósio I proibiu todas as festas e manifestações pagãs, incluindo as Olimpíadas, como forma de respeito ao cristianismo, para o qual havia se convertido. Seu sucessor, Teodósio II, determinou, no século V, que fossem incendiadas várias edificações de Olímpia, como o Templo de Zeus, buscando, assim, que nunca mais houvesse a disputa dos jogos. A tentativa foi exitosa, mantendo-se os Jogos Olímpicos sob ruínas que só seriam levantadas pela iniciativa, em 1896, do barão de Coubertin.

O esporte, porém, não permaneceu sob as ruínas de Olímpia até a nova versão dos jogos, no século XIX. Na Idade Média, eram bastante comuns os treinamentos e a prática de modalidades esportivas relacionadas à guerra, como o arco e flecha, assim como a manifestação esportiva de lazer nas feiras e festivais. No entanto, as raízes do que denominamos esporte moderno remontam ao fim do século XVIII, com o advento da Revolução Industrial, quando se passou a organizar o esporte, com a criação de equipes e a realização de competições esportivas.

A retomada das Olimpíadas passou a ser cogitada ainda no século XIX, a partir dos sonhos outorgados pela história ao poeta grego Panagiotis Soutsos, em 1833. Em seu poema "Diálogo dos Mortos", o poeta apresenta questionamentos postos pelo fantasma de Platão, entre os quais "onde estariam as Olimpíadas". Embora frustrada sua tentativa de propor ao governo grego o retorno dos jogos, sua ideia encontrou amparo no albanês Evangelis Zappas, o qual teria proposto a retomada das Olimpíadas a seu próprio custo. Evangelis Zappas conseguiu organizar, no ano de 1859, os Jogos da Indústria, da Agricultura e do Esporte, em Atenas.

No ano de 1880, William Penny Brookes, inspirado pelas ideias de Zappas, propôs um Festival Olímpico Internacional em Atenas, o qual, no entanto, não foi autorizado pelo governo grego. Embora a ideia não tenha logrado êxito, serviu de inspiração para aquele que seria, a partir de então, considerado o pai do Olimpismo moderno:

Pierre de Frédy, o barão de Coubertin.[7] Fundado o Comitê Olímpico Internacional no ano de 1894, a primeira edição das Olimpíadas Modernas ocorreria em Atenas, dois anos depois, em 1896. Ocorridas algumas versões dos Jogos Modernos a partir de 1896, a cidade de Olímpia, berço do movimento olímpico, renasceria para o esporte apenas no ano de 1928, representada pelo fogo que tranquilamente brandia na pira construída no estádio de Amsterdã, sede dos jogos daquele ano. O fogo, levado de Olímpia a Amsterdã, representou a conexão entre passado e presente, incorporando aos jogos o espírito ancestral. A oferta a Zeus Olímpico, diante do Templo de Hera em Olímpia, acendeu-se em chama, a qual passou, nos seguintes jogos, a ser transportada em uma pira pelos cinco continentes, unindo-os por meio do esporte.

II O Leviatã

Zeus Olímpico, porém, não reina absoluto no mundo esportivo. O Leviatã comparece a Olímpia para exercer também papel de protagonista neste mundo. Trata-se este de figura da mitologia fenícia retratada no Livro de Jó (Antigo Testamento) e que se apresenta como uma criatura indomável e poderosa, sendo figurativamente utilizado por Thomas Hobbes na obra *Leviatã*, de 1651, para referir-se ao Estado.[8]

> Do mesmo modo que tantas outras coisas, a natureza (a arte mediante a qual Deus fez e governa o mundo) é imitada pela arte dos homens também nisto: que lhe é possível fazer um animal artificial. Pois vendo que a vida não é mais do que um movimento dos membros, cujo início ocorre em alguma parte principal interna, por que não poderíamos dizer que todos

---

[7] Pierre de Frédy, conhecido como o Barão de Coubertin, nasceu no ano de 1863, e, ao estudar a educação na França, concebeu a ideia – ou, mais propriamente, o ideal – de que a educação por meio do esporte não mais poderia ser um privilégio das elites, devendo ser transmitida a toda a sociedade. Assim, concebeu a ressureição dos Jogos Olímpicos, modelando-os à sua imagem: a competição envolveria apenas atletas amadores, os quais competiriam por amor ao esporte. Ambicionava os jogos como um momento de "pausa" entre as disputas das nações, proclamando-se a paz entre os Estados. Sua utopia, no entanto, foi desfigurada, quer pela utilização política dos jogos, como ocorrido em Munique, em 1936 – que mais adiante estudaremos sob a ótica do *soft power* esportivo –, quer pela "profissionalização" da competição, a qual passou a agregar atletas de alto rendimento (KESSOUS, 2016).

[8] MALMESBURY, 2018.

os autômatos (máquinas que se movem a si mesmas por meio de molas, tal como um relógio) possuem uma vida artificial? Pois o que é o coração, senão uma mola; e os nervos, senão outras tantas cordas; e as juntas, senão outras tantas rodas, imprimindo movimento ao corpo inteiro, tal como foi projetado pelo Artífice? E a arte vai mais longe ainda, imitando aquela criatura racional, a mais excelente obra da natureza, o Homem. Porque pela arte é criado aquele grande Leviatã a que se chama Estado, ou Cidade (em latim *Civitas*), que não é senão um homem artificial, embora de maior estatura e força do que o homem natural, para cuja proteção e defesa foi projetado. E no qual a soberania é uma alma artificial, pois dá vida e movimento ao corpo inteiro; os magistrados e outros funcionários judiciais ou executivos, juntas artificiais; a recompensa e o castigo (pelos quais, ligados ao trono da soberania, todas as juntas e membros são levados a cumprir seu dever) são os nervos, que fazem o mesmo no corpo natural; a riqueza e prosperidade de todos os membros individuais são a força; Salus Populi (a segurança do povo) é seu objetivo; os conselheiros, através dos quais todas as coisas que necessita saber lhe são sugeridas, são a memória; a justiça e as leis, uma razão e uma vontade artificiais; a concórdia é a saúde; a sedição é a doença; e a guerra civil é a morte. Por último, os pactos e convenções mediante os quais as partes deste Corpo Político foram criadas, reunidas e unificadas assemelham-se àquele Fiat, ao Façamos o homem proferido por Deus na Criação.[9]

O Estado, organizado de forma a limitar a liberdade dos indivíduos, voltando-se para a composição dos conflitos e a regulamentação dos direitos dos cidadãos a fim de possibilitar a convivência social, exerce, pois, um papel de regulador, conformando liberdades e direitos; poder e dever. A espada do Estado Leviatã é, segundo Hobbes, o instrumento que possibilita a manutenção dos pactos entre os homens, afastando-lhes as paixões naturais que os levariam ao estado de guerra e permitindo-lhes a pacífica convivência, ante o temor do poder estatal.

A única maneira de instituir um tal poder comum, capaz de defendê-los das invasões dos estrangeiros e das injúrias uns dos outros, garantindo-lhes assim uma segurança suficiente para que, mediante seu próprio labor e graças aos frutos da terra, possam alimentar-se e viver satisfeitos, é conferir toda sua força e poder a um homem, ou a uma assembléia de homens, que possa reduzir suas diversas vontades, por pluralidade de votos, a uma só vontade.[10]

---

[9] MALMESBURY, 2018.
[10] MALMESBURY, 2018.

Ao Estado compete dizer o que deve, o que pode e o que não pode ser realizado pelos cidadãos, administrando-lhes as esferas de liberdade em um equilíbrio tênue voltado a evitar o choque e a garantir o respeito. Esta é a primeira função, relacionada aos primórdios dos estudos sobre a figura do Estado: seu papel de ente regulador dos conflitos sociais – existentes ou potenciais. Compete-lhe, assim, fazer as leis e garantir que sejam observadas, em vista do mandato concedido pelos cidadãos, os quais, abrindo mão de governarem-se a si mesmos, conferiram tal poder ao Leviatã.[11]

III Olímpia e o Leviatã: uma relação de poder

A ideia olímpica da era moderna simboliza uma guerra mundial que não demonstra seu caráter militar abertamente, mas que dá, àqueles que sabem ler as estatísticas esportivas, um panorama suficiente da hierarquia das nações. (imprensa esportiva alemã, 1913).[12]

Atualmente, como outrora, escrevia Pierre de Coubertin, [a ação do esporte] será benéfica ou prejudicial segundo o partido que se saiba tirar e a direção para a qual se levará. O atletismo pode colocar em jogo as paixões mais nobres como também as mais vis: ele pode desenvolver o desinteresse e o sentimento de honra como também o amor pela vitória; enfim, pode ser utilizado para consolidar a paz da mesma forma como para preparar a guerra.[13]

---

[11] A tradição hobbesiana de conceituação do Estado não deixou de sofrer críticas ao longo da história, em especial modernamente. Autores como Pierre Bourdieu criticam o fato de tal concepção tratar o Estado como uma espécie de "guardião supremo do melhor ponto de vista". Assim enuncia o autor francês: "(...) podemos dizer que o Estado é o princípio de organização do consentimento como adesão à ordem social, a princípios fundamentais da ordem social, e que ele é o fundamento, não necessariamente de um consenso, mas da própria existência das trocas que levam a um dissenso. Essa atitude é um pouco perigosa porque pode parecer voltar ao que é a definição primeira do Estado, esta que os Estados dão de si mesmos e que foi retomada em certas teorias clássicas, como a de Hobbes ou a de Locke, para as quais o Estado é, segundo essa crença primeira, uma instituição destinada a servir o bem comum, e o governo, o bem do povo. Em certa medida, o Estado seria o lugar neutro ou, mais exatamente — para empregar a analogia de Leibniz dizendo que Deus é o lugar geométrico de todas as perspectivas antagônicas —, esse ponto de vista dos pontos de vista em um plano mais elevado, que não é mais um ponto de vista já que é aquilo em relação a que se organizam todos os pontos de vista: ele é aquele que pode assumir um ponto de vista sobre todos os pontos de vista. Essa visão do Estado como um quase Deus é subjacente à tradição da teoria clássica e funda a sociologia espontânea do Estado que se expressa nisso que por vezes chamamos de ciência administrativa, isto é, o discurso que os agentes do Estado produzem a respeito do Estado, verdadeira ideologia do serviço público e do bem público" (BOURDIEU, 2014, p. 35-36).

[12] LUNZENFICHTER, 2008, p. 11, trad. nossa.

[13] Publicado na *Revue Française D'histoire des Idées Politiques*, n. 22, 2005, p. 389 (DUDOGNON *et al.*, 2014, p. x).

A interação entre Olímpia e o Leviatã nunca foi harmônica. Se, como veremos adiante, nos primórdios da evolução do esporte moderno, o Leviatã – ou o Estado – não se interessava muito por esta nova forma de interação social, Olímpia – ou o esporte – foi logo apropriada por aqueles que se interessavam – por motivos mais ou menos nobres – em sua organização. O Estado permaneceu, por muito tempo, inerte; o Leviatã sem saber como adentrar Olímpia. Adentraram, em seu lugar, as organizações esportivas, as quais passaram a ser, a partir de então, senhoras dos rumos de Olímpia.

Apresentado este cenário, será analisada nesta obra a relação entre Estado e organizações esportivas, no tocante à garantia da integridade no esporte. Se a interação entre Estado e organizações esportivas sempre foi conflituosa, havendo, como veremos, alegações de indevidas ingerências de um lado e de desgovernança de outro, a ideia de uma integração para a promoção de um fim comum – a integridade no esporte – parece, a princípio, idealista. Nada obstante, as linhas que seguem demonstrarão que o Estado não só pode, como deve, encontrar seu espaço de participação no âmbito esportivo, desenhando regras de integridade a serem observadas pelo movimento esportivo.

A autonomia das organizações esportivas, apresentada por muitos como dogma fundamental e limitador integral da ação do Estado, deverá ter seus contornos repensados, à luz não apenas da evolução da doutrina e jurisprudências brasileiras – conforme veremos no Capítulo II – como também em atenção às experiências estrangeiras e internacionais, destacando-se os ordenamentos desportivos dos Estados Unidos da América e da França para esse fim – conforme será destacado no Capítulo III.

Se, para muitos, tal temática parece óbvia ou evidente, convida-se à leitura das discussões e diferentes visões colacionadas nesta obra para que – espera-se – possa-se concluir, juntamente com esta autora, que é necessária a participação do Estado – ao lado das organizações esportivas – para a garantia do jogo limpo, justo e íntegro.

PARTE I

OLÍMPIA E O LEVIATÃ: UM HISTÓRICO EMBATE

A aliança formada pela boa-vontade de todos os membros de um esporte autônomo afrouxa quando a gigante forma desta perigosa e imprecisa figurada chamada Estado aparece.

Pierre de Coubertin, 1909

CAPÍTULO I

O ESPORTE, O ESTADO E A INTEGRIDADE

1.1 Estado, Direito e Esporte: a sociogênese do esporte e sua peculiar formatação jurídica

O estudo da seara esportiva e de sua relação com o Estado não pode prescindir da compreensão do fenômeno que, atualmente, é identificado como esporte. Isso porque a apreensão do fenômeno social e sua passagem para o mundo jurídico – tratada por Hans Kelsen ao aludir ao Mundo dos Fatos e ao Mundo do Direito em sua *Teoria Pura* –[14] apenas se efetiva pela análise da própria concepção deste fenômeno. O que pode ser, pois, concebido como esporte?

Segundo Pierre Bourdieu, tal compreensão está relacionada com a mais relevante missão de uma matéria que pretenda denominar-se "história do esporte": definir a partir de que momento aquela prática social que poderia ser considerada como um "jogo" evolui para o fenômeno social atualmente designado como esporte (com suas regras e delineamentos próprios).[15]

---

[14] Ver KELSEN, 2009.

[15] "Uma das tarefas da história social do esporte poderia ser, portanto, a de fundar realmente a legitimidade de uma ciência social do esporte como objeto científico separado (o que, evidentemente, não é uma coisa tão óbvia), estabelecendo a partir de quando, ou melhor, a partir de que conjunto de condições sociais se pode verdadeiramente falar de esporte (em oposição ao simples jogo – sentido ainda presente na palavra inglesa esporte, mas não no uso que tem esta palavra fora dos países anglo-saxões, onde ela foi introduzida juntamente com a prática social, radicalmente nova, por ela designada). Como se constituiu este espaço de jogo, com sua lógica própria, este lugar com práticas sociais inteiramente particulares, que foram definidas no curso de uma história própria e que só podem ser compreendidas a

No entanto, tão relevante quanto a precisão do momento em que referida transição se dá, a definição do momento em que o esporte passa a ser como tal reconhecido é imprescindível para compreender as características que o compõem, diferenciando-o da noção de jogo. O jogo, segundo Johan Huizinga,[16] é algo que precede a própria cultura, mas a acompanha desde o início das civilizações humanas. Jogar seria, assim, um ato voluntário voltado apenas a si mesmo, ao entretenimento daquele que joga, e realizado durante o momento de lazer.

Embora as bases do esporte sejam reconhecíveis durante vários séculos, a transição do divertimento ocasional – o jogo – para o sistema organizado de clubes e partidas é um marco relevante, segundo Huizinga, para o reconhecimento da perda na qualidade do jogar – como atividade em si –, voltando-se os grupamentos sociais à sistematização e apresentação de regras próprias – comum ao esporte.[17]

Há, assim, uma espécie de evolução da noção de jogo, como um mero entretenimento sem razões adicionais – se não a própria atividade de jogar –, para a noção de esporte, como atividade organizada, voltada à competição, e constituída de regras, locais e formas de organização próprias (segundo a modalidade eleita). E esta evolução teria ocorrido, principalmente, durante o século XIX, de maneira a permitir que, ao fim deste século, várias modalidades pudessem ser denominadas, em conjunto, "esporte moderno".[18]

---

partir desta história (por exemplo, a dos regulamentos esportivos ou a dos *records*, palavra interessante que lembra a contribuição que a atividade dos historiadores, encarregados de registrar – *to record* – e de celebrar as proezas, deu à própria constituição de um campo e de sua cultura esotérica)?" (BOURDIEU, 1983, p. 136-153).

[16] HUIZINGA, 1949.

[17] "Desde o último quarto do século XIX, os jogos, sob a forma de esporte, passaram a ser levados mais e mais a sério. As regras tornaram-se cada vez estritas e elaboradas. Os recordes foram estabelecidos em um nível mais alto, mais rápido ou mais longo do que se era concebível até então. Todos conhecem as aprazíveis imagens da primeira metade do século XIX, mostrando jogadores de críquetes com cartolas. Isso fala por si mesmo. Agora, com a constante sistematização e regulamentação do esporte, alguma coisa da qualidade de jogo puro foi inevitavelmente perdida. Nós o vemos claramente na distinção oficial entre amadores e profissionais (ou 'cavalheiros e jogadores', como usualmente apontado como sendo dito)" (HUIZINGA, 1949, trad. nossa).

[18] Sublinhe-se que não se está aqui a desconhecer o fenômeno esportivo que, desde a Antiga Grécia – e, certamente, antes deste tempo – acompanhou a civilização humana. Está-se, aqui, a perquirir, como o fazem os sociólogos do esporte, a partir de qual momento a organização social do jogo permitiu a existência do que podemos denominar

Com efeito, o marco temporal a partir do qual o esporte moderno pôde ser como tal compreendido – em que presentes lutas religiosas e políticas, a cultura vitoriana e o papel do império colonial – permitiu aos autores[19] a proposição de diferentes hipóteses sociológicas para o nascimento de tal fenômeno – as quais se relacionam com os diferentes pontos de vistas apreendidos.[20]

Nesse sentido, sob a influência do modelo marxista, os estudos desenvolvidos a partir da década de 1960 (veja-se, sobre o tema, Andrej Wohl)[21] levaram à elaboração de uma teoria econômica segundo a qual o desenvolvimento do fenômeno esportivo estaria

---

mais propriamente como esporte moderno e que passou a transitar por toda a sorte de organização social. Sobre o tema, veja-se o ensinamento de Norbert Elias (1998, trad. nossa), segundo o qual: "As sociedades contemporâneas não são, evidentemente, as primeiras nem as únicas a encontrar prazer no esporte. Não se jogava futebol na Inglaterra e nos outros países europeus na Idade Média? Os membros da corte de Louis XIV não possuíam terrenos para o tênis, nem se envolviam no 'jogo de raquete'? E os gregos da Antiguidade, grandes pioneiros do atletismo e de outras modalidades esportivas não organizavam jogos de competição local e entre Estados? O renascimento dos Jogos Olímpicos não prova suficientemente que o esporte não é alguma coisa nova? Pela denominação 'esporte', um tipo de jogo de competição foi desenvolvido nos séculos XVIII e XIX na Inglaterra, de onde ele se difundiu em seguida a outros países. Para saber se é aquele um fenômeno relativamente novo ou o renascimento de uma prática antiga cujo desparecimento é inexplicável, nós devemos nos questionar o mais rapidamente possível se os jogos de competição que existiam na Grécia antiga possuíam verdadeiramente as características que hoje consideramos como do 'esporte'. (...) Deve-se aqui sublinhar um traço fundamental que ilustra particularmente bem as diferenças de estrutura entre os jogos de competição da Antiguidade clássica e aqueles dos séculos XIX e XX. Na Antiguidade, as regras dos encontros atléticos duros, como o boxe ou a luta, toleravam um grau de violência física bem superior àquele que é admitido hoje pelas regras bem mais detalhadas e diferenciadas das modalidades esportivas correspondentes; sobretudo, estas não são mais costumes, e sim regras escritas, explicitamente submetidas às críticas razoáveis e às correções. Longe de ser um fato isolado, a violência física dos jogos da Antiguidade relaciona-se às formas específicas de organização da sociedade grega, e, particularmente, ao estado de desenvolvimento alcançado pelo que denominamos organização estatal e ao grau de monopolização da violência física a que está associado. Uma monopolização e um controle relativamente fortes, estáveis e impessoais da violência são os traços estruturais essenciais de nossos Estados-nação: em comparação, a monopolização e os controles institucionais da violência física pelas cidades-Estado da Grécia permaneceriam rudimentares."

[19] Como veremos, diversas hipóteses sociológicas foram criadas por autores como Andrej Wohl, Jean-Marie Brohm e Norbert Elias, entre tantos outros. Para mais referências, veja-se DEFRANCE, 2011.

[20] Muitas são as referências à gênese da instituição esportiva moderna. De toda sorte, é comum referir-se à tradição inglesa como principal percursora do fenômeno esportivo moderno. Jacques de France defende que a acentuação das características esportivas das diversas práticas físicas – ao que denomina "esportivização" –, em ligação com uma preocupação técnica e de performance, foi influenciada sobretudo pela exportação do modelo esportivo inglês, permitindo uma unificação, nos anos 1880-1895 de uma gama de práticas sob a denominação "esporte" (DEFRANCE, 2011, p. 14).

[21] Mencionado por DEFRANCE, 2011, p. 15.

relacionado ao papel das apostas nas partidas e corridas na Inglaterra, ainda no século XVIII, apresentando-se como uma forma capitalista de exploração de recursos.

Na década de 1970, Jean-Marie Brohm apresentou uma análise crítica da cultura de massa e da alienação provocada pela indústria do espetáculo esportivo,[22] a qual serviu como fundamento para inúmeras manifestações sociais contra grandes eventos esportivos, como a Copa do Mundo de Futebol de 1978 e os Jogos Olímpicos de 1980. A par de sua crítica, o autor arrolou os principais caracteres que comporiam, em sua teoria, o fenômeno esportivo moderno:[23] (i) o princípio do rendimento (representado pelo simbolismo do lema "citius, altus, fortius");[24] (ii) o sistema de hierarquização das instituições esportivas (esporte como a poesia corporal da hierarquia);[25] (iii) o princípio da organização burocrática das modalidades (na terminologia weberiana)[26] e (iv) o princípio

---

[22] O tema do espetáculo como forma de alienação social apresentado por Jean-Marie Brohm tem inspiração na obra *A sociedade do espetáculo*, de Guy Louis Debord (1997).

[23] BROHM, 1992, p. 90-102.

[24] Trata-se de lema olímpico, que significa "mais rápido, mais alto e mais forte". Segundo Jean-Marie Brohm (1992, p. 90-91, grifos nossos, trad. nossa), "(...) pode-se afirmar que *o esporte é o modelo típico, ideal, da sociedade industrial baseado no rendimento produtivo e competitivo*. Isto explica não apenas a *fascinação* que o esporte exerce e seu desenvolvimento impetuoso paralelamente ao desenvolvimento da sociedade industrial, mas também a atua determinação dos princípios industriais capitalistas sobre a organização do esporte, cada vez mais tecnocrática e burocrática, a fim de satisfazer as exigências do rendimento."

[25] Segundo Jean-Marie Brohm (1992, p. 93; p. 96, trad. nossa), "o esporte reproduz organizacionalmente, sobre o plano das superestruturas ideológicas, o modelo burocrático da sociedade capitalista de Estado ou da sociedade dos Estados do Leste, notadamente em sua versão totalitária stalinista ou neostalinista ('maoïste'). Parafraseando *Hegel* e *Marx*, pode-se dizer ironicamente que o sistema esportivo é a corporificação burocrática da hierarquia de corpos treinados. (...) Como no universo platônico das Ideias eternas, o esporte encarna uma hierarquia das essências: o Belo, o Bem, o Bom se reportam uns aos outros em um espaço ordenado onde cada qual pode ascender gradualmente para uma espécie de ascensão espiritual". Além disso, o autor entende que uma segunda consequência deriva de tal ideia de hierarquia, segundo a qual "(...) o esporte é uma *válvula de escape* que permite a certos indivíduos compensar sua desigualdade social por uma expectativa de promoção social (subir os degraus sociais). Essa função ideológica é a tal ponto poderosa que frequentemente permite mascarar profundas desigualdades sociais e de classe que limitam as possibilidades culturais das classes dominadas e exploradas. Como dito ainda pela *Doutrina do Esporte*: 'Em o permitindo, como jogadores ou dirigentes, de exortar às suas atividades esportivas ante as inferioridades comumente muito acentuadas nos outros domínios sociais, os dá uma possibilidade de sucesso, uma possibilidade de vitória. Oferece-os uma ocasião de exercer suas responsabilidades; em uma palavra, uma chance de serem livres'".

[26] Segundo Jean-Marie Brohm (1992, p. 96-102, grifos do original, trad. nossa), "o sistema esportivo representa, para dizê-lo na terminologia weberiana, *'um sistema burocrático*

CAPÍTULO I
O ESPORTE, O ESTADO E A INTEGRIDADE | 33

da publicidade e da transparência, para fins de apresentação do espetáculo às massas ("panem et circenses")[27]
Na mesma época, Norbert Elias[28] compôs sua hipótese de que seria o esporte uma forma civilizada de passatempo e que os enfrentamentos regrados permitiriam atenuar a violência inerente ao convívio social humano.[29] Para o autor, o processo de

---

de Estado puro'. Este sistema burocrático comporta muitas instâncias e estratos: a) *A primeira concerne a infraestrutura organizacional* necessária à constituição mesma do sistema institucional propriamente dito: federações, clubes, seções regionais, etc. (...) b) *A segunda instância deste sistema organizacional refere-se a tudo que relaciona-se à infraestrutura técnica de gestão e de animação do processo esportivo propriamente dito,* do desenvolvimento da competição propriamente dito. (...) c) *A infraestrutura institucional, jurídica.* Este aparelho compreende todo o sistema complexo de recenseamento dos esportistas (lista e cartas de federações com seus regulamentos), os princípios de classificação dos atletas (promoção, registro de campeões e recordes, tabelas de recordes, etc.) e enfim sobretudo todo o resultado simbólico da hierarquia consagrada pela mídia de massa (a famosa 'vox populi' que possui um papel relevante na classificação e na avaliação popular dos esportistas). (...) d) *Este aparato burocrático tende cada vez mais se fortalecer e se desenvolver como uma excrecência monstruosa.* Em busca a se racionalizar, a se aperfeiçoar, a se entender, este aparato contribui para certas evoluções do esporte, mas sobretudo para afirmar seus próprios objetivos, a impor sua lógica autônoma. *O desenvolvimento do esporte é, deste ponto de vista, o autodesenvolvimento da organização do esporte* ao ponto de que hoje em dia não se pode mais absolutamente falar de esporte onde falte a própria organização esportiva (federações, clubes, etc.). (...) Através do esporte, como antes do trabalho industrial na usina, *os corpos transformam-se em uma coisa, um objeto de entretenimento* no qual o funcionamento é planificado, regrado por um quadro coerente. (...) Em um caso, como no outro, os corpos são, por consequência, transformados em um objeto de produtividade e de rendimento máximo".

[27] A expressão "panem et circenses" foi utilizada, de maneira pejorativa, na Sátira X do poeta Juvenal, referindo-se à política adotada por governantes da Roma Antiga que, para entreter a população e fazê-la esquecer dos problemas sociais existentes, distribuía alimentos e fomentava espetáculos. Segundo Jean-Marie Brohm (1992, p. 102, grifos do original, trad. nossa), "contrariamente à ciência por exemplo, ou mesmo à arte, que podem se desenvolver dentre um círculo restrito de iniciados, *o esporte exige uma massa de espectadores.* (...) No esporte, por consequência, reina incontestavelmente o *princípio do espetacular,* que reflete perfeitamente esta 'sociedade do espetáculo' na qual falavam há pouco os situacionistas: exibição de mercadoria, encenação do espetáculo esportivo, etc.".

[28] ELIAS, 1998; ELIAS; DUNNING, 1994; ELIAS; DUNNING, 1992.

[29] "Em substância, o esporte enquanto combate físico não violento nasceu em um momento no qual a sociedade conheceu transformações não habituais: os ciclos de violência desaceleraram e os conflitos de interesses e de crença encontraram uma solução de modo que os dois principais pretendentes ao poder passaram a regras suas diferenças não mais pela violência, mas por meios de acordo com as regras. (...) Pensa-se comumente que todos os tipos de sociedades podem adotar um regime democrático – no sentido de um pluripartidarismo –, uma vez que tenham os níveis de pressões internas nos partidos ou a capacidade de seus membros de as suportar. De fato, um tal regime não pode se estabelecer e se perpetuar senão sob condições específicas. É um regime frágil, que não deve sua existência senão ao respeito destas condições. Tão logo as tensões sociais ameacem ou atinjam um certo limiar de violência, ele está em perigo de morte. Em outros termos, seu funcionamento depende da aptidão do Estado de controlar a violência em uma sociedade pacífica. Entretanto, esta paz social é resultado do autocontrole dos seres humanos, e este nível de autocontrole não é o mesmo dentre os membros de todas as

transformação dos jogos em esportes seria parte do processo mais abrangente de pacificação da vida social, a partir da monopolização da violência pelos Estados modernos, dando origem ao uso legítimo desta violência. Elias afirma que, embora sejam reconhecíveis as práticas esportivas na Grécia Antiga, a monopolização da violência pelas cidades-Estados seria rudimentar ante à organização estatal moderna, refletindo-se processo equivalente no esporte, que tornar-se-ia, nos séculos XIX e XX, a prática não violenta hoje experimentada.[30]

Ainda que sob diferentes perspectivas, pode-se extrair das análises sociológicas que buscaram compreender a gênese do fenômeno esportivo um ponto comum a íntima relação da evolução do esporte com a própria evolução da sociedade, sob um viés econômico, político ou cultural. O nascimento do esporte moderno – e o reaparecimento do esporte de competição, em certa medida –[31] é,

---

sociedades humanas. (...) A relação entre as lutas parlamentares e os combates esportivos torna-se, assim, evidente. Os combates esportivos são, eles também, lutas de rivalidade nas quais os cavalheiros deixam de usar a violência ou, dentro dos esportes de espetáculo – por exemplo as corridas de cavalo e o boxe –, tentam eliminar ou diminuir a violência o quanto possível" (ELIAS, 1994, p. 34-48).

[30] Elias afirma que, embora se possam reconhecer práticas esportivas na Grécia Antiga similares às práticas esportivas modernas, há uma diferenciação entre elas que se baseia no controle do uso da violência (monopólio da violência) nos distintos períodos históricos; na Antiguidade, tal controle era rudimentar quando comparado àquele exercido pelos Estados modernos, com claros reflexos na redução do emprego e aceitação social da violência na prática esportiva (ELIAS; DUNNING, 1994, p. 25-82).

[31] Neste ponto, cumpre realizar o esforço hermenêutico de distinguir, a fim de auxiliar futuras referências, as categorias atualmente analisadas em relação ao esporte, quais sejam: esporte de competição (ou de rendimento); esporte lazer; e esporte educação (ou escolar). Como já mencionado, à luz dos ensinamentos de Johan Huizinga (1949), o esporte desenvolveu-se a partir da noção de jogo, passando do mero divertimento ocasional daquele que o jogava para a formatação regrada e uniforme hoje visualizada. Norbert Elias apresenta a noção de tempo de lazer como o tempo de não trabalho, o qual seria uma forma de apropriação para si e utilização do tempo livre. Nas palavras do autor "(...) pela forma como o trabalho profissional está estruturado em nossas sociedades, os indivíduos decidem sempre em grande medida de fazer isto ou aquilo em função dos outros indivíduos (...) ou mesmo em função de unidades mais impessoais (...). Quanto às decisões concernentes às atividades de lazer, ainda que, como veremos mais adiante, as referências aos outros sejam mais pertinentes do que primeiramente aparentem, o fato de ter a si mesmo em conta pode ter mais peso do que no trabalho profissional ou nas atividades de tempo livre que não tenham as características do lazer. Quando alguém escolhe suas atividades de lazer, considera seu próprio prazer, e sua própria satisfação pode, dentro de certos limites socialmente prescritos, prevalecer" (ELIAS; DUNNING, 1994, p. 124, trad. nossa). Há, assim, uma diferença fundamental entre o que se considera esporte de competição e esporte lazer. Seria este uma reminiscência da noção de jogo apresentada por Huizinga como mero entretenimento, apresentando-se como uma forma lúdica de utilização do tempo livre (em contraposição ao tempo de trabalho).

portanto, relacionado com a Revolução Industrial ocorrida ao final do século XIX[32] e com as mudanças – pode-se dizer, avanços – sociais que ali ocorreram.[33]

Embora a evolução social do fenômeno esportivo tenha apresentado, principalmente com o advento da Revolução Industrial – que traz consigo a noção de ascensão de massas –,[34] o esporte como um elemento chave na sociedade moderna, a sua apropriação pelo Estado, não foi imediata. E esta apropriação, que corresponde ao interesse do Estado quanto a um fenômeno até então considerado

---

Sua referência às regras e preceitos que regem o esporte de competição é mais flexível, sendo permitido àqueles que o praticam sua observância apenas parcial (como exemplo, podemos dizer que o jogo de vôlei no quintal de casa, contando com bola e rede, mas sem as medidas exatas da quadra, com regras flexíveis quanto a distâncias percorridas e número de toques, é ainda assim considerado um jogo de vôlei, embora sob a perspectiva do esporte lazer, e não do esporte de competição, dado o elemento inerente de emulação entre os participantes). No tocante ao esporte educação, relaciona-se à formação esportiva realizada nas escolas, clubes e academias, com foco nas crianças e adolescentes, visando, especialmente, à apresentação da prática esportiva, a saúde e o convívio social. Não se confunde com o conceito de educação física, cuja definição abrange não apenas as modalidades esportivas, como também técnicas de ginástica e outros jogos. Para mais sobre o tema, vide: BUENO, 2008. Destaco a existência, por fim, de outras categorizações do esporte, tais como as realizadas por Carzola Pietro (1979) e Eduardo Dias Manhães (2002).

[32] Norbert Elias aborda a temática no Capítulo 7 de sua obra em parceria com Eric Dunning, ao apresentar uma análise configuracional da evolução para uma maior seriedade do esporte. Neste contexto, coloca Elias como sua missão "(...) explicar a sociogênese, assim como a dissolução, que manifesta a evolução a uma maior seriedade do esporte". Assim, busca o autor examinar "(...) o esporte na Inglaterra pré-industrial, a fim de identificar as razões pelas quais, dentro de uma determinada configuração social e em todos os níveis da hierarquia social, os grupos puderam praticar o esporte em forma de participação, que eram, em suma, dirigidos a si mesmo, ou egocêntricos, a dizer, concebidos para divertir". Após, busca demonstrar "(...) porque, com a emergência dos Estados nacionais industriais e urbanizados, apareceram as formas de esporte mais voltadas ao outro, mais orientadas para a performance, a identidade e a obtenção de recompensas pecuniárias" (ELIAS; DUNNING, 1994, p. 294-307). A apresentação de tal realidade social pelo autor conecta, como dito, a evolução à sociedade industrial à concepção do fenômeno esportivo moderno, com foco na competição.

[33] Para Pascal Duret (citado por GUÉGAN, 2017, p. 17, trad. nossa), "teatralização da sociedade, o espetáculo esportivo oferece a imagem idealizada e embelezada que uma sociedade deseja dar a si mesma. Ela descobre em que nós desejemos ter sucesso na vida à maneira de um drama caricatural. O espetáculo esportivo nos diz muito sobre o modo de pensar e os mitos de nossos contemporâneos em uma sociedade concorrencial".

[34] A exemplo do que verificamos hoje, em que o esporte se apresenta como um espetáculo de massas e uma espécie de bem de consumo, quer pela perspectiva da prática lúdica, com a utilização de equipamentos esportivos cada vez mais qualificados, quer pela perspectiva da idolatria e objetificação dos atletas, cujo número de seguidores não raro supera o número de torcedores do próprio clube pelo qual são contratados. A título de exemplo, o atleta Cristiano Ronaldo possui aproximadamente 160 milhões seguidores na rede social Instagram (CRISTIANO..., 2019).

apenas de ordem social, pode ser estudada tanto sob a perspectiva política, quanto sob a ótica jurídica.

Sob o viés político, muito cedo souberam os governantes perceber a importância do esporte como instrumento de *soft power*.[35] Os exemplos mais emblemáticos são os Jogos Olímpicos de 1936, disputados na Alemanha hitleriana, dos quais os nazistas quiseram se valer para demonstrar a superioridade da raça ariana em detrimento de outras, projeto que acabou frustrado pelas conquistas de Jesse Owens,[36] e a Copa do Mundo FIFA de 1934, disputada na Itália e vencida pela equipe local.[37]

> Que os regimes tentem instrumentalizar os grandes eventos esportivos a seu favor é inegável. Que eles consigam, mais duvidoso. É a todo momento relembrado o exemplo dos Jogos Olímpicos de 1936, os Jogos

---

[35] Sobre a expressão *soft power*, ver NYE JR., 2004.

[36] "As coisas iam mal. Jesse Owens, ainda detentor do recorde mundial no salto em distância – 8,13 m, um recorde que só seria batido em 1960 – não conseguiu nada: cometeu falta em seus dois primeiros saltos. Só lhe restava um salto para disputar um lugar na final! Um homem louro e alto se aproximou dele: 'Você pode se classificar até mesmo saltando de olhos fechados. Comete falta porque corre muito rápido, chega muito cedo na prancha de impulsão. Vou colocar um sinal branco bem antes da prancha. Use-a como marco e vai conseguir.' Esse recurso iria ajudar o americano a ultrapassar os 7,15 m necessários para ir para a próxima rodada. No dia seguinte, Owens ganhou a competição olímpica com um salto de 8,06 m. Atrás dele, seu anjo da guarda louro ganhou a prata. Seu nome era Carl Ludwig Long, 'Luz' para os íntimos. Depois da final, ele não hesitou em segurar a mão de Owens, levantá-la o mais alto possível e abraçá-lo diante dos altos responsáveis nazistas" (KESSOUS, 2016, p. 64).

[37] A antiga União das Repúblicas Socialistas Soviéticas (URSS) também adotou a estratégia de instrumentalização do esporte: "De fato, explorar o esporte como uma arma diplomática nas relações internacionais tornou-se muito comum na antiga União Soviética. Levou não apenas à intervenção do governo na seleção de membros ou na criação de um atleta estatal (i.e., adotando ou forçando a adotar a ideologia comunista), mas também, menos gloriosamente, à dopagem sistemática" (TERRET, 2010; BOSE, 2012 citados por MRKONJIC, 2016). Outro exemplo emblemático se relaciona com a política do "ping-pong", reproduzida no filme *Forrest Gump – o contador de histórias*: "Uma densa teia de entendimentos políticos e diplomáticos subseqüentes pôde ser tecida de um novelo inicial, esportivo, quando, em 1971, a República Popular da China convidou o time norte-americano de tênis de mesa para torneios de exibição. Era a aplicação da prática chinesa comum de utilizar o esporte como plataforma para acercamento político. Na ótica dos chineses, esses torneios esportivos, com resultados tendenciosamente favoráveis aos estrangeiros visitantes, serviam de distensão e preparo de clima para aproximações ampliadas em setores menos lúdicos, como o político e o comercial" (VASCONCELOS, 2008, p. 127). Anote-se, ainda, que não apenas os Estados se utilizam do esporte para esse fim. A visibilidade outorgada pelos grandes eventos esportivos permite a defesa de causas não necessariamente nacionais. Assim, por exemplo, o abandono, pelos atletas negros africanos, dos Jogos Olímpicos de Montreal de 1976, representando uma expressão da luta contra o regime político do Apartheid.

CAPÍTULO I
O ESPORTE, O ESTADO E A INTEGRIDADE | 37

do Hitler, personalizando o triunfo do regime nazista. A verdadeira referência a um evento esportivo colocado a serviço de um regime ditatorial seria, ao revés, a Copa do Mundo de 1934 organizada e vencida pela Itália, sob condições esportivas duvidosas. Tudo a relembrar o grande passado de Roma.[38]

Por outro lado, como é comum ocorrer no campo jurídico,[39] o Direito veio não apenas a reboque do reconhecimento, pelo Estado, da função política do esporte, mas também de sua própria institucionalização. O movimento esportivo[40] organizou-se inicialmente por meio de produção de regras específicas para reger a prática de cada uma das modalidades,[41] e, para tanto, foram criadas as estruturas que seriam denominadas "federações", assim como o Comitê Olímpico Internacional[42] (as quais compõem, na legislação desportiva[43]

---

[38] BONIFACE, 2014, p. 92, trad. nossa. Não sendo este o objeto desta obra, recomenda-se ainda, para os que se interessarem sobre o tema, a leitura de: GUÉGAN, 2013; HOBSBAWM, 1990; VASCONCELOS, 2008; BROMBERGER, 1998; RUBIO, 2001.

[39] "O campo jurídico é o lugar de concorrência pelo monopólio do direito de dizer o direito, quer dizer, a boa distribuição (*nomos*) ou a boa ordem, na qual se defrontam agentes investidos de competência ao mesmo tempo social e técnica que consiste essencialmente na capacidade reconhecida de interpretar (de maneira mais ou menos livre ou autorizada) um *corpus* de textos que consagram a visão legítima, justa, do mundo social. É com esta condição que se podem dar as razões quer da autonomia relativa do direito, quer do efeito propriamente simbólico do desconhecimento, que resulta da ilusão de sua autonomia absoluta em relação às pressões externas" (BOURDIEU, 1989, p. 212).

[40] Considera-se movimento esportivo o conjunto de organizações nacionais e internacionais responsáveis pela gestão do esporte em cada uma das modalidades ou em um conjunto de modalidades esportivas.

[41] Segundo as lições de Baudry Rocquin (2017), pode-se falar em esporte moderno a partir de 1845, quando três alunos ingleses decidiram codificar as 37 regras do jogo de *rugby*, dando nascimento ao *rugby* moderno. Após o sucesso da primeira codificação, outras modalidades, como o futebol (1848), o boxe (1867) e o *badminton* (1872), fizeram o mesmo, apresentando o que se consideraria o caractere principal do esporte moderno: a organização e previsão de regras específicas para cada modalidade. Em um primeiro momento (século XIX e início do século XX), as organizações esportivas verificaram um espaço vago, passível de ocupação por regras privadas transnacionais, por elas emanadas. A lacuna política estatal foi, pois, inicialmente preenchida, de modo que, ao comparecer ao campo esportivo, o Estado teve que não apenas apresentar suas regras, mas substituir um ordenamento privado existente – e dotado, a princípio, de eficácia.

[42] O Comitê Olímpico Internacional foi criado no ano de 1894, por iniciativa de Pierre de Coubertin – o barão de Coubertin, idealizador da edição moderna dos Jogos Olímpicos. Trata-se de associação sem fins lucrativos responsável por congregar todas as modalidades esportivas que tomam parte dos Jogos Olímpicos, sendo estas renovadas a cada quatro anos, para a próxima edição dos Jogos (alternados, a cada dois anos, entre Jogos de Verão e Jogos de Inverno).

[43] Sendo esta a primeira oportunidade em que utilizamos a terminologia "desportiva", oriunda do termo "desporto", devem ser esclarecidos os motivos pelos quais a doutrina

brasileira, o conceito de entidades nacionais de administração do esporte –[44] e que passaremos a tratar no bojo do conceito de "organizações esportivas"). Apenas após a sua estruturação natural, ao torno dos clubes, federações e comitês, que o esporte passou a ser também objeto de percepção do direito estatal e, pois, a ser por este apropriado.

E tal apropriação não foi, porém, linear ou homogênea ao redor do mundo. As diversas formas em que essa interação ocorre constituem um espectro que abrange desde a opção pela regulação prioritariamente federativa do fenômeno, como na Inglaterra e nos Estados Unidos da América, até uma quase completa estruturação do quadro jurídico esportivo pela regulação estatal, como é o caso da França.[45] De toda sorte, a questão surgida a partir da inserção

---

utiliza a dúplice terminologia "esporte/desporto" ao abordar o tema. Em sua obra *Deporte, protohistoria de una palabra* (1967), o espanhol Miguel Piernavieja (então Diretor do Centro de Investigación, Documentação e Informação do Instituto Nacional de Educação Física e Desportos) apontou a origem mediterrânea ocidental do termo "desporto", nos séculos XI e XII, nas formas *deportare, desportare, déporter, déport, deportus, desportus, disporto, disportum* e *depuerto*, cujo significado era "divertir-se, recreio, regozijo, exercício físico". Ao redor do mundo, ora se utiliza a terminologia desporto – em suas variadas formatações –, ora se utiliza a terminologia esporte. No Brasil, também não há consenso doutrinário sobre a forma mais correta. Embora na Constituição da República de 1988 tenha se preferido a palavra "desporto", a legislação infraconstitucional que dela derivou ora utiliza a terminologia esporte, ora a terminologia desporto. Importa destacar, apenas, que inexiste diferença conceitual entre as duas terminologias, sendo possível a utilização de qualquer delas como forma de referenciar-se ao fenômeno (d)esportivo (veja-se REZENDE, 2016).

[44] As entidades de administração do esporte são organizações constituídas sob a forma de associação sem fins lucrativos com o objeto de organizar determinada modalidade esportiva. Segundo o artigo 16 da Lei nº 9.615, de 1998 (denominada Lei Pelé), elas são "(...) pessoas jurídicas de direito privado, com organização e funcionamento autônomo, e terão as competências definidas em seus estatutos ou contratos sociais". Há, no entanto, ao lado de tais entidades, as chamadas entidades de prática, que serão adiante conceituadas e que, para fins didáticos, também englobamos no conceito mais amplo de organizações esportivas – até porque a eles são estendidas algumas regras de integridade adiante estudadas.

[45] "As primeiras diferenças sublinhadas, nos anos 1960, opõem a organização anglo-americana às escolhas de organização dos países da Europa continental, mas também as diferenças profundas entre os dois blocos, capitalista contra comunista (Meynaud, 1966). Se os ingleses se recusam a criar um Ministério do Esporte similar àquele estabelecido pelos franceses, é porque a construção do Estado, o poder de controle sobre a sociedade civil e a história política são diferentes. A independência das associações inglesas 'vis-à-vis' do poder político foi mais bem defendido, mesmo durante os momentos de diminuição de recursos próprios produzidos pela atividade esportiva: as ilhas britânicas não sofreram da tutela estatal comparável ao regime de Vichy; enfim, a imbricação do esporte na educação da elite desde o século XIX permitiu de lhe dotar de um estatuto sem que uma política de imposição do exercício físico sobre a educação fosse necessária (o que foi conhecido na França)" (DEFRANCE, 2011, p. 90, trad. nossa). Mesma situação das ilhas britânicas pôde ser verificada nos Estados Unidos da América, cujo regime esportivo será estudado no Capítulo III.

do ator estatal no quadro jurídico-normativo do esporte[46] foi a de como lidar com as diversas fontes jurídicas de normas desportivas, apresentadas não sob a forma hierárquica reconhecida no mundo jurídico (pirâmide kelseniana),[47] mas sob uma forma sistêmica, dinâmica e interdependente.

Isso porque, ao lado das regras jurídicas emanadas das organizações esportivas internacionais de cada modalidade (e suas respectivas organizações esportivas nacionais), o esporte passou a contar com a formulação de normas jurídicas no bojo dos ordenamentos jurídicos estatais. E, veja-se: os Estados passaram a ditar ao esporte regras válidas para todas as modalidades, mas de eficácia limitada à sua jurisdição territorial; por outro lado, as organizações esportivas internacionais, embora limitadas à respectiva modalidade, não possuem base territorial restrita, ditando normas válidas e aplicáveis – sob a óptica desportiva – onde quer que a prática da modalidade ocorra.[48]

Artur Flamínio da Silva[49] e Tiago Silveira de Faria[50] buscaram explicar o fenômeno aliando a teoria dos sistemas autopoiéticos construída por Niklas Luhmann[51] ao constitucionalismo social de

---

[46] A regulação estatal do fenômeno esportivo, em todo caso, passou a ser mais presente no segundo pós-guerra, momento em que os Estados perceberam a necessidade de regular juridicamente o fenômeno social que, até então, era-lhes apenas relevante sob um ponto de vista político.

[47] Ver KELSEN, 2009.

[48] Segundo Franck Latty (2019, p. 35-43, trad. nossa), "as organizações de direito privado, que são as federações internacionais, em particular, produzem normas de vocação universal relativas à sua modalidade, aplicáveis de uma só vez às competições internacionais das quais são elas responsáveis imediatas, como também às organizações esportivas nacionais que a elas são afiliadas, sendo que essas últimas foram objeto de publicização pelos Estados (caso notadamente das federações francesas delegatárias de missões de serviço público)."

[49] SILVA, A., 2014.

[50] FARIA, 2015.

[51] "O Direito passa a ser entendido, segundo Luhmann, como um sistema que constrói uma 'ficção interior' do universo de factos jurídicos. A estruturação desse sistema assenta em dois momentos fundamentais: i) por um lado, no momento no qual Direito começa a delimitar e a definir relativamente à realidade exterior os elementos importantes desta para o próprio sistema; por outro, quando realiza a operação de autodeterminação sobre o que deve ser considerado relevante do 'exterior' para a linguagem interna do sistema. Em suma, cabe a este estabelecer os 'valores jurídicos' internos, bem como os critérios de atribuição de um determinado valor aos factos jurídicos que sejam internamente processados pelas operações do sistema. Acrescente-se também que cabe a este definir os "processos de formulação" de novas regras internas, bem como a sua transformação" (SILVA, A., 2014, p. 58).

Gunther Teubner.[52] Nada obstante a explicação apresentada, o primeiro dos autores aponta reais dificuldades relativas à legitimidade das normas emanadas das organizações esportivas,[53] e sua ligação necessária às normas emanadas das autoridades estatais para alcance de tal legitimidade.[54]

De fato, a questão da legitimidade pode ser visualizada sob um prisma objetivo e sob um prisma subjetivo (a que a maior parte dos autores poderia denominar validade e eficácia da norma jurídica).[55] Sob o prisma objetivo, a legitimidade costuma relacionar-se à autoridade – posta ou pressuposta – do agente que emana a norma e, pois, tem em conta a existência de um pressuposto fático ou jurídico para tal autoridade (como é o caso da autoridade instituída por meio de uma regra constitucional ou legal, que dota de

---

[52] "Segundo Teubner, a fragmentação do direito na pós-modernidade transparece o fato incontroverso de que o Estado 'deixou de ser o fundamento único de validade do poder e da lei'. O direito oficial do Estado não detém o monopólio das atenções, doravante disperso na fragmentação das diversas racionalidades sociais vigentes. (...) A peculiaridade do direito desportivo, por sua vez, reside na hetero-regulação normativa, porquanto no mesmo sistema gravitam normas nacionais (de fonte estatal) e transnacionais (de fonte privada), nem sempre em harmonia" (FARIA, 2015).

[53] Ao se tratar aqui de legitimidade das regras emanadas das organizações esportivas, tal se relaciona apenas com a perspectiva Estado e organizações esportivas. Isso porque há uma segunda perspectiva, não abordada nesta obra, que diz respeito à relação entre organizações esportivas internacionais e organizações esportivas nacionais, as quais se fundamentam em uma legitimação de natureza contratual, dada a construção *inter pars* do liame jurídico obrigacional.

[54] "(...) existe uma diferenciação funcional da sociedade, pelo que não existe um centro ou topo hierárquico, mas antes um conjunto de subsistemas autorreferenciais – todavia, isto não significa que sejam autossubsistentes – agindo segundo critérios de racionalidade próprios e incontroláveis externamente, visando a demonstrar que existem sectores na sociedade em que não é possível reconduzir-se a uma autoridade estadual que, em escala global, assuma a legitimidade de toda a normatividade. (...) O 'constitucionalismo social', tal como configurado por Teubner, recusa, na verdade, a existência de um 'legislador', pelo que a validade destas não deriva de um qualquer acto de autoridade. Por outro lado, estas emergem de 'processos evolucionários de longa duração'. (...) Os requisitos enunciados por Teubner encontrar-se-iam, no caso das federações desportivas, em regra e ainda que de intensidade variável, todos preenchidos, pelo que por nós foi enunciado quando da estruturação das federações desportivas internacionais. Isto levaria a que o sistema de regras desportivas pudesse ser um dos melhores exemplos de constitucionalismo social. Contudo, o problema que podemos identificar na análise desenvolvida diz respeito à questão da legitimidade da normatividade desportiva e que merece algumas observações" (SILVA, A., 2014).

[55] Não adentraremos aqui na discussão doutrinária acerca da nomenclatura "legitimidade", a que tantas linhas foram dedicadas, assim como na sua diferenciação para conceitos como legitimação, validade, eficácia ou efetividade. Tomaremos como ponto de partida a referência realizada nesta obra, que ofereceu as perspectivas objetiva e subjetiva para o termo como forma de simplificação de sua análise.

competência certo agente para a emanação da norma). Sob o prisma subjetivo, a legitimidade relaciona-se com o sentimento daquele ao qual a norma é dirigida, caracterizando-se pela relação de obediência que se impõe, jurídica ou faticamente.

No caso do Direito Desportivo,[56] a legitimidade da norma jurídica emanada pelo Estado é verificável tanto objetiva, quanto subjetivamente, sendo objetivamente legítima dada a autoridade legal ou constitucionalmente assentada, e subjetivamente legítima dado o reconhecimento de tal autoridade pelos destinatários da norma – os cidadãos.

No tocante à norma jurídica emanada das organizações esportivas, embora tendente a possuir legitimidade subjetiva para seus destinatários, ela dependeria de um reconhecimento externo – como o reconhecimento dos ordenamentos jurídicos estatais – para possuir uma legitimidade objetiva. E aí estaria uma das problemáticas impostas ao direito desportivo: a discussão sobre a existência ou não de legitimidade independente da legitimação estatal das regras oriundas das organizações esportivas.

A questão, para Tiago Silveira de Faria, é retratada por Mireille Delmas-Marty, para quem haveria, no sistema jurídico, uma forma de pluralismo[57] ordenado, pelo qual dar-se-ia o reconhecimento da heterogeneidade própria da ordem jurídica contemporânea – no caso do Direito Desportivo, as normas emanadas das organizações esportivas, ao lado das normas estatais – e um delineamento das formas de harmonização normativa, que ocorreria pela denominada "internormatividade".[58]

O conceito de internormatividade é bem apresentado por J. J. Gomes Canotilho[59] ao observar, justamente, o fenômeno jurídico-esportivo. O particular ordenamento jurídico-esportivo seria formado,

---

[56] Utilizar-se-á a expressão Direito Desportivo com referência ao conjunto de normas jurídicas aplicáveis ao ramo esportivo, independentemente de sua exclusividade, ou não, a este ramo, e independentemente de sua fonte. Isso porque se discute – com bastante propriedade – se o Direito Desportivo seria um ramo específico do Direito ou, mais propriamente, a especialização de diversos ramos, podendo-se falar, pois, em Direito Trabalhista Desportivo, Direito Privado Desportivo, Direito Público Desportivo e assim por diante.

[57] Sobre o pluralismo jurídico, ver: ROMANO, 1977.

[58] FARIA, 2015, p. 328.

[59] CANOTILHO, 2011, p. 7-25.

segundo o autor, por normas emanadas pelo Estado e por normas emanadas pelas organizações esportivas, as quais poderiam regular situações distintas (no caso dos Estados, o regime fiscal e tributário aplicável, e, no caso das organizações, as normas técnicas, por exemplo), ou situações compartilhadas (como as normas de polícia, as sanções disciplinares ou a qualificação jurídica dos órgãos). Neste último caso, estar-se-ia diante de potenciais concursos de normas contrastantes e, pois, de conflitos jurídicos, o que seria o "coração da internormatividade".

Tais fenômenos são explorados pelo autor segundo alguns exemplos emblemáticos, como o "Caso Bosman",[60] considerado um dos precursores do aprofundamento da discussão dos limites da regulação desportiva em face dos ordenamentos jurídicos estatais (e, no caso, supra-estatais). Antes do "Caso Bosman", tais questões eram discutidas mais corriqueiramente em âmbito interno, no bojo dos ordenamentos jurídicos estatais.[61] Com o julgamento deste

---

[60] O "Caso Bosman" é assim denominado por ter sido iniciado pelo jogador de futebol belga Jean-Marc Bosman, o qual, insatisfeito com o tratamento recebido em seu clube, apresentou queixa perante a Corte de Justiça da Comunidade Europeia (CJCE) em relação às regras da Union of European Football Associations (UEFA) relativas à transferência de jogadores de futebol após encerrados seus contratos. A questão, no entanto, tomou proporções políticas relevantes, com o apoio da UEFA e da Federação Belga de Futebol ao clube, e da União Transnacional de Atletas Profissionais ao atleta. O julgamento foi dado em favor de Bosman, confirmando a CJCE que as regulações esportivas são parcialmente sujeitas às normas comunitárias, na medida em que a atividade esportiva se apresente como uma atividade econômica. Determinou, ainda, a CJCE que as partes envolvidas em uma disputa de direito desportivo podem invocar os princípios da legislação comunitária, os quais têm eficácia horizontal direta. Com o julgamento, foram banidos o uso de regras de transferências e de quotas nacionais determinadas pelas organizações esportivas para jogadores profissionais de futebol que sejam cidadãos dos Estados-membros da UE, ao fim de seus contratos (BARANI, 2005). O "Caso Bosman" deu ensejo à discussões em todo o mundo e provocou alterações legislativas de grande importância, como a publicação da Lei Pelé, no Brasil, que extinguiu o "passe" (considerado, pelo art. 11 da Lei nº 6.354/1976, como "a importância devida por um empregador a outro, pela cessão do atleta durante a vigência do contrato ou depois de seu término, observadas as normas desportivas pertinentes").

[61] Charles Amson faz referência, no entanto, a dois casos anteriores ao "Caso Bosman" que já teriam demonstrado a tendência da Corte de Justiça da Comunidade Europeia (CJCE) quanto à aplicação das regras de Direito Comunitário ao esporte. Assim, em 12 de dezembro de 1974, pronunciou-se a CJCE sobre o "Caso Walrave", decidindo que a aplicação de regras comunitárias restringir-se-ia ao esporte enquanto atividade econômica. No "Caso Dona", dois anos depois, tal pensamento foi reiterado, decidindo-se pelo respeito às regras das organizações esportivas quando exclusivamente voltadas ao esporte, sem prejuízo da aplicação das regras comunitárias relativa às questões de natureza econômica daí advindas (AMSON, 2010, p. 75).

caso, ocorrido no ano de 1995, a discussão sobre a participação dos Estados no Direito Desportivo alcançou novo patamar, decidindo a Corte de Justiça da União Europeia pela submissão – ainda que parcial – da regulação esportiva às normas comunitárias.

Pode-se afirmar, portanto, que a internormatividade seria verificável pelo reconhecimento, por parte dos ordenamentos jurídicos estatais e supra-estatais, das fontes externas de normas desportivas, as quais os comporiam, quer por uma efetiva internalização ("imitação" das regras internacionais privadas pelos ordenamentos nacionais),[62] quer por uma abertura às normas internacionais (possibilidade de aplicação direta das normas emanadas pelas organizações esportivas internacionais),[63] construindo-se uma ordem jurídica desportiva nacional.[64]

---

[62] Segundo Mireille Delmas-Marty, tais processos de imitação seriam verificáveis pelos "(...) diferentes ordenamentos jurídicos buscando inspiração em outros para a produção normativa" (FARIA, 2015, p. 328).

[63] Neste ponto, coloca-se a discussão, já bem conhecida pelo Direito Internacional, das formas de internalização das regras originárias de fontes externas ao ordenamento jurídica nacional, apresentando-se as teorias monistas e dualistas. Para a teoria monista, Direito Interno e Direito Internacional compõem um todo unitário, de modo que as normas emanadas por ambas as fontes integrariam uma mesma ordem jurídica. Tal teoria dotaria de força o Direito Internacional, tendo sido adotada na Convenção de Viena sobre o Direito dos Tratados, cujo artigo 27 dispõe que "uma parte não pode invocar as disposições de seu direito interno para justificar o inadimplemento de um tratado". Para a teoria dualista, seriam o Direito Interno e o Direito Internacional ordens jurídicas distintas e independentes, cabendo aos ordenamentos jurídicos nacionais a efetiva internalização das normas jurídicas internacionais para sua validade interna. Os estudos das teorias monistas e dualistas, no entanto, analisam a formação de ordenamentos jurídicos nacionais e transnacionais/internacionais colocando o Estado como ponto de partida (isto é, como ente normatizador – produção de normas nacionais ou assinatura de tratados internacionais), e não instituições privadas, como ocorre com as normas produzidas pelas federações esportivas internacionais. Assim, no caso do esporte, depende-se de um reconhecimento, tácito ou jurídico, das federações como efetivas fontes de direito, para que, após, possa-se possibilitar a internalização – em abstrato ou em concreto – das normas por elas produzidas. Segundo Tiago Silveira de Faria, "sob a perspectiva do Estado brasileiro, esses processos de reprodução da normatividade jurídico-desportiva transnacional e de aplicação direta pela jurisdição estatal traduzem-se em tentativas de harmonização do direito oficial com o direito desportivo transnacional, criando-se arranjos institucionais para traduzi-lo ou aplicá-lo internamente. (...) A despeito de certa discrepância na *ratio decidendi* dos casos analisados, percebe-se que a legislação desportiva transnacional ganha espaço no ordenamento jurídico estatal, tanto pela reprodução de normas transnacionais por meio do processo legislativo convencional, quanto pela aplicação direta da normatividade desportiva estrangeira pela jurisdição nacional" (FARIA, 2015, p. 337-338). Para mais informações sobre as teorias monistas e dualistas, veja-se DINH; DAILLIER; PELLET, 1999; REZEK, 1998; BARROSO, 2008.

[64] A ideia relaciona-se com o conceito de normas transnacionais apresentado por Philip Jessup. Sobre o tema, veja-se JESSUP, 1956.

A questão, no entanto, não é assim compreendida por parte da doutrina, para a qual a *lex sportiva*[65] teria algumas reservas de normatividade nas quais não caberia qualquer ação estatal ou supra-estatal direta, sendo inerente àqueles que regulam a atividade esportiva mundialmente – no caso, as organizações esportivas internacionais – a atuação em tal seara.[66] Assim, não caberia ao(s) Estado(s), em apreço à autonomia do esporte e de suas organizações, adentrar searas próprias da regulação do jogo e das competições, sendo tal papel de exclusivo desempenho das organizações esportivas formadas em torno de cada modalidade.

A existência dessas duas dimensões de observância do fenômeno da internormatividade desportiva – quais sejam: a necessidade de reconhecimento pelo(s) Estado(s) das normas emanadas pelas organizações esportivas; ou a existência de uma reserva de normatividade própria destas organizações – permite concluir, pois, que a discussão sobre o efetivo papel do Estado no domínio jurídico-esportivo, antes de estar sedimentada pelo largo período de atuação nesta seara, apresenta-se ainda como de grande importância,[67]

---

[65] Segundo Jean-Loup Chappelet (2010), a *lex sportiva* pode ser conceituada como um vasto conjunto de textos, emanados de diferentes fontes – dezenas de milhares de organizações esportivas representantes de uma centena de modalidades esportivas –, responsáveis, basicamente, pela regulação das regras do jogo, das regras de competições e das regras das próprias organizações e dos clubes. Embora a *lex sportiva* seja importante objeto de estudo pela doutrina, nem sequer sua existência é unânime e livre de discussões. Segundo Franck Latty, o doutrinador Edward Grayson teria rejeitado sua existência, ao afirmar que "não existe matéria que a jurisprudencialmente possa ser denominada lei esportiva. Como uma simples manchete, uma descrição abreviada, não possui fundamento jurídico; a common law e a equidade não criam nenhum conceito de lei exclusivamente relacionada ao esporte. Cada área do direito aplicável ao esporte não difere de como é encontrada na respectiva categoria social ou jurisprudencial" (LATTY, 2015, p. 107-120, trad. nossa).

[66] Veja-se, sobre o tema, MELO FILHO, 2000 e CAMARGOS, 2017.

[67] "À época da renovação 'coubertiana', o esporte era concebido como uma atividade fora da sociedade civil, à imagem da religião. Atualmente, o fenômeno esportivo assumiu uma tal dimensão dentro das sociedades, sobre os planos político, econômico, cultural e social, que não pode restar confinado dentro deste estatuto de 'extraterritorialidade'. É porque, em face da obrigação de um enquadramento jurídico, um forte impulso, resultado tanto do meio esportivo como jurídico, tende a desejar a criação de um direito esportivo autônomo. Este desejo de um direito específico para o esporte, que não é sem risco, vai ao encontro da evolução legislativa e jurisprudencial em matéria esportivo, porque o esporte, bem ao contrário, à semelhança de outras atividades humanas, parece mais e mais penetrado pelo direito comum. É assim que ele aumenta no direito público ordinário, no qual o movimento esportivo é cada vez mais considerado como uma administração pública dos esportes e do direito privado, no qual suas atividades são cada vez mais julgadas pelo direito comum" (GROS; VERKINDT, [1985], trad. nossa).

cabendo sua análise em face da autonomia do esporte e de suas organizações, bem como, especialmente no caso brasiléiro, ante a qualificação constitucional do esporte como direito social.

1.2 O Estado no domínio esportivo: a autonomia do esporte e sua qualificação como direito social

De acordo com os ensinamentos de Jean-Marc Duval,[68] a regulamentação do esporte, diferentemente dos demais campos do Direito, não visa meramente à solução de um conflito. Ela visa permitir a construção de espaço jurídico que suporte uma disputa, cujo objetivo será a sagração do vencedor. A própria construção deste espaço jurídico em que a disputa ocorrerá, no entanto, não prescinde, em si, de uma disputa. Há, no esporte, uma luta intrínseca e permanente pelo poder de dirigir o espetáculo que mais movimenta e influencia pessoas em todo o mundo.[69]

O esporte é, assim, palco da luta entre as organizações esportivas e o Estado,[70] aquelas tendentes a manter sua autonomia

---

[68] DUVAL, 2002, p. 54.

[69] Eric J. Hobsbawm (1990, p. 170-171) apresenta, como viés do nacionalismo pós-1918, a compreensão do esporte como elemento de identificação nacional. "O espaço entre as esferas privada e pública também foi preenchido pelos esportes. Entre as duas guerras, o esporte como um espetáculo de massa foi transformado numa sucessão infindável de contendas, onde se digladiavam pessoas e times simbolizando Estados-nações, o que hoje faz parte da vida global. (...) simbolizavam a unidade desses Estados, assim como a rivalidade amistosa entre suas nações reforçava o sentimento de que todos pertenciam a uma unidade, pela institucionalização de disputas regulares, que proviam uma válvula de escape para as tensões grupais, as quais seriam dissipadas de modo seguro nas simbólicas pseudolutas. (...) O que fez do esporte um meio único, em eficácia, para inculcar sentimentos nacionalistas, de todo modo, só para homens, foi a facilidade com que até mesmo os menores indivíduos políticos ou públicos podiam se identificar como a nação, simbolizada por jovens que se destacavam no que praticamente todo homem quer, ou uma vez na vida terá querido: ser bom naquilo que faz. (...) O indivíduo, mesmo aquele que apenas torce, torna-se o próprio símbolo de sua nação."

[70] Deixaremos, aqui, de abordar a temática referente à participação das empresas (patrocinadoras e exploradoras do espetáculo esportivo) e da mídia nesse jogo de forças, sem esquecer que, forçosamente, essa relação tem, atualmente, uma abordagem não linear, e sim em rede, construída por forças exercidas por diferentes atores. Segundo Jacques de France, haveria três categorias que seriam as responsáveis, sob o foco privado (*i.e.*, sem adentrar-se na figura do Estado), pela divisão do poder no âmbito esportivo: (i) os empresários responsáveis por organizar e financiar as competições esportivas; (ii) os dirigentes de associações eleitos por seus pares para mandatos fixos e (iii) os dirigentes aristocráticos, considerados herdeiros de uma tradição esportiva e, pois, espécie de embaixadores olímpicos (DEFRANCE, 2011, p. 84).

regulatória, e este tendente a, cada vez mais, participar do domínio esportivo (por razões políticas, econômicas, sociais, entre outras).[71] Jean-Pierre Karaquillo soube com muita propriedade colocar essa questão, razão pela qual apresentamos aqui as linhas de seu raciocínio inicial sobre o tema:

> Deve-se compreender: as relações autoridades públicas-Estado, coletividades territoriais e movimento esportivo não seriam conhecidas se não em termos de relações de concertação a partir do momento no qual uns e outros perseguiram fins idênticos: o crescimento das atividades esportivas. Ainda, faz-se necessário que ajam em uma verdadeira concertação que leve em conta a identidade do movimento esportivo. Uma concertação justificada por uma constatação: as instituições esportivas privadas são autônomas e não recebem seus poderes das autoridades públicas. Estes são herdados da existência de organizações esportivas internas e entendidos, também em seu âmbito, conforme as prerrogativas mantidas pela conexão destes últimos a uma ordem esportiva internacional, mesmo que não seja equivocado ou insignificante constatar que eles são, para alguns, protegidos e garantidos pelo Estado.
> Em resumo: não se trata de uma mera submissão das instituições esportivas às autoridades públicas para fins de um artificial reconhecimento que tenha o condão de estabelecer sua soberania.
> Mas a observação não é ilusória, a dizer, artificial, segundo a qual o movimento esportivo depende imensamente dos financiamentos públicos? À esta interrogação pode-se replicar que, de fato, em geral, tal constatação não é suficiente para fundamentar uma subordinação. Isso porque, enfim, não existiria um dever, mas um interesse, mesmo, das autoridades públicas de participar das atividades, por meio de assistências materiais, dos grupamentos privados que possuem uma parte preponderante da gestão de uma atividade essencial para um país, um departamento, uma região, uma comuna?[72]

As linhas apresentadas por Karaquillo dão um resumo bastante útil sobre a dialética da relação entre Estado e movimento

---

[71] Sobre o tema, interessante a visão apresentada por Pascal Boniface, para quem o apolitismo esportivo é apenas um mito – sustentado, principalmente, pelos ideias do Barão de Coubertin e de seus seguidores, em relação aos Jogos Olímpicos. Segundo o autor, a proibição de politização dos Jogos concerne aos atletas, não aos Estados, os quais irão utilizar constantemente o esporte como instrumento de *soft power* (vide nota 35), e ao Comitê Olímpico Internacional, o qual utilizará critérios geopolíticos – sutis e jamais confessados – para a definição do local que receberá cada edição dos Jogos (BONIFACE, 2016).

[72] KARAQUILLO, 2011, p. 57, trad. nossa.

CAPÍTULO I
O ESPORTE, O ESTADO E A INTEGRIDADE | 47

esportivo na atualidade. A questão relaciona-se, primordialmente, com a tensão entre a autonomia das organizações esportivas – para se autorregularem e para regularem a respectiva modalidade – e a participação do Estado em tal seara.[73] A tal tensão se soma, ainda, um elemento adicional bastante comum nos Estados Democráticos de Direito: a conformação do esporte como direito social.

Em relação à citada "autonomia",[74] esta foi pela primeira vez enunciada expressamente na Carta Olímpica de 1949, cujo item 25 assim previa: "Para ser validamente reconhecido pelo C.O.I., um Comitê Olímpico Nacional deve cumprir as condições adiante: (...) ser independente e autônomo." A previsão expressa da autonomia relaciona-se intimamente com o contexto do pós-guerra e com o papel que os Estados outorgaram ao esporte, por meio de sua instrumentalização a serviço de objetivos políticos,[75] servindo

---

[73] Interessante aproximação sobre o tema possui Michel Hourcade, para quem "se o direito desportivo existisse – e a ausência de real tentativa de sua definição deixar subsistir uma interrogação –, ele se definirá, a princípio, como um *direito em competição*, opondo duas instituições e dois corpos de regras, sem um árbitro reconhecido" (HOURCADE, 1996, trad. nossa). De fato, questão relevante na temática esportiva relaciona-se ao fato de, além de inexistir uniformidade quanto à fonte de tal direito, inexiste, ainda, uniformidade quanto aos seus árbitros, reconhecendo-se, ao lado da Justiça Comum dos Estados, a denominada Justiça Desportiva, em regra regulada pelas próprias organizações esportivas.

[74] A palavra autonomia é formada pela combinação dos termos gregos *auto* e *nomos*, significando "aqueles que fazem sua própria lei" (CHAPELLET, 2016, trad. nossa).

[75] Durante os anos da Segunda Guerra Mundial foi marcante o fenômeno da instrumentalização do esporte pelo Estado, cuja evolução – e afastamento das práticas deletérias – outorgou os contornos da política de *soft power* que já apresentamos. Pascal Boniface bem retratou ou tema, em seu *JO Politiques*, ao afirmar que "(...) os Jogos Olímpicos não são apenas o esporte e o espetáculo. São igualmente os eventos políticos e estratégicos: a presença de mais de uma centena de Chefes de Estado e governos durante os Jogos é um indicativo. Para além das informações do Comitê Olímpico Internacional (COI) sobre o apolitismo do esporte, os JO possuem um importante impacto geopolítico. No momento no qual a mundialização é criticada porque ela tende a contribuir para o desaparecimento da identidade nacional, a competição esportiva vem reforçá-la. O apoio aos atletas nacionais transcende as classes sociais, étnicas, religiosas e culturais. A televisão cria uma arena onde qualquer um pode vir tomar um lugar, sem nenhuma limitação. O esporte é transformado em um instrumento de *soft power*, esta potência doce que se transformou na nova e sútil forma de poder. Cada Estado tenta atrair a atenção, o respeito e a simpatia das outras nações graça a seus campeões, que tornam-se verdadeiras estrelas internacionais, conhecidos e admirados nos cinco continentes. Os ícones viventes na aldeia global que é atualmente o planeta com o desenvolvimento das tecnologias de comunicação e de informação. Desde o princípio, havia um fosso entre a afirmação hipócrita do apolitismo dos Jogos e a realidade. Os Jogos Olímpicos foram, após sua criação, um objetivo político e são reféns dos eventos estratégicos. Se tal é verdade quando apenas treze nações participam à margem (e como acompanhantes) de uma exposição dita 'universal', é certamente ainda mais verdadeiro na hora do esporte mundial" (BONIFACE, 2016, p. 9-10, trad. nossa).

como um escudo protetor a tal prática – considerada deletéria para o esporte. Após sua integração ao Olimpismo na Carta de 1949, a autonomia não mais deixou de ser prevista dentre os seus preceitos.[76]

Justamente por se traduzir em uma força de resistência à função política outorgada pelos Estados ao esporte, a autonomia foi, inicialmente, observada pelos doutrinadores apenas sob a ótica de proteção das organizações esportivas – e, em consequência, do próprio esporte – a esta tentativa de sua utilização indevida. A sua previsão seria, pois, fruto de um movimento de manutenção do citado ideal olímpico de apolitismo do esporte em face dos excessos estatais.[77] José Ricardo Rezende fala mesmo de uma sacralização da regra geral de não intervenção, *in verbis*:

---

[76] Na Carta Olímpica de 1955 (2018, trad. nossa), o art. 24 previa que "os CNOs devem ser completamente independentes e autônomos e afastados de toda influência política, confessional ou comercial". Em 1958, previu-se que a não conformação a esta regra impediria o reconhecimento da organização nacional. No ano de 1968, estatuiu-se que as organizações nacionais deveriam informar ao Comitê Olímpico Internacional em caso de interferência política. Em 1971, o artigo 24 previa que "(...) os governos não podem designar nenhum membro de um CNO (...). Em caso de algum dos regulamentos ou dos atos de um CNO estar em contradição com as regras olímpicas, ou objeto de uma interferência política, o membro do COI naquele país deve apresentar um relatório sobre a situação". Já em 1989, passou-se a recomendar "aos CNOs para procurar fontes de financiamento que os permitam manter sua autonomia a todo custo, notadamente em face de seus governos e de todos os outros grupos que governem o esporte no país. A coleta de fundos deve, da mesma forma, ser realizada de modo a conservar a dignidade e a independência do CNO em face de toda e qualquer organização comercial." Atualmente, a Carta Olímpica de 2007 possui as seguintes disposições acerca da autonomia: "art. 28 (...) 6. Os CNOs devem preservar sua autonomia e resistir a todas as pressões, incluindo, mas não se limitando, as pressões políticas, jurídicas (esta qualificação foi inserida em 2004), religiosas ou econômicas que possam os impedir de se conformarem à Carta Olímpica (...) 9. A par das medidas e sanções previstas em caso de transgressão da Carta Olímpica, a comissão executiva do COI poderá adotar todas as decisões apropriadas para a proteção do Movimento olímpico no país de um CNO, em especial a suspensão ou a retirada do reconhecimento deste CNO, se a Constituição, a legislação ou outras regulamentações em vigor no país, ou qualquer ato de um organismo governamental ou de outra entidade, possam eficazmente impedir as atividades de um CNO ou a formação ou expressão de sua vontade. Antes de tomar esta decisão, a comissão executiva do COI oferecerá ao CNO em questão a possibilidade de ser ouvido. Art. 29 (...) 4. Os governos e outras autoridades públicas não designarão nenhum membro de um CNO. Não obstante, um CNO pode decidir, à sua discricionariedade, de eleger como membros representantes destas autoridades."

[77] Sobre o tema, Nils Asle Bergsgard (2007) defende a existência de uma "governamentalização do esporte", que seria justamente a utilização do esporte, pelos Governos, para promover objetivos outros que não apenas desportivos. João Lyra Filho (1952, p. 25-26) destaca que "é de sabedoria que o desporto se mova à margem da vida religiosa e da vida política, para não vulnerar a sua expressão própria, resistindo às seduções com que, exatamente pelo caráter incolor e isento dos seus movimentos, se pretenda interessá-lo na propagação de uma ordem política ou religiosa. Então, sim, se não houver capacidade de resistência, o desporto perderá a sua fisionomia e sacrificará a substância própria dos seus desígnios

(...) face à (*sic*) supremacia territorial própria do poder estatal, outra solução não tinha (*sic*) as organizações transnacionais do desporto, na orquestração de um sistema mundial de prática, senão por via da sacralização da regra geral da não intervenção (ou mínima intervenção) estatal sobre os assuntos do seu domínio (diante do primado da liberdade de associação consagrado nos "Estados de Direito"), naquilo que se define como matéria *interna corporis*, cimentando em suas normas de regência que invasões de caráter legislativo, executivo ou judiciário, podem levar, em última análise, à exclusão da entidade representativa daquela nação que assim agir, como máxima reprimenda de natureza social, levando por consequência ao isolamento (ostracismo) do país no cenário internacional desportivo.[78]

O pêndulo, no entanto, acabou atingindo o outro lado. Se antes da expressa proteção à autonomia era possível observar a instrumentalização do esporte pelos Estados, passou-se a observar a tentativa de utilização desse princípio como um escudo protetor – por parte de algumas organizações esportivas – a qualquer atuação estatal, ainda que em prol do esporte.[79] Nas palavras de Pascal Boniface:

> Por muito tempo, as federações esportivas eram todo-poderosas. Cada uma a seu nível (FIFA em nível mundial, federações regionais – como a UEFA – e nacionais), ditavam sua lei. Em nome da neutralidade do esporte em face da política, tentaram limitar o poder dos Estados. Poderia ser tudo isto o resultado de um sentimento de culpa persistente em face dos excessos de 1934? Cada pessoa vivendo na esperança de participar das competições que elas organizavam acreditava em seu poder sancionador. Isso pode dar lugar a certos desvios, haja vista a não garantia de renovação de tais todo-poderosas. Atualmente, as coisas giram em torno de uma luta de influência de três polos de poder: as federações, os clubes e os poderes políticos.[80]

No jogo de forças pelo poder de dirigir uma das atividades mais lucrativas do mundo, as organizações esportivas passaram

---

de superação. Não o devemos converter em instrumento animador de místicas. A função política do Estado, em relação ao desporto, é prestigiar seus desígnios, fortalecer as linhas próprias de sua independência, estimular seu desenvolvimento e preservar sua essência".

[78] REZENDE, 2016, p. 185.

[79] Segundo A. Foster, a "*lex sportiva* é uma perigosa cortina de fumaça justificando autorregulação pelas federações esportivas internacionais" (MRKONJIC, 2016, p. 142, trad. nossa).

[80] BONIFACE, 2013, p. 157-158, trad. nossa.

a observar e defender a questão da autonomia muito mais como algo que lhes seria ínsito e como um fim em si mesmo. Por vezes, esquecendo-se que o que se estaria a defender, ao se conclamar este conceito, seria, em última análise, a atividade esportiva; ou seja: o esporte como direito social do cidadão. Segundo Carlos Nolasco,

> A soberania do espaço desportivo é então disputada numa zona híbrida e complexa, em que, para além das normas de cada um dos contendores, se jogam muitas prepotências originadas na soberania do Estado ou na arrogância do poder que o desporto tem nas sociedades contemporâneas.[81]

A disputa – por vezes sobreposta por uma necessária diplomacia esportiva – apresenta-se de maneira sutil no próprio emprego do termo autonomia: enquanto as organizações esportivas empregam, em regra, a ideia de autonomia das organizações esportivas (como o faz a Carta Olímpica, desde 1949), os Estados e as organizações intergovernamentais costumam preferir a denominação autonomia do esporte ou empregam a expressão autonomia das organizações esportivas com ressalvas (como, por exemplo, uma autonomia vinculada ao cumprimento de conceitos éticos e democráticos).[82] A análise de tais conceitos – e sua diferenciação – é imprescindível para a compreensão do alcance da noção de autonomia e sua relação com o direito social ao esporte.

1.2.1 A autonomia das organizações esportivas

A autonomia das organizações esportivas – construída principalmente como resposta às intervenções estatais perpetradas com a finalidade de utilização do esporte pelo Estado como ferramenta de *soft power* – foi apresentada, pelo Comitê Olímpico Internacional, como um princípio de proteção do esporte instrumentalizado por meio de suas organizações. Ou seja: garantindo-se a autonomia das organizações esportivas, garantir-se-ia a autonomia do próprio esporte. Por tal razão, o citado artigo 25 da Carta Olímpica de 1949

---

[81] Citado por REZENDE, 2016, p. 202.
[82] Denominação esta utilizada pela Comissão Europeia, como veremos mais adiante.

fazia referência à autonomia e independência como características necessárias para que as organizações esportivas nacionais fossem reconhecidas pelo Comitê Olímpico Internacional.[83] [84]

Segundo Michael Mrkonjic, a ideia de autonomia construída para as organizações esportivas é impregnada da teoria política que, na Inglaterra, era propugnada pelos pensadores que, à moda de John Locke, visualizavam um Estado sem grande pretensão interventiva:

> A autonomia política pode ser considerada como um entendimento histórico dos relacionamentos entre as organizações esportivas e seu entorno. Szymanski (2006) descreve como o esporte moderno se desenvolveu na Inglaterra a partir das novas formas de associativismo criadas durante o Iluminismo europeu. Esse período presenciou o domínio da esfera política pelas ideias políticas de John Locke, comumente creditado como o pai do liberalismo clássico. Sua teoria do contrato social promoveu a ideia de que o Estado por si mesmo seria um tipo de associação voluntária que os indivíduos escolhem entrar a partir do estado de natureza. Em sua obra "Uma carta sobre a tolerância", Locke toma por premissa que as associações voluntárias têm o direito de estabelecer-se e criar suas próprias regras e regulamentações. Como consequência, na Inglaterra, "o Estado mostrou pouco apetite pela regulação e intervenção" (Clark, 2002, p. 97) enquanto no resto da Europa, intelectualmente, o casamento do Estado com o desenvolvimento dos clubes esportivos pode ser atribuídos a Rousseau, cujo conceito de contrato social deixou pouco espaço para as associações voluntárias independentes. A influência dos britânicos na propagação mundial das estruturas de governança do futebol finalmente assegurou que a FIFA fosse estabelecida em 1904 por uma classe de pessoas que acreditavam na separação do esporte e do Estado como um princípio sagrado (Tomlinson, 2000).[85]

---

[83] Sob tal prisma, a disposição contida na Carta Olímpica traz não apenas o preceito imediato – incitando as entidades a não se deixarem seduzir pelas conveniências políticas inatas à relação com o Estado, ao mesmo tempo que deveriam se proteger das pressões próprias do desvirtuamento dessa relação de poder –, mas também o mediato, consubstanciado na criação de um mecanismo que assegura o necessário *enforcement* à autonomia: se houver interferência, que em geral se dá por interesse de instrumentalizar politicamente a entidade ou a prática esportiva, o próprio instrumento instrumentalizado perde seu valor a partir do descredenciamento por parte do Comitê Olímpico Internacional. Assim, a instrumentalização neutraliza a si mesma em razão da própria instrumentalização.

[84] A mesma concepção foi replicada pelas federações internacionais, as quais, além de determinarem a necessária independência do Estado sede, passaram a outorgar às suas estruturas correlatas – as federações nacionais – a mesma sorte de autonomia.

[85] MRKONJIC, 2016, trad. nossa.

A construção da ideia de autonomia esteve, portanto, ligada estreitamente à noção de independência das instituições em face do Estado e organizações supranacionais.[86] Em pesquisa realizada com diversas organizações esportivas, Jean-Loup Chappelet observa que:

> (...) a nível conceitual (*sic*), os sinônimos ou palavras-chaves mais constantemente citados pelas organizações esportivas não governamentais são os da independência, responsabilidade e liberdade em face dos governos e atores políticos nacionais e supranacionais.[87]

Assim, ela foi desenhada de forma a proteger as organizações esportivas de possíveis desmandos realizados pelos Estados e suas organizações supranacionais. No caso brasileiro, por exemplo, conforme aprofundaremos mais adiante, a expressa proteção constitucional à autonomia das organizações esportivas[88] foi decorrência inegável do controle exercido pelo Estado – no contexto da ditadura militar – sobre as organizações esportivas nacionais.[89]

E no que consistiria citada autonomia das organizações esportivas? A par da autonomia política – em atenção ao necessário apolitismo do esporte –, a autonomia conclamada por tais organizações lhes concederia a prerrogativa de normatizar e organizar a modalidade esportiva de sua responsabilidade, além de a si próprias.[90]

Assim, seria a autonomia das organizações esportivas voltada para três principais aspectos: as regras de competição, as regras de jogo e a auto-organização.[91] Tais regras seriam aplicáveis consoante

---

[86] Consideram-se organizações supranacionais as formas de organização relacionadas ao fenômeno da globalização, mediante as quais se transpõem as rígidas barreiras da soberania para dar lugar a regimes de composição e convivência interestatais. São exemplos de organizações supranacionais a União Europeia e o Mercosul.

[87] CHAPPELET, 2010, p. 36.

[88] "Art. 217. É dever do Estado fomentar práticas desportivas formais e não-formais, como direito de cada um, observados: I – a autonomia das entidades desportivas dirigentes e associações, quanto a sua organização e funcionamento" (BRASIL, 1988).

[89] Sobre o tema, veja-se: GIANORDOLI-NASCIMENTO, 2014.

[90] Não se cogita, aqui, de uma autonomia financeira, a qual, atualmente, é de dificílima obtenção por uma organização esportiva, dependendo estas cada vez mais dos Estados para seu financiamento. Sobre o tema, veja-se recente reportagem publicada acerca do atletismo no Brasil. Tal realidade é verificável também em outras modalidades (FAVERO; JÚNIOR, 2019).

[91] São consideradas regras de competição as regras que regem as próprias competições esportivas, como aquelas que estabelecem, nos esportes coletivos, como se formarão as tabelas de jogos e quais as regras para ascensão às fases eliminatórias, entre outras.

CAPÍTULO I
O ESPORTE, O ESTADO E A INTEGRIDADE | 53

a organização piramidal do esporte – federações internacionais/ federações nacionais/clubes –, sendo de obrigatória observância no âmbito de cada uma das modalidades.

Essa perspectiva é bem explorada por Chappelet,[92] para quem haveria uma autonomia vertical e uma autonomia horizontal outorgadas às organizações esportivas. A autonomia vertical seria aquela existente entre as organizações esportivas de nível inferior e as organizações esportivas de nível superior, conforme a construção piramidal a que já fizemos referência. Embora relevante para a construção do aparato normativo desportivo, esta óptica é de pouco interesse a esta obra, razão pela qual será abordada primordialmente a autonomia sob a ótica horizontal.

A autonomia horizontal seria a autonomia da organização esportiva em face do ator estatal ou supra-estatal de mesmo "nível hierárquico" (ex: Comitê Olímpico Nacional *vs.* governo federal). Seria esta justamente a autonomia mediante a qual se buscou fazer frente às ameaças do "Estado Totalizador". A autonomia das organizações esportivas, visualizada sob sua perspectiva horizontal, seria, portanto, a garantia de que, frente às demandas dos aparatos normativos estatais e supra-estatais, tais organizações estariam protegidas e deles seriam independentes.

Assim, as organizações esportivas possuiriam um poder imanente de emitir comandos de natureza obrigatória ao grupo que a elas se vincula. Para o autor francês, no caso das federações internacionais e do Comitê Olímpico Internacional, tal poder poderia, inclusive, levar à ideia de *summa potestas sportiva*, diante de sua

---

As regras do jogo são aquelas aplicadas pelo árbitro ou outro indivíduo encarregado de fiscalizar o cumprimento das normas específicas da modalidades, como é o caso do impedimento no futebol ou a queima de largada no atletismo. Por fim, as regras de auto-organização referem-se ao poder normativo no tocante à administração da própria entidade, como as regras de formação do corpo dirigente, responsabilidades e participação de atletas nas decisões.

[92] CHAPPELET, 2010, p. 48-49. Para o autor, a autonomia horizontal absoluta é de difícil obtenção, haja vista o financiamento público das atividades esportivas e o interesse estatal na correta aplicação dos recursos. Não haveria, pois, uma autonomia horizontal plena ou absoluta, sendo esta conformada à luz do Direito Estatal e Supra-Estatal. Assim, as autonomias vertical e horizontal poderiam, inclusive, entrar em conflito, como no caso de regras de federações internacionais que não estão em conformidade com determinado Direito Estatal, imputando à organização esportiva nacional o ônus de eleger a qual regra respeitar – o que ensejaria, automaticamente, o desrespeito ao outro comando normativo do sistema desportivo.

natureza imperativa internacional para a(s) modalidade(s).[93] Aos que defendem a autonomia das organizações esportivas na forma ora descrita, esse poder lhes seria inerente, cabendo aos Estados e organizações supranacionais o seu reconhecimento e aceitação.[94]

1.2 O esporte como direito social e sua influência para a concepção da autonomia

Em refração à tese de que a autonomia teria sido erigida como princípio de proteção das organizações esportivas, a ideia de esporte como direito social corrobora a noção – cada vez mais difundida no âmbito dos Estados e organizações supranacionais – segundo a qual a autonomia é um princípio protetor da própria prática esportiva.

E no que se constituiria esta óptica de direito social outorgada ao esporte? Antonella D'Andrea estudou o tema ao tratar da função social do esporte.[95] A autora afirma que, tanto em nível internacional como em nível europeu, há um expresso reconhecimento da função social do esporte, sendo certo que, em ambos os níveis, reconhece-se ainda uma íntima conexão entre esporte e direito social (direito de interesse da coletividade).

Assim, a Carta Internacional do Esporte e da Educação Física da Unesco (Paris, 1978) reconheceu, inicialmente, a prática da educação física e do esporte como direitos fundamentais para o desenvolvimento da personalidade do indivíduo.[96] No mesmo

---

[93] REZENDE, 2016. p. 193.

[94] Segundo João Lyra Filho (citado por CAMARGOS, 2017, p. 62), "as instituições desportivas emolduram realidades e corporificam a *existência de um direito que resulta de uma cadeia de fatos sociais*. Em face dêsse direito, *os profissionais da justiça terão que descer ao submundo dos costumes populares e da convivência do povo, de cuja capacidade criadora o direito desportivo é um dos mais belos exemplos*[33] (...) Será demasia realçar a importância da regulamentação privada do desporto ou a utilidade do trabalho social dos que a têm estabelecido (...). Todos percebemos a simultânea *necessidade das instituições desportivas especialmente instruídas e revestidas de autoridade*, para fiscalizar as atividades do desporto, garantir o cumprimento das regras a que se condicionam e reprimir as faltas que tentem desmerecê-las ou deturpá-las".

[95] D'ANDREA, 2017.

[96] Em seu artigo 1º, a carta proclama que "todo ser humano tem o direito fundamental de acesso à educação física e ao esporte, que são essenciais para o pleno desenvolvimento da sua personalidade. A liberdade de desenvolver aptidões físicas, intelectuais e morais, por meio da educação física e do esporte, deve ser garantido dentro do sistema educacional,

sentido, a Convenção da ONU adotada em Nova Iorque em 13 de dezembro de 2006 previu o direito da pessoa com deficiência à prática da atividade esportiva, por meio de sua participação ou simples acesso às estruturas esportivas.[97]

No âmbito regional europeu, o esporte foi reconhecido como direito social em diversos documentos,[98] merecendo destaque a referência no Tratado de Lisboa (2007), a qual leva em consideração a função social do esporte, considerando-o, a par da instrução e formação profissional, um elemento fundamental para o equilíbrio psíquico-social dos indivíduos.[99] Este tratado inova, ainda, ao estabelecer à União Europeia uma competência complementar e de apoio ao setor esportivo.

O reconhecimento do esporte como direito social não veio, porém, apenas albergado nos tratados internacionais sobre o tema. A questão foi objeto de reconhecimento também nas Constituições nacionais, como é o caso da Constituição Portuguesa de 1976 –[100] a

---

assim como em outros aspectos da vida social" (UNESCO, 1978.). Platão, citado por João Lyra Filho, já relacionava o esporte e a educação, ao afirmar que: "(...) a educação é a arte de conduzir a criança pelo caminho da razão, cumprindo-lhe fortalecer o corpo, quanto possível, e elevar a alma ao grau mais cheio de perfeição." Lyra Filho (1952, p. 15) acrescenta: "(...) ao lado do ginásio, a palestra (*palé* significa luta, competição). Ao lado do colégio, o clube."

[97] Artigo 30, item 5: "Para que as pessoas com deficiência participem, em igualdade de oportunidades com as demais pessoas, de atividades recreativas, esportivas e de lazer, os Estados Partes tomarão medidas apropriadas para: a) Incentivar e promover a maior participação possível das pessoas com deficiência nas atividades esportivas comuns em todos os níveis; b) Assegurar que as pessoas com deficiência tenham a oportunidade de organizar, desenvolver e participar em atividades esportivas e recreativas específicas às deficiências e, para tanto, incentivar a provisão de instrução, treinamento e recursos adequados, em igualdade de oportunidades com as demais pessoas; c) Assegurar que as pessoas com deficiência tenham acesso a locais de eventos esportivos, recreativos e turísticos; d) Assegurar que as crianças com deficiência possam, em igualdade de condições com as demais crianças, participar de jogos e atividades recreativas, esportivas e de lazer, inclusive no sistema escolar; e) Assegurar que as pessoas com deficiência tenham acesso aos serviços prestados por pessoas ou entidades envolvidas na organização de atividades recreativas, turísticas, esportivas e de lazer" (UNICEF, [2019]).

[98] Dentre muitos, destacam-se a Carta da Europa do Esporte (Bruxelas, 1975); a Carta Europeia do Esporte (Rodi, 1992); Tratado de Amsterdã (1997); Relatório de Helsinki sobre o Esporte (1999); Declaração do Conselho Europeu de Nizza (2000); Declaração do Conselho e dos Representantes dos Governos dos Estados Membros (2003); *Livro Branco sobre o Esporte* (2007); e Resolução do Parlamento Europeu sobre a dimensão europeia do esporte (2012).

[99] Veja-se D'ANDREA, 2017, p. 285-286.

[100] "Art. 64, 2. O direito à proteção da saúde é realizado: (...) b) Pela criação de condições económicas, sociais, culturais e ambientais que garantam, designadamente, a proteção da

qual alude, expressamente, à ideia de cultura física e desporto como direitos de todos os cidadãos –, da Constituição Espanhola de 1978 –[101] a qual faz referência à necessidade de fomento do esporte – e da Constituição Brasileira de 1988[102] – a qual alude ao esporte como direito de cada um, o que será objeto de estudo no Capítulo II.

E da mesma forma que os Estados e as organizações internacionais, o próprio movimento esportivo reconhece que o esporte tem como objetivo último a sua prática por qualquer pessoa, ao estabelecer, dentre os princípios fundamentais do Olimpismo, que:

> A prática esportiva é um direito humano. Toda pessoa deve ter a possibilidade de praticar esporte sem discriminação de nenhum tipo e dentro do espírito olímpico, que exige compreensão mútua, solidariedade e espírito de amizade e de *fair play*. A organização, administração e gestão do esporte devem ser controladas por organizações esportivas independentes.[103]

Tal reconhecimento vem aliado à ideia de que o esporte, concebido como direito social, se estrutura ante o Direito sob a óptica do cidadão. O que se está a proteger, pois, não é um determinado ator do cenário esportivo, mas o cidadão que, na qualidade de atleta ou espectador, participa do fenômeno esportivo. Assim, ao se reconhecer o esporte como um direito social, questões como a

---

infância, da juventude e da velhice, e pela melhoria sistemática das condições de vida e de trabalho, bem como pela promoção da cultura física e desportiva, escolar e popular, e ainda pelo desenvolvimento da educação sanitária do povo e de práticas de vida saudável." "Art. 70, 1. Os jovens gozam de proteção especial para efetivação dos seus direitos econômicos, sociais e culturais, nomeadamente: (...) d) Na educação física e no desporto." "Art. 79. 1. Todos têm direito à cultura física e ao desporto. 2. Incumbe ao Estado, em colaboração com as escolas e as associações e coletividades desportivas, promover, estimular, orientar e apoiar a prática e a difusão da cultura física e do desporto, bem como prevenir a violência no desporto" (PORTUGAL, [1976]). Segundo Vieira de Andrade (citado por CAMARGOS, 2017), "a configuração constitucional do direito ao desporto como direito fundamental cultural mostra que se pretende conferir relevância à prática do desporto como uma actividade dos cidadãos em geral – da intervenção estadual no domínio desportivo há-de ter em vista a promoção, a protecção, e a garantia da actividade física e do desporto como condição de aperfeiçoamento da personalidade e do desenvolvimento social, a evocar a máxima latina 'mens sana in corpore sano'".

[101] "Art. 43, 3. Os poderes públicos fomentarão a educação sanitária, a educação física e o esporte" (tradução livre do espanhol) (ESPAÑA, 1978).

[102] "Art. 217. É dever do Estado fomentar práticas desportivas formais e não-formais, como direito de cada um, observados (...)" (BRASIL, 1988).

[103] COMITÉ OLÍMPICO INTERNACIONAL, 2018.

participação do Estado no cenário esportivo e as regras de autonomia das organizações esportivas são visualizadas sob a óptica do destinatário de tal sistema: o cidadão.

Esta nova óptica de visualização do esporte e dos fenômenos que o circundam permite concebê-lo ao largo do conflito Estados-organizações esportivas. Tratando-se o esporte de direito social, o intérprete de suas normas deverá analisá-las dentro desta moldura, *i.e.*, em benefício do usufruto deste direito por seu destinatário. Com isso, passa-se a perceber a dialética Estado-organizações esportivas da forma que mais favoreça o acesso do cidadão a um esporte limpo, justo e solidário, concebendo-se a participação de cada um dos atores na medida em que propiciem o atingimento deste objetivo. E, assim, molda-se também um novo formato do princípio da autonomia.

1.2.3 A autonomia do esporte (ou a autonomia supervisionada das organizações esportivas)

A autonomia, observada sob o viés do esporte,[104] e não das entidades privadas responsáveis por sua administração, é concebida como instrumento de proteção deste ante qualquer interesse de intervenção e locupletamento indevido – quer por ação estatal, quer por ação das próprias organizações esportivas. Assim, vislumbra-se uma autonomia descolada de uma organização particular, para servir aos interesses do próprio esporte e daqueles que possuem o direito de exercer atividades esportivas.

Tal espécie de autonomia, vinculada a bem servir ao esporte, vem sendo objeto de inúmeras regulamentações, sendo de relevo a menção realizada logo nas linhas iniciais do Livro Branco sobre o Desporto, elaborado pela Comissão Europeia:

> A Comissão reconhece a autonomia das organizações desportivas e das estruturas representativas do desporto (como as ligas). Além disso, reconhece que a responsabilidade da gestão incumbe principalmente

---

[104] Ao se tratar a autonomia sob a ótica do esporte, quer-se relacionar à ótica da própria prática esportiva, *i.e.*, à proteção ao cidadão que pratica (atleta) ou assiste a um espetáculo esportivo (espectador). A ideia por detrás desta aplicação do conceito está na proteção da prática em si, e não daqueles que, lucrativamente ou não, a exploram.

aos organismos que tutelam o desporto e, em certa medida, aos Estados-Membros e aos parceiros sociais. Todavia, o diálogo com as organizações desportivas serviu para chamar a atenção da Comissão para alguns aspectos que serão abordados mais adiante. A Comissão considera que a maioria dos problemas podem ser resolvidos através da autorregulação, desde que esta respeite os princípios da boa gestão e a legislação comunitária, estando pronta para funcionar como mediadora ou para tomar medidas, se tal for necessário.[105]

A Comissão Europeia reconhece, portanto, a autonomia das organizações esportivas, levando em consideração, porém, que tais organizações são imbuídas da missão de bem servir à(s) modalidade(s) esportiva(s) de cuja estruturação sistêmica são responsáveis, condicionando a liberdade de autorregulação ao respeito dos princípios da boa gestão e da legislação comunitária, sujeitando--se, caso contrário, à mediação da comissão em face de eventual conflito, ou à própria regulação de temas pelo órgão comunitário.

Neste sentido, o embate entre a autonomia absoluta desejada por relevante parcela das organizações esportivas e o intervencionismo estatal excessivo – especialmente para fins políticos – deu ensejo à apresentação de uma conformação mediana de autonomia, a qual podemos denominar "autonomia supervisionada" ou, em sua formatação dialética, "autonomia negociada".

A compreensão do que seja esta nova percepção da autonomia das organizações esportivas depende, todavia, da compreensão dos elementos que a constituem. Conforme já assinalado, a visão da autonomia do esporte – e não das organizações esportivas em si – leva em consideração o fato de que este princípio foi erigido com a finalidade de proteger a atividade esportiva – e não as entidades que a organizam. Assim, a compreensão dos seus elementos constitutivos possibilita analisar o seu real objeto de proteção. Para Jean-Loup Chappelet,

> A autonomia do esporte é, no esquema do direito nacional, europeu e internacional, a possibilidade das organizações esportivas não governamentais sem fins lucrativos:
>
> 1. de estabelecer, de modificar e de interpretar livremente as regras

---

[105] EUR-Lex, 2017.

CAPÍTULO I
O ESPORTE, O ESTADO E A INTEGRIDADE | 59

adaptadas à sua modalidade esportiva sem influência política ou econômica indevida;

2. de escolher democraticamente seus dirigentes sem interferência dos Estados ou de terceiros;

3. de obter fundos públicos ou de terceiros adequados sem obrigações desproporcionais;

4. de realizar com esses fundos os objetivos e atividades escolhidas sem restrições externas excessivas;

5. de elaborar, em negociação com os poderes públicos, normas legítimas e proporcionais para a realização desses objetivos.[106]

Na visão de Chappelet, portanto, os elementos constitutivos da autonomia do esporte seriam, essencialmente: (i) a autonomia para regulamentar e interpretar as regras da modalidade; (ii) a autonomia para constituição dos quadros dirigentes (sem interferências indevidas); (iii) a autonomia financeira (de obtenção e aplicação dos recursos, sem restrições excessivas ou obrigações desproporcionais); e (iv) a autonomia para elaboração de regras voltadas à consecução dos objetivos da modalidade, estas negociadas com os poderes públicos. Tais elementos seriam parte do conceito ótimo de autonomia e, portanto, não poderiam ser esvaziados pela ação estatal.[107]

Nada obstante, dos termos empregados por Chappelet extrai-se a necessidade de adequação de tais elementos à participação estatal na modalidade, já que aduz o autor a noção de "restrições excessivas", "obrigações desproporcionais" ou "negociação de regras" com o Estado. Assim, compreende-se que o que se está a afastar não é a participação estatal em si na elaboração das normas aplicáveis à modalidade esportiva, mas apenas eventual

---

[106] CHAPPELET, 2010, p. 51, trad. nossa.

[107] Diante do escopo desta obra, centra-se a análise da autonomia em sua relação de confronto com a participação do Estado na conformação do esporte. Nada obstante, é possível estudar-se atualmente também a influência do sistema de mercado em tal ideal de autonomia. Assim, em artigo publicado na *Revista Academia Nacional de Direito Desportivo*, Ricardo Tavares Gehling afirma (2016, p. 246), em conjunto com Joaquim José Gomes Canotilho (2010). Em *Direito do Desporto Profissional – contributos de um curso de pós-graduação* (2010, p. 19), João Leal Amado e José Ricardo Costa afirmam que "(...) o dinheiro no desporto de certa forma desafia a sua própria autonomia, remetida para um lugar pouco definido entre o *mercado* e o Estado. A mercantilização do esporte leva à limitação da autonomia das organizações esportivas não mais por interesses políticos, mas por interesses financeiros".

desproporção ou excesso em tal participação. Apresenta-se, assim, uma noção de parceria entre Estado e organizações esportivas, a qual tem sido corrente dentre doutrinadores que estudam a ideia de autonomia e seus limites sob a ótica do Direito Público. Relevante análise do tema foi realizada por Jean-Marc Duval. O autor enfrenta a questão da autonomia e da regulamentação jurídica do esporte apelando à ideia de "esportividade" da matéria normatizada. Para o doutrinador francês:

> A justificação desta autonomia outorgada pelas federações esportivas internacionais às federações nacionais é justamente permitir a estas o poder de exercer as atribuições que lhes são reconhecidas por aquelas, adaptando-se à sua situação geográfica, possivelmente à sua situação cultural, mas sobretudo à sua situação jurídica, no âmbito de seus próprios Estados. Ao seu lado, os Estados admitem voluntariamente, ao menos até certo ponto, mais comumente implicitamente, mas por vezes explicitamente, que as competições nacionais que preparam para competições internacionais devem se desenrolar conforme as regras elaboradas pelas federações esportivas internacionais, ao menos algumas dentre elas, quando o grau de "esportividade" seja o mais elevado. Como resultado, e isso parece satisfatório para o espírito, o grau de "esportividade" de uma regra esportiva é suscetível de afetar sua autonomia por um duplo ponto de vista. Quanto mais o grau de "esportividade" de uma regra editada por uma federação nacional for elevado, mais esta é autônoma em relação ao direito estatal, mas menos ela o é em relação à regulamentação esportiva internacional.[108]

Haveria, assim, um necessário balizamento da autonomia outorgada às organizações esportivas segundo a espécie de norma que se está a tratar. Tratando-se de regras com maior grau de "esportividade" – ou seja, regras que são voltadas à regulamentação de questões de ordem essencialmente esportiva, como as regras de um jogo –, a autonomia das organizações esportivas deve ser mais elevada em face da atuação estatal, possibilitando com isso uma autonomia do esporte ante eventual intervencionismo.

Por outro lado, sendo menor o grau de "esportividade", maior poderá ser a influência das normas elaboradas pelos Estados (e organizações supranacionais)[109] e menor será a autonomia das

---

[108] DUVAL, 2002, p. 75, trad. nossa.

[109] Registre-se que a utilização do verbo "poderá" não foi aleatória. Embora possível,

CAPÍTULO I
O ESPORTE, O ESTADO E A INTEGRIDADE | 61

organizações em face daqueles, consubstanciando o pluralismo do ordenamento esportivo.[110]

Neste jogo conceitual em que ordenamento esportivo privado e ordenamento esportivo estatal se enfrentam, Jean-Loup Chappelet apresenta uma ideia de autonomia mediana, a que passa a denominar "autonomia negociada":[111]

> Entre a autonomia total utópica e a autonomia de fachada não sustentável, as organizações esportivas devem construir junto com os Estados um novo modelo de autonomia do esporte, a meio caminho entre aqueles de inspiração liberal e aqueles de inspiração intervencionista, que poderia ser denominado "autonomia negociada" e que é próprio da configuração social da tipologia Vocasport.[112] O esporte não poderá continuar a se desenvolver harmoniosamente senão caso uma forte cooperação se estabeleça entre as organizações esportivas e os governos, baseada na compreensão e no respeito mútuos, assim como em consultas regulares.[113]

A ideia por trás do conceito apresentado por Chappelet é impor às organizações esportivas limites à utópica autonomia absoluta, permitindo uma concertação entre organizações e Estados no

---

hemos de conceber que nem sempre o Estado terá interesse em regulamentar a matéria, havendo um espaço de discricionariedade que lhe é próprio e que lhe permitiria, inclusive, atuar posteriormente com o fito de corrigir excessos por parte das entidades, que, regulamentando no espaço destinado ao Estado, poderiam ter usurpado competências ou mesmo se excedido em seus éditos. A noção relaciona-se inegavelmente à ideia de autonomia tutelada – com base na noção outorgada pela Comissão Europeia – em que o Estado não necessita, sempre, utilizar desse espaço de atuação, podendo colocar-se apenas como balizador de eventuais excessos.

[110] Registre-se que, ainda que se esteja diante de regras cujo alto grau de "esportividade" é inegável, como os critérios de classificação para uma determinada competição esportiva, as autonomia nunca será absoluta, devendo-se observar, no mínimo, os princípios considerados fundamentais em determinado Estado de Direito (por exemplo, não seriam admitidas regras que determinassem que a classificação para a próxima fase da competição fosse embasada na etnia do atleta, independentemente de seu melhor desempenho esportivo).

[111] Segundo Jean-Loup Chappelet (2016, p. 16-28, trad. nossa), "diferente autores têm se referido a esta situação como autonomia condicional, autonomia negociada ou autonomia pragmática. O Presidente do COI evocou a ideia de autonomia responsável perante a Assembléia Geral das Nações Unidas em Nova Iorque, em 2013".

[112] Vocasport foi um programa desenvolvido no âmbito da Comissão Europeia com a finalidade de estudar a relação entre treinamento vocacional e empregabilidade no setor esportivo. Para mais informações sobre o programa, vide EOSE, 2004.

[113] CHAPPELET, 2010, p. 54, trad. nossa. O autor apresenta, após a confecção da terminologia "autonomia negociada", exemplos de sucesso de sua utilização por organizações internacionais.

tocante à regulação do esporte.[114] Colocado foco sobre a autonomia do esporte – em lugar do enfoque à autonomia das organizações esportivas –, permite-se conceberem situações em que a atuação estatal é mais benéfica para a proteção do esporte e é, pois, desejável.[115]

Embora interessante, a dialética da autonomia negociada vislumbrada por Chappelet nem sempre é de fácil obtenção, podendo-se cogitá-la, alternativamente, em uma espécie de autonomia supervisionada, que corresponderia à proteção à autonomia, desde que em acordo aos princípios da transparência, da democracia e de respeito aos valores do esporte. Como apontado anteriormente, essa autonomia supervisionada tem sido aludida por órgãos da União Europeia, no tocante à sua competência para estabelecer parâmetros ideais de proteção ao esporte.[116]

De toda forma, independentemente de sua formatação mais ou menos dialética, a concepção de um princípio da autonomia focado no esporte privilegia a proteção deste direito social, quer esta proteção seja demandada daquelas que detêm o conhecimento técnico sobre a temática esportiva e cuja atuação depende de liame contratual que imponha a observância de obrigações específicas –[117]

---

[114] Uma das primeiras sinalizações quanto à adoção da autonomia negociada apresentou-se quando da assinatura do Tratado de Amsterdã, momento em que os líderes europeus emitiram uma Declaração relativa ao esporte, que assim estabelecia: "A Conferência enfatiza a significação social do esporte, em particular seu papel para forjar identidades e unir as pessoas. A Conferência chama, assim, os corpos da União Europeia para ouvir as associações esportivas quando importante questões afetem um assunto esportivo. Nestes termos, considerações especiais devem ser dadas às particulares características do esporte amador" (CHAPPELET; KUBLER-MABBOTT, 2008, p. 120, trad. nossa). Exemplo recente e bastante relevante da aplicação da lógica de autonomia negociada é a formação da International Partnership Against Corruption in Sports (IPACS), a qual possui por missão "reunir as organizações esportivas internacionais, governos, organizações intergovernamentais e outros 'stakeholders' relevantes para fortalecer e apoiar os esforços voltados à eliminação da corrupção e promover uma cultura de boa governança dentro e ao redor do esporte" (IPACS, [2022], trad. nossa.).

[115] Em interessante estudo sobre o tema, Dionne L. Koller analisa o que denominou "ponto crítico" regulatório, momento a partir do qual os governos deveriam tomar medidas para solucionar problemas relacionados ao esporte. Assim, existiriam situações – cujo nível de criticidade dependeriam do ordenamento jurídico desportivo em análise – em que o Estado seria chamado a atuar no setor esportivo, regulando temas considerados críticos para a própria sociedade e cuja regulamentação esportiva seria deficiente ou inoperante. A questão será explorada com mais profundidade no subcapítulo dedicado ao modelo esportivo norte-americano (KOLLER, 2015).

[116] Como na Resolução da Comissão Europeia sobre o Esporte de 2011. Veja-se, sobre a autonomia supervisionada: MRKONJIC, 2016.

[117] Como já referido na nota 44.

as organizações esportivas –, quer esta proteção seja demandada daquele que detém o monopólio da força e cuja atuação é fonte única de regras universais e imperativas em sua jurisdição – o Estado.

Em todo caso, a necessária concertação de atuação – que permitiria uma desejada segurança na aplicação das regras de direito desportivo – é de difícil obtenção. As linhas demarcatórias da atuação do Estado e das organizações esportivas são fluídas e estão em constante movimento, dependendo, ainda, da visão outorgada por cada ordem estatal ao esporte. Segundo as lições de Jean-Marc Duval,

> o problema, e este é bastante grave atualmente, é que o limite da autonomia concedida pelas federações esportivas internacionais às federações nacionais não coincide com o limite que a maioria dos Estados, como a França, reconhecem às suas instâncias esportivas nacionais em relação a seu Direito. Pode resultar em conflito aberto entre o direito esportivo *internacional* e o direito esportivo *nacional* o simples fato da irrupção do direito estatal no âmbito das relações entre a regulamentação das federações esportivas internacionais e aquelas das federações esportivas nacionais suscetível de introduzir uma ruptura no seio da ordem jurídica desportiva. No entanto, uma tal ruptura, em total contradição com seus fundamentos, é intolerável.[118]

O desafio que se impõe ao jurista, portanto, é, após traçar um panorama geral sobre o tema, observar as especificidades do ordenamento jurídico sob estudo e buscar, em suas linhas atuais, demarcar limites possíveis para a matéria em análise. É o que se pretende por meio desta obra, no que concerne à aplicação de regras de integridade.

1.3 A integridade como ideal orientador do esporte

O movimento olímpico nunca aceitou, desde os seus primórdios na Antiga Grécia, a existência de trapaça de qualquer espécie. Nos Jogos Olímpicos da Antiguidade, a corrupção de juízes e competidores era punida com golpes de chicote, assim como outras sanções corporais.[119]

---

[118] DUVAL, 2002, p. 75.
[119] SERVIÇO SOCIAL DA INDÚSTRIA, 2012, p. 20.

Nos Jogos Modernos, a punição reduziu-se em brutalidade, mas se ampliou em diversidade, apresentando-se as mais diversas punições para atitudes de trapaças, como dopagem,[120] manipulação de resultados,[121] corrupção,[122] entre outros.[123] Para Pierre de Coubertin, "no ideal olímpico, o atleta é um cavalheiro, já que o vigor do corpo não pode se desatrelar da retidão de caráter".[124]

O esporte é visto, idealmente, como um jogo no qual apenas o melhor sagrar-se-á vencedor, sendo a fraude e a corrupção – em qualquer de suas formas – deletérias para tal ideal. A integridade é, para o esporte, atributo fundacional e fundamental, não se consti-

---

[120] A Agência Mundial Antidopagem (AMA) possui um Código em que tipifica e estabelece sanções para toda espécie de comportamento antidesportivo relacionado à dopagem no esporte, variando-se de meras advertências a sanções de banimento do esporte. A prevenção à trapaça por meio da dopagem ocorre, ainda, em coordenação com Estados e organizações supranacionais, por meio de ações específicas voltadas à investigação e combate às práticas ilícitas. Sobre o tema, veja-se recente operação, realizada em 8 de julho de 2019: VECCHIOLLI, 2019.

[121] A manipulação de resultados (*match fixing*) é objeto de inúmeras regulamentações do movimento esportivo e dos Estados e organizações supranacionais. A Federação Internacional de Futebol (FIFA) preparou, por exemplo, um documento denominado "Specific Recommendations to Combat Match Manipulation", pelo qual apresenta linhas de ação a serem adotadas pelas organizações responsáveis pelo futebol relativa à prevenção e repressão de ações de manipulação de resultados. Várias já foram as ações organizadas por organizações esportivas internacionais e organizações supranacionais, como a Interpol, para investigar e punir os envolvidos. Para facilitar essa espécie de atuação, o Comitê Olímpico Internacional criou, no ano de 2013, o Sistema de Inteligência para a Integridade das Apostas (IBIS), o qual possibilita a troca de informação e inteligência entre Federações Internacionais, organizadores de eventos multiesportivos, assim como operadores de apostas, autoridades nacionais de apostas e agências de investigação.

[122] A corrupção é punida pelos Estados, como ilícito penal, e também pelas organizações esportivas, que costumam prever em seus estatutos normas voltadas à prevenção e repressão a comportamentos corruptos.

[123] Segundo Deborah L. Rhode, "trapacear nos esportes é tão antigo como o próprio esporte. Os Jogos Olímpicos começaram em 776 a.C., e desde o início, foram estabelecidas penas de castigos e multas para aqueles que trapaceavam. Estas más condutas são lembradas nas estátuas de Zeus, financiadas pelas multas, que ladeavam o caminho para o estádio. A utilização de substâncias para melhora de performance não era, no entanto, considerada trapaça, e os atletas da Grécia antiga comiam cogumelos alucinógenos para adquirir uma vantagem. Trapacear nos Jogos Olímpicos modernos tem sido comum, e começou em 1896, seu primeiro ano. Naquele momento, um medalhista de bronze perdeu seu prêmio após oficiais terem conhecimento de que ele havia feito parte do percurso da maratona em uma carroça puxada por cavalos. Um século depois, a vencedora da Maratona de Boston foi também desnudada de seu título após uma investigação revelar que ela havia tomado o metrô" (RHODE, 2018, p. 19, trad. nossa).

[124] COUBERTIN, 2014, p. vi, trad. nossa.

tuindo real competição sobre premissas falsas, como a manipulação, a dopagem ou o privilégio. Nada obstante, escândalos ocorrem e ocorrerão, demandando-se dos responsáveis pela proteção da prática esportiva sua prevenção e repressão.

> A real ou suposta corrupção tem sido um assunto de longa data para muitos corpos esportivos internacionais. Alguns escândalos são bastante conhecidos. Por exemplo, nos anos 1990, o Comitê Olímpico Internacional (COI) foi envolvido em um escândalo acerca dos Jogos Olímpicos de Inverno de Salt Lake City, envolvendo supostas propinas em troca de votos. Este escândalo foi particularmente notável em razão do papel de liderança do COI no esporte internacional. O episódio levou o COI a instituir reformas para encorajar maior transparência e *accountability*, como a criação de uma Comissão de Ética e a introdução de diretrizes para o conflito de interesses. Mais recentemente, a Federação Internacional de Futebol (FIFA), órgão que supervisiona o futebol internacional, enfrentou um arsenal de alegações sobre o seu processo de seleção dos locais para as Copas do Mundo de 2018 e 2022, vencidos pela Rússia e Catar, respectivamente. As acusações variaram do sórdido – dinheiro em envelopes marrons – ao inacreditável – pinturas dos arquivos do Museu Hermitage da Rússia, em São Petersburgo que teriam sido supostamente presenteadas –, além de tudo entre os dois. Estes episódios envolvem as maiores e mais visíveis organizações esportivas; alegações de corrupção podem ser encontradas, no entanto, dentre corpos esportivos menos conhecidos (...).[125]

O aumento do número de escândalos esportivos a partir da década de 1990 tem íntima relação com a mercantilização do setor esportivo e os interesses econômicos e financeiros a partir de então incrementados.[126] Segundo J-F Bourg e J-J Gouguet,

---

[125] PIELKE JR., 2016, p. 29-38.

[126] Sobre o tema, interessante artigo de Renato Francisco Rodrigues Marques, Gustavo Luis Gutierrez e Marco Antonio Bettine de Almeida (2008) aborda a questão da heterogeneidade das práticas esportivas e a sua exacerbada comercialização. Os autores afirmam que o esporte passa, contemporaneamente, por uma substituição do movimento associacionista, que lhe acompanhava como referencial ético e moral, pelo movimento consumerista, relacionando suas práticas com o mercado e o giro de capital. Assim, o esporte passa por um fenômeno de espetacularização, com a sua transformação em produto rentável e objeto de disputas comerciais. O espetáculo e seus artistas – os atletas – são tratados como produtos, passíveis de monetarização e explorados à exaustão. Nesta linha, o esporte contemporâneo passa por uma alteração de valores, distanciando-se das noções até então empregadas para a concepção do esporte moderno.

o esporte corresponde a cerca de 3% do comércio mundial,[127] resultando em interesses que ultrapassam a própria competição esportiva.

Riquezas são produzidas e podem ser destruídas pelo esporte, contribuindo para a transposição, ao esporte, das deletérias práticas corruptivas verificadas no mercado. Ao lado das tradicionais trapaças do esporte para sagrar-se vencedor – como a manipulação de resultados e a dopagem –, apresentam-se novas formas de corrupção,[128] relacionadas ao gigantesco fluxo de recursos que circundam, atualmente, as atividades esportivas.[129]

Como resposta à nova formatação das práticas corruptivas apresenta-se a ideia de integridade como um ideal orientador do esporte. Tal ideal possui, no entanto, fluidez conceitual, desafiando a doutrina especializada a apresentar um conceito delimitado do que se possa compreender como integridade. A Comissão de Esportes da Austrália (ASC) buscou apresentá-lo, concebendo a integridade no esporte como

> (...) a integração de ações externas e valores internos. Uma pessoa com integridade faz aquilo que diz que fará de acordo com seus valores, crenças e princípios. Uma pessoa de integridade é confiável

---

[127] DUDOGNON; FOUCHER, 2014, p. 1.

[128] "A corrupção e o abuso de poder estão intrinsicamente unidos ao exercício do poder ao largo da história. A tensão entre ética e poder firma suas raízes nos mais remotos arcanos das sociedades humanas (Villoria Mendieta y Cruz-Rubio, 2006, 80-88). Sendo o esporte uma referência mundial em todas as sociedades e ante o alcance econômico e o prestígio que ostenta, logicamente a corrupção e o abuso de poder iriam irromper com força, e assim o fizeram, nas instituições esportivas. Assim, o principal problema que surge com as pessoas e as instituições é que são elas suscetíveis à corrupção, a qual consiste, durante o exercício de cargos públicos e por qualquer motivo, em uma espécie de perda do freio que as impede de atuar contra a lei e em dissonância com a finalidade que têm relacionada a tais cargos, gerando perdas para umas e para outras. Em geral, o problema da corrupção se apresenta, nestes casos, por um desvio da orientação original ao bem público para atendimento a um interesse privado (Villoria Mendieta e Izquierdo Sánchez, 2015, 144-145)" (CLARAMUNT, 2018).

[129] A Copa do Mundo FIFA 2010, por exemplo, rendeu 1.802 milhões de euros pela venda de direitos de transmissão, além de 802 milhões de euros por direitos de publicidade (MRKONJIC, 2016, p. 142). A mercantilização do esporte é, atualmente, tão profunda, que terminologias foram cunhadas especialmente para enfrentar questões àquela relacionadas, como é o caso da "dopagem financeira", mediante a qual se atrai capital exterior proveniente de atores com capacidade para investir massivas quantias nos clubes (especialmente de futebol). Sobre o tema, veja-se a seguinte reportagem jornalística: (SMITH, 2018).

porque ele ou ela nunca desvia dos valores internos, mesmo quando possa ser mais rápido fazê-lo. Uma chave para a integridade, assim, é a consistência de ações vistas como honestas e verdadeiras quanto aos valores internos... Uma modalidade esportiva que demonstra integridade pode comumente ser reconhecida como honesta e genuína em suas negociações, apoiando o bom atleta e outorgando ambientes de segurança, justiça e inclusão para todos os envolvidos. Também será esperado que jogue de acordo com as regras definidas em seu código. Uma modalidade esportiva que geralmente demonstra integridade tem um nível de confiança da comunidade e seu apoio por detrás. O impacto disso em seus negócios não pode ser subestimado (Treagus, Cover and Beasley, 2011).[130]

O conceito apresentado pela ASC, no entanto, consubstancia-se mais propriamente em uma declaração de princípios, não servindo à tarefa de conceituação do que seja a integridade no esporte. A complexidade desta tarefa, pois, demanda não apenas a coletânea de conceitos jurídicos apresentados nas diversas obras que atualmente enfrentam a temática, como também a compreensão de sua origem filosófica.

Simon Gardiner, Jim Parry e Simon Robinson apresentam interessante aproximação sobre o tema, apontando a origem aristotélica da noção de soma de virtudes. Para o filósofo grego, todas as virtudes seriam interconectadas, de modo que, ao praticar uma, a pessoa as teria em sua totalidade. Esse senso de unidade sugeriria algo relacionado ao significado de *integer* ou *integras*, que significa solidez, pureza ou totalidade; assim como em oposição ao significado de corrupção, concebida como desestruturação, despojo ou decadência.[131]

A integridade seria, segundo os autores, um conceito holístico, cuja compreensão dependeria da visualização das múltiplas formas de integridade conjuntamente, haja vista sua íntima conexão. A tentativa, por alguns doutrinadores, de estabelecer diferentes espécies de integridade (integridade moral, integridade profissional etc.) acabaria demonstrando falhas na conceituação de cada qual, aludindo à ideia de interdependência de que Aristóteles já tratava. A

---

[130] GARDINER; ROBINSON; PARRY, 2016, p. 5.
[131] GARDINER; ROBINSON; PARRY, 2016, p. 6.

visão de integridade deveria ser, portanto, baseada em um diálogo reflexivo constante, em uma noção que possa contemplar seus mais variados e indissociáveis aspectos.

Concebe-se, assim, a integridade como um princípio orientador, relacionado à ideia de sinceridade, conformidade à realidade, honestidade e lealdade,[132] cuja aplicação fática deverá ser apresentada sob a forma de visões diversas, necessariamente interconectadas.

Especificamente sob a ótica desportiva, Simon Gardiner, Jim Parry e Simon Robinson apresentam quatro visões interconectadas de integridade, a saber: (i) a integridade do esporte em si mesmo; (ii) a integridade pessoal no esporte; (iii) a integridade organizacional do esporte e (iv) a integridade procedimental em um evento esportivo. Tais visões servirão de marcos hermenêuticos para esta obra.

1.3.1 A integridade do esporte em si mesmo

A primeira visão proposta à integridade no âmbito esportivo relaciona-se à integridade do esporte em si mesmo. Trata-se do reconhecimento e respeito às benesses internas da atividade esportiva, assim como aos valores centrais que a definem, como justiça, respeito, excelência e competição. A ideia de integridade do esporte em si mesmo obriga os competidores a manter e promover os valores e *standards* da excelência do esporte, integrando-os em uma lógica única.

1.3.2 A integridade pessoal no esporte ou a integridade das competições

A segunda visão proposta à integridade no âmbito esportivo tem relação aos comportamentos individuais adotados nas competições. Assim, embora nominada por Simon Gardiner, Jim Parry e Simon Robinson como integridade pessoal no esporte, preferimos

---

[132] COLLOMB, 2014, p. 21-30.

a denominação "integridade das competições", já reconhecida por parte da doutrina.[133] Esta visão da integridade congrega relevantes questões como dopagem,[134] manipulação de resultados[135] e outras formas de trapaça.

A integridade das competições recai, pois, sobre a competição em si, *i.e.*, sobre seu próprio caráter competitivo, garantindo que as regras do jogo serão cumpridas pelos atletas e demais envolvidos – relaciona-se intimamente com as ideias de *fair play*[136] e de igualdade de chances.[137] A sua violação, por outro lado, é extremamente danosa ao esporte. Segundo Jean-Jacques Gouguet,

> trata-se tudo do problema da confiança na integridade da competição que, se desaparece, faz pesar um risco de descontentamento do público, dos patrocinadores e dos mecenas em face a uma atividade que não será mais moralmente verossímil.[138]

---

[133] DUDOGNON; FOUCHER, 2014.

[134] A prevenção e combate à dopagem no esporte é, atualmente, a mais institucionalizada e organizada forma de preservação à integridade no esporte. Em 19 de outubro de 2005, a Unesco apresentou à comunidade internacional a Convenção contra a Dopagem no Esporte, a qual entrou em vigor em fevereiro de 2007 e é atualmente ratificada por 188 países (UNESCO, 2021). A convenção prevê a existência de uma Agência Mundial Antidopagem e contém, em seu anexo, o Código Mundial Antidopagem. A Agência Mundial Antidopagem é, hoje, responsável pela normatização e supervisão do sistema antidopagem da maior parte das modalidades esportivas, orientando os Estados e organizações esportivas na construção de seus próprios sistemas antidopagem, de acordo com as diretrizes internacionais.

[135] A prevenção e combate à manipulação de resultados apresenta-se como uma forma "à parte" de preservação da integridade das competições esportivas, quer seja aquela relacionada ou não com as apostas. Embora de relevância similar, a luta contra a manipulação de resultados institucionalizou-se tardiamente em comparação com a luta contra a dopagem – e, certamente, ainda possui um caminho extenso a percorrer. Apenas no ano de 2014, o Comitê de Ministros para o Esporte do Conselho da Europa adotou a Convenção sobre Manipulação de Competições Esportivas (também aberta para ratificação por países não componentes da União Europeia). A convenção estabelece conceitos técnicos, medidas de prevenção e combate à manipulação de resultados esportivos, assim como mecanismos de cooperação internacional. Embora assinada por 37 países, a convenção apenas teve sua quinta ratificação (Suíça) em maio de 2019, passando a vigorar, segundo a regra do artigo 32, a partir de setembro de 2019. Para mais informações, veja-se: COUNCIL OF EUROPE, 2014.

[136] O *fair play* pode ser considerado como um princípio aplicado ao jogo, relacionando-se com os indivíduos participantes e a necessidade de atenderem aos princípios morais de uma competição justa. Veja-se, sobre a diferença entre *fair play* e integridade: COLLOMB, 2014, p. 26.

[137] A igualdade de chances pode ser concebida como definidora da própria ideia de competição. A competição repousa sobre uma incerteza de resultado construída a partir de uma igualdade de chances entre os competidores. Inexistente igualda de chances, inexiste real competição. Veja-se, sobre a diferença entre *fair play* e igualdade de chances: COLLOMB, 2014, p. 28.

[138] GOUGUET, 2014, p. 1-3, trad. nossa.

1.3.3 A integridade das organizações esportivas

A terceira visão da integridade no domínio esportivo recai sobre as organizações responsáveis por sua administração. Enquanto a segunda visão possui natureza pessoal, recaindo sobre os indivíduos que participam da atividade esportiva, esta visão possui natureza institucional, relacionando-se com a reputação das instituições responsáveis pela organização do esporte mundial. Em análise bastante lúcida sobre o tema, aduz José Ricardo Rezende que:

> As ETADS, como destaca Mingst (2009, p. 180-181), "são protagonistas versáteis e cada vez mais poderosas", mas que "não detém formas tradicionais de poder", logo, "recorrem ao poder suave ('soft power'), o que significa informações críveis, experiência, conhecimento técnico e autoridade moral que atraem a atenção e a admiração dos governos e do público". Vulneradas essas qualidades (*e.g.*: por abuso de direito, casos de manipulação de resultados, fraudes e desvios de finalidade), apequena-se o prestígio social da entidade, que tende a ver enfraquecidas as suas lideranças e ordenamentos de suporte, dentro de um processo de corrosão e perda de credibilidade perante governos e a sociedade em geral, e que pode levar à divisão ou ruptura do respectivo sistema transnacional, conquanto os dirigentes não reconheçam seus erros e adotem, com seriedade e efetividade, providências de transparência, afastamento e punição dos transgressores (preservando a integridade da instituição), além de abrir espaço para a ação de concorrentes, sob as mais variadas formas de organização e métodos de expansão (...).[139]

A visão da integridade em relação às próprias organizações esportivas é a que mais se aproxima da lógica de mercado do esporte que, linhas atrás, apresentamos como uma das responsáveis pelos escândalos de corrupção verificados a partir dos anos 1990. Nas palavras do professor Mark Pieth, do Basel Institute of Governance, a FIFA é uma "poderosa entidade corporativa",[140] referência esta que pode ser feita – em menor medida – a outras organizações esportivas internacionais.

Construídas a partir de uma lógica corporativa e responsáveis por organizar uma das atividades mais lucrativas do mundo, as or-

---

[139] REZENDE, 2016, p. 185-186.
[140] PIELKE JR., 2016, p. 29-38.

ganizações esportivas passaram a atrair não apenas os interessados na promoção do esporte, mas também os interessados nos ganhos pessoais que dali poderiam extrair. E tal prática, em alguns casos, institucionalizou-se de forma a alcançar os mais remotos recantos das organizações.

Assim, a integridade das organizações esportivas relaciona-se com a adoção de regras de democracia, transparência e governança suficientes para manter a relação de confiança que embasa o *soft power* mencionado por José Ricardo Rezende, garantindo-lhes a legitimidade de atuação no âmbito da modalidade esportiva da qual são responsáveis.

1.3.4 A integridade procedimental dos eventos esportivos

A última visão proposta para a integridade no âmbito esportivo tem relação com os procedimentos para organização dos eventos esportivos. Trata-se da conexão dos valores pessoais e institucionais de integridade – retratados nas outras visões apresentadas – com os procedimentos relacionados a eventos esportivos, garantindo-se a lisura em sua organização e nas regras que levarão a um vencedor. Os escândalos da FIFA e do Comitê Olímpico Internacional relacionados à escolha das sedes para as Copas do Mundo de Futebol e para os Jogos Olímpicos[141] estão relacionados justamente à noção de integridade procedimental dos eventos esportivos. A ausência de lisura no processo de escolha enseja a perda de confiança na própria competição, prejudicando a visão mundial do esporte.

1.3.5 Integridade e governança no esporte

As definições apresentadas permitem concluir que o ideal de integridade possui natureza principiológica – e daí compreendemos o

---

[141] Vejam-se, sobre o tema, as seguintes reportagens jornalísticas: MCFARLAND, 2015 e RIO..., 2019.

motivo da fluidez da definição apresentada pela ASC –, concebendo-se a partir de um feixe de comportamentos a serem observados pelos indivíduos e organizações. Muitas são as aproximações possíveis para a proteção da integridade no âmbito esportivo. O foco escolhido será, porém, o aspecto organizacional, que tem íntima relação com a noção de governança. Não serão objeto desta obra – salvo em referências complementares e exemplificativas – as particulares nuances da prevenção e combate à dopagem e à manipulação de resultados, nem as normas de natureza penal voltadas à punição de condutas tipificadas como criminosas.

Assim, diante de seu caráter principiológico e a fim de dotá-lo de praticidade e operacionalidade no âmbito das organizações, o ideal de integridade é associado, comumente, à previsão de regras de boa governança. Tais regras estão relacionadas a uma gestão transparente e eticamente responsável, conformando os processos decisórios de maneira a atender às finalidades organizacionais. Não há, no entanto, um rol determinado de regras de boa governança a serem aplicadas às cegas a toda e qualquer organização.

Segundo Jean-Loup Chappellet, a governança,

> (...) palavra francesa do século dezessete que designava o território controlado por um governador, tornou-se um importante conceito dos negócios e da ciência política nos anos 1990. O conceito foi agora bem definido e analisado em tantas maneiras que seria impossível sumariza-las todas aqui. O termo faz agora parte do léxico comum, graças à adoção por organizações intergovernamentais como o Banco Mundial e a União Europeia da expressão 'boa governança' – um conceito aplicável tanto às organizações públicas como as sem fins lucrativos, como ainda às empresas. Governança é um assunto importante para o esporte e para as organizações que co-administram esporte (clubes, federações, entidades governamentais, etc.), as quais cada vez mais devem trabalhar em conjunto com os organismos públicos, organizações intergovernamentais (OIs), outras organizações sem fins lucrativos e empresas comerciais, mais notavelmente as empresas de equipamentos esportivos, patrocinadores e a mídia.[142]

No âmbito esportivo, há, segundo Chappelet, um consenso quanto à combinação de elementos da governança corporativa –

---

[142] CHAPELLET, 2016, p. 16-28.

CAPÍTULO I
O ESPORTE, O ESTADO E A INTEGRIDADE | 73

aplicada ao mundo dos negócios – e de governança democrática – mais relacionada ao setor público.[143] Esta combinação de elementos contribui à formatação ideal das regras de governança aplicáveis ao setor esportivo. Tais regras não serão objeto de elucidação neste momento,[144] embora já possamos afirmar que dúvida inexiste de que sua aplicação é essencial para a manutenção da credibilidade das organizações esportivas, assim como para a proteção do direito social ao esporte.

A questão que se coloca, no entanto, diz respeito à possibilidade de o Estado participar deste processo, construindo regras de governança de observância obrigatória pelas organizações esportivas. A especificidade do tema integridade – em face das considerações realizadas quanto à aplicação do princípio da autonomia e ao compartilhamento da missão de proteção ao esporte entre Estado e organizações esportivas – coloca-o em especial posição, sendo possível cogitar de atuação estatal nesta seara que não se considere abusiva perante a autonomia do esporte. A Assembleia Parlamentar Europeia já lançou luz à questão, apresentando, no ano de 2018, a Resolução nº 2199/2018 ("Towards a framework for modern sports governance"), com a seguinte declaração:

> 1. A Assembleia Parlamentar lamenta o fato de os recentes escândalos a respeito de doping, combinação de resultados, casos de corrupção, incluindo propina, compra de votos em licitações para grandes eventos esportivos, má gestão financeira, lavagem de dinheiro, fraude fiscal, apostas ilegais e exploração e tráfico de jovens atletas tenha maculado a imagem do esporte internacional, trazendo à luz a falta de transparência e "accountability" nas maiores organizações de administração do desporto. A crise de confiança parece longe de terminar. As falhas são sistêmicas e incitam uma grande revisão das estruturas de governança do esporte e de suas práticas.

---

[143] A afirmação é fundamentada nos estudos de I. Henry e P. C. Lee (2004). Para o autor, um modelo útil de governança foi o desenvolvido por Pérez (2003), para quem cinco seriam os questionamentos para a governança organizacional, três dependentes basicamente de estruturas internas e estatutos e dois dependentes de supervisão governamental (por meio de legislação nacional ou internacional): a) quem administra a organização no dia a dia; b) quem controla os administradores; c) quem controla os controladores; d) para qual instância as decisões podem ser recorridas e onde podem ser harmonizadas; e) qual o quadro legal. A esses questionamentos de governança cogitados por Pérez outros poderiam ser adicionados, como: f) quais os gastos e suas finalidades e g) qual a formação dos órgãos dirigentes (CHAPPELET, 2017).

[144] Estas regras serão objeto de especial tratamento no Capítulo IV.

2. A Assembleia defende a importância de que o esporte goze de autonomia; ainda assim, a autonomia enseja responsabilidade e deve ser autorizada a florescer apenas onde há boa governança em prática. A Assembleia acredita que o movimento esportivo não pode ser deixado sozinho para resolver suas falhas. Deve-se aceitar ter a bordo novos "stakeholders" para abraçar as necessárias reformas.

(...)

17. À luz do acima exposto, a Assembleia apela aos membros do Conselho Europeu, aos Estados observadores e aos Estados cujos parlamentos gozam do status de observadores na Assembleia Parlamentar, a:

17.1 promover a boa governança das organizações esportivas que atuam em seus territórios e adotar códigos nacionais vinculantes, baseados nas recomendações apresentadas no apêndice a esta Resolução (...).[145]

A resolução do Parlamento Europeu coloca em evidência a problemática que se pretende desnudar e o balanceamento de princípios que se pretende enfrentar nesta obra. Assim, os Capítulos II e III serão dedicados à análise do sistema jurídico desportivo brasileiro em comparação aos sistemas jurídicos desportivos norte-americano e francês, para, à guisa de fechamento, conceber-se um sistema desportivo possível para o Brasil no tocante ao balanceamento entre a atuação de Estado e organizações esportivas na garantia da integridade do esporte.

---

[145] PARLIAMENT ASSEMBLY, 2018, trad. nossa.

CAPÍTULO II

ESTADO E ESPORTE NO BRASIL

2.1 A relação entre as organizações esportivas e o Estado brasileiro – escorço histórico

Se a prática esportiva remonta à Antiguidade Clássica, ou se, como defende Huizinga, é parte indissociável do patrimônio inato do ser humano, expressando-se sob a forma de jogo, a instrumentalização do esporte como mecanismo apropriado pelo Estado seja para o controle das massas, seja para promoção de uma imagem pujante perante as outras nações (o dito *soft power*), é fenômeno relativamente mais recente.

No entanto, como fenômeno político, tal apropriação não ficou restrita a um ou outro, mas alcançou praticamente a todos, de uma forma ou de outra, de maneira mais ou menos intensa, a depender dos interesses em jogo e do momento político que se atravessava. Olhando para os últimos 100 anos, dois foram os grandes períodos em que essa instrumentalização do esporte foi mais marcante: o primeiro, cujos primórdios podemos fixar na década dos anos 1930 e que se estende até a Segunda Guerra Mundial, e o segundo, que tem no fim desse conflito e no início da Guerra Fria sua data de nascimento.

Se, em ambos os períodos, o esporte serviu como instrumento para demonstração de força do povo e da nação aos olhos do mundo, nessa quadra, em nada se diferenciam a Copa do Mundo de 1934 e os Jogos Olímpicos de Berlim de 1936 dos Jogos Olímpicos de Moscou em 1980 e dos de Los Angeles em 1984. No primeiro deles, e em muitos lugares, o esporte ainda serviu ao controle institucional pleno de massas. Tal controle operou-se, inclusive, com a "estatização" das entidades esportivas nacionais,[146] no esteio do processo político que deu à luz, por exemplo, ao social-nacionalismo italiano, alemão e, com Getúlio Vargas, o brasileiro.

No caso brasileiro, a ascensão de Getúlio Vargas ao poder em 1930, após a derrubada da oligarquia do "café com leite" e a reestruturação das forças políticas, e seu percurso até o Estado Novo – o qual passa pela vitória sobre o levante paulista em 1932, a Revolução Constitucionalista, e o desbaratamento da chamada Intentona Comunista em 1935 –, vai desaguar na consolidação de uma ditadura que fez da centralização do controle da informação e das massas um de seus principais pilares.

Não à toa, é nesse período que é criada a "Voz do Brasil", programa radiofônico diário e de alcance nacional, veiculado dessa forma numa época em que menos da metade da população sabia ler ou escrever. Institui-se, ainda, um controle estrito dos meios de difusão cultural, inclusive através de censura, que teve no Departamento de Informação e Propaganda, o DIP, sua maior expressão.

Nesse campo, dado que a década de 1920 viu o futebol se entranhar profundamente na estrutura social urbana das duas maiores cidades do país – Rio de Janeiro e São Paulo, as quais, assim como outros lugares no Brasil, viram nascer seus maiores clubes a partir dos anos 1910, tal fenômeno e seu poder quase catártico sobre grandes parcelas da população, que já se identificavam com seus clubes, não passou despercebido das autoridades. Estas o tomaram pela mão e fizeram dele ponta de lança de sua política na criação de uma identidade cultural que se pretendia completamente nova.[147]

---

[146] Em contraponto, o movimento esportivo buscou um "local neutro" no qual refugiar-se – no qual proteger-se do jogo político dos Estados. Exemplo disso é retratado por Pascal Boniface (2016, p. 23, trad. nossa): "Em 1917, a sede do COI foi transferida para Lausanne, visando evitar que fosse utilizada na relação de força franco-alemã."

[147] "A imposição universal da língua portuguesa, e – a partir do momento em que o Brasil juntou-se aos Aliados na Segunda Guerra Mundial – a nova vergonha à qual Alemanha e Itália estavam submetidas, viu o fim para a antiga identificação étnica dos clubes – ou de seus nomes em qualquer medida. Em São Paulo, o Palestra Itália tornou-se Palmeiras e o SC Germânia tornou-se Pinheiros. O homônimo do Palestra em Belo Horizonte tornou-se Cruzeiro, a 'estrela do sul'; e o Curitiba FC adotou a pronúncia portuguesa Coritiba. Clubes

CAPÍTULO II
ESTADO E ESPORTE NO BRASIL | 77

Uma vez percebido tal entranhamento social do esporte, em especial do futebol, o salto do campo político para o campo jurídico não tardou a ocorrer e a legislação que brotou desse encontro restou impregnada de forma indelével das marcas do intervencionismo estatal. Embora a maioria dos doutrinadores aponte que a intervenção estatal na seara desportiva, notadamente no campo do dito Direito Desportivo, deu-se com a edição do Decreto-Lei nº 3.199, de 14 de abril de 1941, pode-se recorrer a João Lyra Filho, que presidiu o extinto Conselho Nacional de Desportos, para, discordando da corrente majoritária, fixar tal intervenção em momento pretérito à edição do referido decreto-lei. O autor afirma que

> o primeiro ato de participação do Estado na disciplina das atividades desportivas, com caráter permanente e de continuidade, definiu-se com o Decreto-Lei n. 1056, de 19 de janeiro de 1939, que criou a Comissão Nacional de Desportos, com a incumbência de realizar minucioso estudo do problema desportivo nacional e apresentar o plano geral de sua *regulamentação*.[148]

Demonstrando o reflexo dos tempos então vividos, o autor tece as seguintes considerações a respeito dessa Comissão:

> A Comissão Nacional de Desportos elaborou projeto de Código Nacional de Desportos, com este preâmbulo: "esta lei tem por fim *organizar a instituição desportiva do Brasil*, regulando-a pelas necessidades e condições peculiares do país, sem desprezar o bom entendimento com as congêneres estrangeiras e *unificando em toda a República a orientação e do movimento desportivo que interessa profundamente à mocidade brasileira, na sua formação física e espiritual*". O caráter *nacionalista* do projeto denuncia-se no transcrito preâmbulo e no texto. O primeiro artigo gravou logo esta marca: "o Gôverno da República *toma o patrocínio da instituição desportiva do país e* institui um Conselho Nacional de Desportos (C.N.D.), incumbido de orientá-la de *acôrdo com os princípios definidos pelo Estado para a formação física e espiritual dos brasileiros*". Anoto esta contradição inicial: a instituição do desporto desceria do gôverno ao povo, em vez de permanecer, como reconhecido, com a substância de um movimento popular de massas, projetado em clima de comunhão democrática.[149]

---

que ainda usavam a língua de suas terras natais em documentos internos desistiram de fazê-lo" (GOLDBLATT, 2014, p. 61, trad. nossa).

[148] LYRA FILHO, 1952, p. 119, grifos do original.

[149] LYRA FILHO, 1952, p. 120, grifos do original.

Dos trabalhos da Comissão Nacional é que nasceu o projeto que deu azo à edição do Decreto-Lei nº 3.199, de 1941, o qual previa as bases de organização dos desportos em todo o Brasil. Tal normativo atribuiu ao Conselho Nacional dos Desportos, órgão criado pelo próprio decreto-lei, competências para

> (...) estudar e promover medidas que tenham por objetivo assegurar uma conveniente e constante disciplina à organização e à administração das associações e demais entidades desportivas do país, bem como tornar os desportos, cada vez mais, um eficiente processo de educação física e espiritual da juventude e uma alta expressão da cultura e da energia nacionais,[150] e decidir quanto à participação de delegações dos desportos nacionais em jogos internacionais, ouvidas as competentes entidades de alta direção, e bem assim fiscalizar a constituição das mesmas.[151]

Além disso, conferia ao conselho amplos poderes, que iam desde a supervisão da administração de cada ramo esportivo feita pelas confederações, federações, ligas ou associações desportivas,[152] até a autorização para criá-las ou suprimi-las conforme a conveniência dos membros do colegiado.[153] Daí se poder presumir que, caso não andassem na linha ou não estivessem de acordo com as políticas estatais, poderiam ser suprimidas com uma "canetada" do presidente da República, conforme dispunha o §3º do seu art. 16, em clara demonstração do viés autoritário típico do período do Estado Novo.

---

[150] Art. 3º, alínea 'a' (BRASIL, 1941).

[151] Art. 3º, alínea 'c' (BRASIL, 1941).

[152] "Art. 9º A administração de cada ramo desportivo, ou de cada grupo de ramos desportivos reunidos por conveniência de ordem técnica ou financeira, far-se-á, sob a alta superintendência do Conselho Nacional de Desportos, nos termos do presente decreto-lei, pelas confederações, federações, ligas e associações desportivas" (BRASIL, 1941).

[153] "Art. 16. Periodicamente, de três em três anos, contados da data da sua instalação, o Conselho Nacional de Desportos, por iniciativa própria ou mediante proposta da confederação ou da maioria das federações interessadas, examinará o quadro das confederações existentes e julgará da conveniência de propor ao Ministro da Educação e Saúde quer a criação de uma ou mais confederações novas, quer a supressão de qualquer das confederações existentes. §1º A criação de uma nova confederação justificar-se-á sempre que o ramo desportivo ou o grupo de ramos desportivos, que entre a constituí-la, tenha alcançado no país grande desenvolvimento e não ocorra em contrário nenhum motivo relevante; a supressão de uma confederação existente só se fará quando ficar demonstrado que lhe faltam os elementos essenciais de proveitosa existência. §2º No exercício da atribuição que lhe confere o presente artigo, o Conselho Nacional de Desportos terá em mira que o *football* constitui o desporto básico e essencial da Confederação Brasileira de Desportos. §3º A criação de confederação nova ou a supressão de confederação existente far-se-á, por decreto do Presidente da República" (BRASIL, 1941).

Ainda nessa quadra, o Decreto-Lei n° 3.199, de 1941, confiava ao Conselho Nacional de Desportos o poder de autorizar, ou não, a participação das entidades desportivas em competições internacionais,[154] estando estas obrigadas a fazê-lo caso assim lhes fosse determinado pelo órgão governamental.[155]

Embora o viés autoritário e centralizador desse decreto-lei tenha sido evidente para a posteridade, João Lyra Filho, referindo-se à legislação de regência da época, que tem nessa norma o eixo central, defende que:

> Sem embargo, põe-se em evidência a substância social do direito desportivo, reconhecendo-se que o desporto é orientado, fiscalizado e incentivado pelo poder público, como *processo eficiente de educação física e espiritual da juventude e como alta expressão da cultura e da energia nacionais*. Tais atributos são de porte tão realçado que a lei defere ao C.N.D. competência para incentivar o desenvolvimento do amadorismo, prática do desporto educativa por excelência, e para manter rigorosa vigilância sobre o profissionalismo, com o objetivo de mantê-lo dentro de princípios de estrita moralidade. O cunho social da educação desportiva reflete-se na ordem das relações externas do país, a ponto de prevenir-se o Estado quanto à participação de delegação do desporto nacional em jogos internacionais, tanto que a lei lhe atribui competência para fiscalizar a constituição das mesmas delegações, ouvidas as correspondentes entidades de alta direção.
> Não é possível que o dispositivo tenha pretendido ultrapassar o fim restritamente social da educação desportiva, interessando o aspecto político que possa influenciar não só a participação do desporto nacional em jogos internacionais com a própria constituição das respectivas delegações, para efeito de orientar o poder público a escolha dos respectivos integrantes ou de insinuar a exclusão daqueles que não exprimem as preferências das autoridades do Gôverno. O C.N.D. expediu instruções relativas à aplicação das disposições contidas no Decreto-Lei n. 3.199, quanto aos jogos internacionais de que participem representações desportivas brasileiras, enfeixando-as na Deliberação n. 57, publicada no *Diário Oficial* de 13 de março de 1947. Tais instruções se baseiam no art. 27 daquele diploma, que declara: "nenhuma entidade desportiva nacional poderá, sem prévia autorização do C.N.D, participar de qualquer competição internacional".

---

[154] "Art. 27. Nenhuma entidade desportiva nacional poderá, sem prévia autorização do Conselho Nacional de Desportos, participar de qualquer competição internacional" (BRASIL, 1941).

[155] "Art. 28. Resolvida, pelo Conselho Nacional de Desportos, a participação do país em competição internacional, não poderão as confederações nem as entidades que lhes sejam direta ou indiretamente filiadas, se convocadas, dela abster-se" (BRASIL, 1941).

Da interpretação conjunta do artigo e da alínea 'c' do art. 0°, extrai-se que ao Gôverno cumpre decidir a respeito da participação de delegações dos desportos nacionais, vem como fiscalizar-lhes a respectiva constituição. A fiscalização não parece extensiva à escolha dos delegados representativos das entidades desportivas, em relação a cujos jogos internacionais o invocado art. 27 apenas atribui ao C.N.D. ato de autorização prévia.[156]

Ainda que não propriamente com base nessa competência, foi sob os auspícios dessa legislação que se deu a célebre disputa – às vésperas da Copa do Mundo de 1970 –, entre o então técnico da seleção brasileira de futebol, João Saldanha, e o presidente da República, gen. Ernesto Geisel, quanto à convocação do centroavante Dario para o campeonato no México, a qual foi eternizada na frase: "O senhor organiza o seu ministério, e eu organizo o meu time."[157] Pelo sim, pelo não, a disputa culminou na substituição daquele por Zagallo.

O intervencionismo na seara esportiva, seja ele administrativo ou meramente político, vai se repetir, embora um tanto suavizado em comparação com o anterior, com a edição da Lei nº 6.251, de 8 de outubro de 1975, que trazia disposições que mantinham nas mãos do CND o poder de controle sobre as entidades desportivas, como aquelas insertas nos artigos 12 e 17, *e.g.*:

---

[156] LYRA FILHO, 1952, p. 193-194, grifos do original.

[157] "Em 2 de março de 1970, quando a seleção chegava a Porto Alegre para o amistoso contra a Argentina, entrou em campo a maior provocação já feita ao treinador, gerando confronto quase direto entre ele e o general-presidente: circulou o boato de que Médici queria a convocação de Dario, centroavante do Atlético Mineiro. Verdade ou ficção? João Saldanha daria o boato como verdadeiro e responderia na linha em que o pedido de interferência era indevida. (...) A imprensa inteira passou a repercutir o caso e foi para cima de João, até porque não tinha como falar com o presidente. E João passou a responder a Médici à queima-roupa, por meio de jornalistas, como lembraria depois: — Eu tive a petulância de dizer a presidente da República, por vias travessas, que ele nunca tinha visto o Dario jogar. Que, no dia em que o Dario jogou, ele estava em outro lugar. E isso era facílimo de provar. Aquilo era uma imposição para forçar a barra. Eu nunca estive com ele em pessoa. Até me recusei a ir a um jantar com ele, num convite que fizeram em Porto Alegre. É claro que, na porta, eu talvez fosse até barrado, mas eu disse: 'Não vou. O cara matou amigos meus.' Levei para o México uma pilha de documentos sobre 3 mil e poucos presos, trezentos e tantos mortos e não sei quantos torturados. Então, eu vou pactuar com um sujeito desses? Eu tinha um nome a zelar. Já tinha e tenho ainda. Então, eu disse para ele: 'O senhor organiza o seu ministério, e eu organizo o meu time'" (SIQUEIRA, 2007, p. 329-330).

Art. 12. As confederações, sob a imediata supervisão do Conselho Nacional de Desportos, são as entidades responsáveis pela direção dos desportos nacionais, cabendo-lhes a representação no exterior e o intercâmbio com as entidades internacionais, observada a competência do Comitê Olímpico Brasileiro.

(...)

Art. 17. Caberá ao Conselho Nacional de Desportos fixar os requisitos necessários à constituição, organização e funcionamento das confederações, federações, ligas e associações desportivas, ficando-lhe reservado, ainda, aprovar os estatutos das confederações e federações e suas respectivas modificações.

O abrandamento definitivo da força impressa nas correias que atrelavam as entidades esportivas ao Estado viria apenas após 1988, com a promulgação da Constituição e a atribuição de verniz constitucional ao esporte, consagrado no art. 217 da nova carta constitucional.

2.2 O esporte como direito social e a autonomia – exegese do artigo 217 da CRFB/1988

O assento constitucional do esporte no Direito brasileiro, corporificado no artigo 217 da Constituição da República de 1988, representa, a um só tempo, o reconhecimento da sua importância e da necessidade de sua expressa proteção, diante do cenário político e sociológico que apresentamos.[158] Os movimentos de democratização do início da década de 1980[159] ensejaram a criação de comissões ou comitês especialmente direcionados para o debate de determinadas temáticas. Assim, em matéria desportiva foi criada a Comissão de

---

[158] A primeira Constituição a fazer alguma referência ao esporte foi a Constituição de 1967 (redação mantida em 1969), que apenas fez uma alusão à competência da União para legislar sobre normas gerais sobre desporto (art. 8º, inc. XVII, "q"). Assim, a primeira alusão ao direito ao esporte a nível constitucional no Brasil foi com a Constituição da República de 1988, no citado art. 217 (BRASIL, 1988).

[159] A eleição indireta do presidente civil Tancredo Neves (com a vice-presidência de José Sarney) após mais de 30 anos de regime militar, em 15 de janeiro de 1985, é considerado um dos marcos mais relevantes do processos de redemocratização brasileiro, que culminou com a edição, a partir de 28 de janeiro de 1988 (quando das primeiras aprovações de seu texto), da Constituição da República Federativa do Brasil [sem prejuízo de todas as críticas a tal solução democrática, especialmente calcadas no fato de ter sido a Assembleia Nacional Constituinte (ANC) "mera derivação" do parlamento da época].

Esporte e Turismo da Câmara dos Deputados, a qual foi incumbida, no ano de 1983, da realização do ciclo de debates "Panorama do Esporte Brasileiro".

Segundo Ricardo Rezende, ficaram evidenciados, naquela oportunidade,

> (...) os entraves burocráticos que comprometiam a gestão das entidades do setor, principalmente diante da extensa vinculação normativa e disciplinar a que estavam submetidas, emanadas pelo Conselho Nacional de Desportos (CND), em razão da competência atribuída pela legislação vigente. Neste cenário intervencionista, a expansão adquirida pelas entidades desportivas em todo o mundo, fundada na liberdade de associação e autogestão, sem interferência estatal, não podia mais ser acompanhada pelo Brasil, pelo que, o discurso dos presentes clamava por mudanças na legislação, aplacando as intervenções administrativas do Estado, em que até Portaria ministerial chegou a ser publicada para regulamentar 'cartões amarelos e vermelhos nos jogos de futebol' (Portaria MEC n. 27/84).[160]

Reclamava-se, ainda, por uma maior aderência da legislação brasileira às tendências normativas internacionais, que não mais enfatizavam apenas o esporte de rendimento, passando a abarcar também o esporte na escola, o esporte lazer, o esporte na terceira idade e o esporte como inclusão de pessoas com deficiência.[161] Assim, nomeado Manoel José Gomes Tubino como presidente da Comissão responsável pela elaboração de estudos sobre o desporto nacional, no ano de 1985, concluiu-se que:

> A celeridade do esporte como fenômeno social, econômico, político e cultural, aliada a sua pujança, provocaram uma revogação fática da legislação desportiva brasileira que está inequivocamente dissociada da realidade e da própria prática democrática quando favorece e privilegia tão somente o desporto competitivo e as práticas de elite. A imperiosidade das inovações exige a inclusão do esporte na nova ordem constitucional, através da inserção dos postulados básicos da legislação esportiva, conquanto o desporto, configurando-se como uma das mais evidentes manifestações de sentido democrático, não pode deixar de ser guinado ao patamar constitucional. Outrossim, as demais propostas

---

[160] REZENDE, 2016, p. 354.

[161] Veja-se, sobre o tema, a Carta Internacional de Educação Física e Esportes da Unesco, de 1978.

de *lege ferenda* objetivam modernizar, suprir lacuna, corrigir aspectos diversos, bem como tolher as violências simbólicas detectadas na vigente codificação esportiva.[162]

A transformação do esporte brasileiro, verificada na previsão constitucional de sua formatação básica, passaria, segundo os trabalhos da Comissão (consubstanciado em documento intitulado "Uma nova política para o desporto brasileiro – uma questão de Estado"), pela construção de seis pilares de sustentação, a saber: (i) reconceituação do esporte e de sua natureza; (ii) redefinição dos papéis dos diversos segmentos e setores da sociedade e do Estado em relação ao esporte; (iii) mudanças jurídico-institucionais; (iv) superação da carência de recursos humanos, físicos e financeiros para o desenvolvimento das atividades esportivas; (v) superação da insuficiência de conhecimentos científicos aplicados ao esporte e (vi) modernização de meios e práticas do esporte.

Em atenção a tais perspectivas, o artigo 217 veio, portanto, consolidar o esporte como direito social, ao tempo em que buscou dar-lhe alguns contornos iniciais:

> Art. 217. É dever do Estado fomentar práticas desportivas formais e não-formais, como direito de cada um, observados:
>
> I – a autonomia das entidades desportivas dirigentes e associações, quanto a sua organização e funcionamento;
>
> II – a destinação de recursos públicos para a promoção prioritária do desporto educacional e, em casos específicos, para a do desporto de alto rendimento;
>
> III – o tratamento diferenciado para o desporto profissional e o não–profissional;
>
> IV – a proteção e o incentivo às manifestações desportivas de criação nacional.
>
> §1º O Poder Judiciário só admitirá ações relativas à disciplina e às competições desportivas após esgotarem-se as instâncias da justiça desportiva, regulada em lei.
>
> §2º A justiça desportiva terá o prazo máximo de sessenta dias, contados da instauração do processo, para proferir decisão final.
>
> §3º O Poder Público incentivará o lazer, como forma de promoção social.

---

[162] MELO Filho citado por REZENDE, 2016, p. 336.

A compreensão, pois, do esporte como fenômeno constitucional no Direito brasileiro pode partir da dissecação do citado dispositivo, buscando analisá-lo em suas especificidades.[163]

2.2.1 O artigo 217 e o bem jurídico protegido

A primeira parte do artigo 217 – seu *caput* – prevê, desde logo, dois conceitos fundamentais: o fomento ao esporte é *dever do Estado* e as práticas desportivas formais e não-formais são *direitos dos cidadãos*. A posição topológica do dispositivo, no Capítulo da Ordem Social (ao lado de assuntos como saúde, educação e cultura), permite inferir a relevância dada ao tema e sua inserção na estrutura do Estado como agente promotor, não apenas como ente regulador.[164] A Constituição inaugurou, assim, o dispositivo sobre o esporte, apresentando-o como direito social, cujo usufruto pelos cidadãos deve ser possibilitado por ação específica estatal.

Os incisos que seguiram a esta inicial conformação do fenômeno esportivo servem para consolidar o esquema constitucional eleito, em que Estado e organizações esportivas são conjuntamente responsáveis pela efetivação do direito social ao esporte. Assim, o inciso I, em resposta à tendência intervencionista estudada no subcapítulo anterior, deu amparo constitucional à autonomia das organizações esportivas quanto à sua organização e funcionamento (como veremos adiante, as interpretações extraídas desse dispositivo são de evidente amplitude, erigindo-o em verdadeiro dispositivo

---

[163] Segundo Marcos Santos Parente Filho, "na análise do conjunto de dispositivos constitucionais sobre desporto inclusos nas diversas constituições estrangeiras, afastadas as peculiaridades de cada país, exsurge como ponto comum a múltipla função do desporto como elemento de integração social, como agente do processo educacional, como instrumento auxiliar à política de saúde e/ou veículo de promoção do lazer, sem prejuízo de sua dimensão estritamente competitiva, mas tudo isso consorciando-se para fazer do desporto um componente essencial dos direitos da pessoa humana" (PARENTE FILHO, 1989, p. 31).

[164] Segundo Luiz Alberto David Araújo e Vidal Serrano Nunes Jr. (1999, p. 369), "a Constituição, no capítulo 'Da Ordem Social', onde estão concentrados os direitos que têm por propósito o resgate da dignidade humana para todos os cidadãos, prevê o direito ao desporto. Os direitos sociais objetivam a formação do ser humano integral: agente da sociedade, das relações de trabalho, construtor do mundo moderno e, ao mesmo tempo, um ser relacional, humano, que, desse modo, deve integrar sua vida com o lazer, o convívio familiar e a prática desportiva. Assim, o desporto, quer como forma de lazer, quer como parte da atividade educativa, quer ainda em caráter profissional, foi incorporado ao nosso sistema jurídico no patamar de norma constitucional".

inderrogável por outros dispositivos ou princípios constitucionais, sendo devido o esforço hermenêutico que permita uma interpretação mais precisa – este ponto será, no entanto, o principal objeto de análise deste subcapítulo, razão pela qual deixamos aqui apenas uma referência inicial).

O inciso II, em sintonia com a inclusão do direito ao esporte no título dedicado pela Constituição à Ordem Social, previu que os investimentos estatais deverão ser prioritariamente dirigidos para o esporte educação, sendo o esporte de alto rendimento apenas objeto de investimentos específicos. Tal previsão se alinha à ideia de que, neste último caso, as organizações esportivas deveriam, primordialmente, realizar os investimentos necessários à prática da modalidade, apresentando-se o Estado como agente promotor complementar, em situações especificas (como na hipótese de modalidades menos desenvolvidas e cujo fomento poderia incentivar a prática, como é o caso, por exemplo, do futebol feminino).

Nada obstante sua previsão, este esquema constitucional de priorização de investimentos públicos se revelou quase impraticável, apresentando-se o Estado brasileiro como ente promotor não apenas em situações específicas – como desejado pela Constituição –, mas em quase todas as modalidades do esporte de alto rendimento (com exceção do futebol masculino de elite, embora neste caso também o Estado tenha sido chamado a atuar para garantir a higidez financeira das entidades de prática esportiva,[165] como veremos mais adiante).

O inciso III do artigo 217 prevê o tratamento diferenciado para o desporto profissional e não profissional. Essa previsão é de difícil aplicação, tendo em vista a inexistência de um conceito preciso de esporte profissional e não profissional, ao lado da opção legislativa

---

[165] Sendo esta a primeira oportunidade em que apresentamos o conceito de entidades de prática esportiva, necessária a sua diferenciação das entidades de administração do esporte. Assim, são consideradas entidades de prática esportiva as organizações esportivas responsáveis pela execução da prática da modalidade, como é o caso dos clubes, no âmbito dos quais os atletas desempenham as atividades esportivas. Por outro lado, as entidades de administração são as responsáveis pela organização e regulação do esporte, inserindo-se no esquema piramidal inaugurado pelas federações internacionais (ao lado do Comitê Olímpico Internacional), como é o caso das confederações nacionais e federações locais de cada modalidade. Embora haja discussão sobre a extensão da aplicação do citado artigo 217, inciso I, às entidades de prática em sua totalidade (por ali se mencionar as associações), não adentraremos nessa discussão específica, incluindo-as também no conceito mais alargado de organizações esportivas que utilizamos nesta obra.

da Lei Pelé de outorgar ao esporte profissional contornos de enorme complexidade, dificultando demasiadamente o enquadramento das modalidades nesta moldura conceitual.[166]

O último inciso do artigo 217 prevê a proteção e o incentivo às manifestações desportivas de criação nacional, servindo como ponte entre esporte e cultura, de modo a preservar as manifestações do povo brasileiro na seara esportiva. Trata-se de dever do Estado, como mais uma faceta da efetivação do direito social ao esporte.[167]

No mais, os dois primeiros parágrafos do artigo 217 carregam comandos relacionados à Justiça Desportiva. Tratando-

---

[166] Segundo Ricardo Rezende (2016, p. 493-494), "(...) muitos interpretes da legislação em questão entendem como inadmissível o reconhecimento da licitude do vínculo não-profissional entre atletas e entidades de prática desportiva para fins de disputa de determinadas competições de alto rendimento, como é o caso dos campeonatos estaduais, nacionais e mesmo internacionais, principalmente os de modalidade coletiva da categoria adulto, diante do grau de especialização e envolvimento inicialmente explanado, qualificando-os como a execução de uma atividade-trabalho sob proteção da CLT, em detrimento da norma constitucional e do disposto na Lei nº 9.615/98 enquanto *lex specialis*, ou seja, fazendo *tabula rasa* dos princípios da diferenciação e da especialização. Entretanto, é inconteste que a lei de normas gerais não estabelece limites para a organização e prática do desporto de rendimento de modo não-profissional (senão excetuando o futebol e o vínculo do atleta estrangeiro), por exemplo, limitando-o aos menores de 21 anos, ou proibindo a captação de patrocínios e destinação de incentivos materiais na forma de bolsas e auxílios financeiros, senão exatamente o contrário, diante do preconizado no Dec. nº 7.984/13, que regulamenta a lei de normas gerais sobre desportos, conforme será visto adiante. Para muitos é intolerável que a legislação admita uma situação dessas, em que as principais competições e ídolos do esporte brasileiro (à exceção do futebol), via de regra, sejam tratados como não-profissionais. E nesse ponto estamos diante do mesmo fenômeno da inconveniente conceituação verificada e razão da prática desportiva formal e não-formal (vide 11.4.5). Lá como cá, o interprete apressado chega à conclusão de que a competição e o atleta não-profissional são a síntese do antigo 'esporte amador', com todas aquelas restrições vistas ao final do capítulo anterior, em especial a impossibilidade de geração de receitas robustas pelo clube e a obtenção de ganhos pelo atleta, como se isso fosse um 'pecado capital', uma imoralidade".

[167] Sobre o tema, relevante o voto do ministro Ricardo Lewandowski na Ação Direta de Inconstitucionalidade nº 4.976/2014, mediante o qual, relembrando os ensinamentos de José Afonso da Silva, afirmou que "a expressão 'de criação nacional', inserta na Carta Magna, 'não significa' – necessariamente – 'que seja de invenção brasileira, mas que seja prática desportiva que já se tenha incorporado aos hábitos e costumes nacionais'. Isso quer dizer, a meu sentir, que o futebol, como esporte plenamente incorporado aos costumes nacionais, deve ser protegido e incentivado por expressa imposição constitucional, mediante qualquer meio que a administração pública considerar apropriado. É escusado lembrar que, por mais que alguém, entre nós, seja indiferente ou mesmo refratário a tudo o que diga respeito ao futebol, a relação da sociedade brasileira com os mais variados aspectos desse esporte é estreita e singularíssima, estando ele definitivamente incorporado à cultura popular, seja na música, seja na literatura, seja no cinema, seja, enfim, nas artes em geral, fazendo-se presente, em especial, na maioria das grandes festas nacionais" (voto do relator ministro Ricardo Lewandowski) (BRASIL, 2014).

se o esporte deste sistema peculiar que abordamos no Capítulo I, a Constituição de 1988 preferiu, a exemplo de sistemas jurídicos estrangeiros, outorgar à justiça desportiva a competência para dirimir controvérsias relativas à disciplina ou às competições. Nada obstante, em atenção ao princípio insculpido no artigo 5º, inciso XXXV, da Constituição (o denominado princípio do acesso à justiça), previu-se o prazo máximo de sessenta dias para uma solução pela justiça especializada, após o qual se permite o acesso ao Poder Judiciário comum.

O último parágrafo do artigo 217 apresenta comando voltado à faceta do esporte não prevista no inciso II, a saber, o esporte lazer, prevendo o Estado como seu promotor, por intermédio do incentivo à sua realização. Veja-se que, no tocante à óptica do esporte lazer, não se apresenta o Estado brasileiro como ente fomentador, mas como ente responsável por sua promoção social.

E esta diferenciação é de grande relevância. Na forma descrita no artigo 217, o Estado brasileiro foi incumbido, pela Constituição de 1988, de: (i) fomentar o esporte educação, por meio da destinação prioritária de recursos públicos; (ii) fomentar o esporte de competição (alto rendimento), em casos específicos, e (iii) incentivar o esporte lazer, por meio de sua promoção social.[168]

O esquema constitucional, no entanto, não se revelou plenamente aplicável na prática. Verificou-se muito cedo que as organizações esportivas, no geral, não possuíam saúde financeira suficiente[169] para fazer frente aos desafios de desenvolver uma

---

[168] Sobre o tema, Manoel José Gomes Tubino assinala que "após passar por todo um processo de revisão conceitual, a partir de uma referência pedagógica numa perspectiva de rendimento mantida por muito tempo, o esporte moderno, na amplitude do seu campo social acumulou conhecimentos técnicos e científicos, juntando todo um acervo de saber esportivo, o qual compõe uma teoria geral do esporte. Quando o fenômeno esportivo já era discutido na exaustão social do esporte de alta competição, surgiu, como síntese de uma reação da intelectualidade mundial do esporte, a vinculação da prática esportiva ao conjunto de direito sociais do homem contemporâneo. Este novo quadro circunstancial internacional do esporte, agora norteado pela expectativa do direito de todos à prática esportiva, passou a exigir que os conteúdos e estratégias fossem totalmente revistos nas novas dimensões surgidas: a do esporte na educação e a do esporte na vida do homem comum" (PENTEADO, 2016).

[169] A exceção, na organização esportiva brasileira, recai sobre o futebol, que possui mais riquezas e, pois, tem reduzida necessidade de investimentos estatais. Nada obstante, pode-se afirmar que, mesmo neste caso, a saúde financeira das entidades de prática apresentou-se como um grave problema, a demandar o auxílio estatal por meio da política

modalidade esportiva de alto rendimento.[170] Assim, para além apenas dos casos específicos previstos na Constituição de 1988, o Estado passou a auxiliar a quase totalidade do esporte de alto rendimento, alterando-se o esquema constitucional então vigente – e, pois, toda a dinâmica ali instaurada. Essa nova organização – com o papel mais proeminente do ator estatal – teve reflexos na própria concepção de autonomia das organizações esportivas, conforme passamos a abordar.

2.2.2 Autonomia das organizações esportivas no Direito brasileiro – as concepções doutrinárias e jurisprudenciais atuais

A autonomia das organizações esportivas recebeu, no Brasil, patamar quase inédito ao compararmos com a conformação jurídica usual do esporte mundial: foi ela alçada, no edifício jurídico, ao andar da norma de fechamento do ordenamento jurídico nacional, qual seja, a Constituição.[171] Essa proteção constitucional, no entanto, deu para parte da doutrina a ideia de que a autonomia poderia ser

---

fiscal incorporada no Programa de Modernização da Gestão de Responsabilidade Fiscal do Futebol Brasileiro (PROFUT) (responsável, no Brasil, pela inclusão de mecanismos relacionados à ideia de *fair play* financeiro, bastante desenvolvida principalmente pela UEFA – Union of European Football Association).

[170] Não é correto afirmar, simplesmente, que as organizações esportivas não tiverem saúde financeira para fazer frente aos desafios relacionados ao esporte de alto rendimento. É certo que o próprio Estado brasileiro, esculpido na Constituição da República de 1988 como um Estado de bem-estar social, teve interesse em investir nessa seara – e, lembre-se, desde muito cedo os Estados visualizaram os benefícios da utilização do esporte como instrumento de *soft power*. Assim, não se pode simplesmente afirmar – sem com isso ser passível de cometimento de um equívoco sociológico – que as organizações esportivas não conseguiram atender aos gastos inerentes à sustentação do esporte de alto rendimento. Atuando em uma lógica de mercado, tais organizações muito cedo se acostumaram com o fato de ter no Estado um "fiador universal", o qual poderiam acionar a qualquer momento para fazer frente às necessidades do esporte de alto rendimento. Construiu-se, pois, um círculo vicioso de dependência, tornando-se cada vez mais difícil às organizações, acostumadas a esta realidade, tomarem as rédeas da respectiva modalidade, dando um espaço de atuação ao Estado talvez por elas sequer desejado – mas existente e necessário, na atual conformação fática.

[171] Em análise do sistema europeu, Jean-Loup Chappelet (2010, p. 33) pôde verificar que, dentre os 31 países sob estudo, 16 deles possuíam referência ao esporte em suas Constituições. Nada obstante, ao se tratar da autonomia, apenas 3 deles possuem uma referência constitucional ao tema, a saber: Dinamarca, Estônia e Sérvia.

considerada direito absoluto das organizações esportivas nacionais, transformando-a em verdadeiro escudo protetor ou, nas palavras de Álvaro de Melo Filho, uma "carta de alforria" àquelas. *In verbis*:

> Com respaldo nessas idéias o item II outorga a "carta de alforria" às entidades desportivas dirigentes, afastando a autoritária e despropositada intromissão estatal nas questões internas da administração do desporto prática essa incompatível com o regime democrático. (...) A democracia vive as diferenças que geram a sociabilidade e o mundo desportivo necessita de autonomia para organizar-se e funcionar de acordo com a realidade dinâmica própria de cada entidade desportiva, devendo atender às solicitações e exigências do meio em que atuam, donde resultarão soluções mais realistas e mais duradouras. (*id. ibid.*, p. 31).[172]

Como vislumbramos no Capítulo I, essa tentativa de proteção das organizações esportivas em face dos excessos até então praticados pelos Estados – verificada também no caso brasileiro – fez com que o pêndulo atingisse o outro lado, ampliando-se demasiadamente o conteúdo da autonomia, a quase transformar-lhe em independência, para não dizer soberania. Esse comportamento fez nascer em doutrinadores de renome a preocupação com tais excessos, levando Celso Riberto Bastos e Ives Gandra Martins a afirmarem que: "A autonomia conferida às entidades desportivas não deve ser confundida com independência e muito menos com soberania; não é nem deve ser um fim em si mesma."[173]

Essa preocupação em face dos excessos interpretativos praticados por aqueles que buscaram elastecer o conceito de autonomia para dotar as organizações esportivas nacionais de poderes quase absolutos – e retirar-lhes, totalmente, do escopo da ação estatal –, fez com que muitas discussões surgissem sobre os reais contornos deste princípio no Direito pátrio. Sendo o escopo principal desta obra a análise da relação Estado e movimento esportivo, como trampolim hermenêutico para a apreciação

---

[172] Citado por CAMARGOS, 2017.

[173] BASTOS; MARTINS, 1998. A preocupação com os excessos é tamanha que o segundo autor chegou a afirmar, recentemente (16 de outubro de 2014), que "o artigo 217 da Constituição Federal promulgado, após enorme 'lobby' da CBF, ofertou às entidades esportivas, enorme elasticidade jurídica de atuação autônoma e independente, inclusive no que concerne à justiça desportiva, o que vale dizer, criou-se dentro da República um Estado desportivo, com outros três poderes autônomos e independentes" (ACADEMIA..., 2014).

da aplicabilidade das normas de integridade às organizações esportivas, o estudo da configuração atual deste princípio no Brasil se apresenta como essencial.

E este estudo não poderá ser realizado sem analisar, pois, o debate entre aqueles que defendem a autonomia quase absoluta – como, em nossa concepção, o faz o doutrinador Álvaro de Melo Filho – e aqueles que defendem sua relativização em face a outras normas do ordenamento jurídico – como, em nossa concepção, o faz o doutrinador Gilmar Ferreira Mendes.

Álvaro de Melo Filho, em defesa da primeira corrente, apresenta três categorias ao apreciar o percurso trilhado pela legislação desportiva nacional. Assim, entre os anos de 1941 e 1988, a legislação desportiva poderia ser enquadrada na categoria funcional, dada a tutela do esporte pelo Estado. A partir de 1988 até a revogação da Lei Zico (Lei nº 8.672, de 1993), a legislação seria enquadrável na categoria operacional, dado ter sido o esporte liberalizado para amoldar-se ao mercado de trabalho. Ao fim, a partir da Lei Pelé (Lei nº 9.615, de 1998), a legislação teria passado, na visão do autor, à categoria de resultados, impingindo-se ao esporte profissional o perfil empresarial, e incluindo-o sob o monitoramento do Estado, "(...) como de (*sic*) fosse *res publica*, adotando-se uma abominável filosofia interventiva, restritiva e geradora de inconstitucionalidades tanto em *lege lata*, quanto em *lege ferenda* desportivas".[174]

O autor utiliza o fato de o princípio da autonomia possuir assento constitucional para – olvidando-se da lógica interpretativa dos princípios firmada por Robert Alexy[175] e de uma regra básica

---

[174] MELO FILHO, 2009, p. 1-18.

[175] Robert Alexy (2008, p. 152-153) apresentou, em sua Teoria dos Direitos Fundamentais, a noção de relativização e ponderação de princípios, baseada na distinção destes em relação às regras. Para o autor, os princípios, diferentemente das regras, observam a lógica do "mais ou menos", sendo aplicáveis em harmonia, conformando-se em caso de potencial colisão. Assim, a convivência entre princípios aparentemente colidentes se resolve a partir de um processo denominado ponderação, cuja solução apresenta o princípio que, ante aquela determinada situação concreta, deverá prevalecer. Afirma o autor que: "Das três formas de juízos de valor, são os juízos comparativos que têm a maior importância para o direito constitucional. A relação entre eles e os critérios de valoração conduz à definição da relação entre princípio e valor. Com base no critério de valoração 'liberdade de imprensa', uma situação Z1, na qual a liberdade de imprensa é realizada em maior grau que em Z2, deve ser valorada como melhor que Z2. A medida mais elevada não precisa ser exprimível em números. É possível que Z1 possa realizar a liberdade de imprensa em maior medida que Z2 porque Z1 é caracterizada por circunstâncias que não estão presentes em Z2. Assim

hermenêutica do sistema constitucional –[176] outorgar-lhe contornos tais que afastariam qualquer tentativa regulatória estatal, ainda que de caráter geral, apresentando a ideia de que sequer os demais princípios constitucionais poderiam impor-lhe restrições, ao afirmar que

> (...) a autonomia desportiva refere-se a um certo poder de autonormação e de autogoverno que existe, sem intervenção externa ou estatal, o que se reconhece e resguarda, constitucionalmente, dentro dos contornos traçados pela Carta Magna, que não delega ao legislador, administrador ou julgador competência para conceder direitos ou limitá-los, pois, só a própria Constituição pode fazê-lo.
>
> (...)
>
> Reponte-se, por oportuno e com fins pedagógicos, que a autonomia desportiva (art. 217, I), difere da autonomia universitária (art. 207), pois, na orientação sedimentada no Supremo Tribunal Federal 'as autonomias universitárias inscritas no art. 207, C.F., devem ser interpretadas em consonância com o disposto no art. 209, I e II, C.F.' (MS nº 22.412– GO,

---

é que a situação Z1, na qual o segredo de redação é protegido de forma ilimitada, deve ser valorada, a partir do critério de valoração 'liberdade de imprensa', como melhor que uma situação semelhante Z2, na qual essa proteção não ocorre. A partir do critério de valoração 'segurança nacional' pode ser que o contrário ocorra. Como não se pode renunciar a nenhum dos dois critérios de valoração, e como não é possível um cálculo baseado em uma metrificação, resta apenas o sopesamento. Isso significa, contudo, que uma situação que, segundo o critério de valoração 'liberdade de imprensa', é melhor que outra, ou é a melhor de todas, é melhor apenas prima facie. A decisão acerca da situação definitivamente melhor é obtida somente após uma valoração global, na qual todos os critérios válidos de valoração sejam levados em consideração." Verifica-se, pois, que a teoria da relatividade dos princípios propugna a realização do juízo de ponderação ante cada situação concreta, por meio da justa composição entre eles.

[176] "Uma norma constitucional, vista isoladamente, pode fazer pouco sentido ou mesmo estar em contradição com outra. Não é possível compreender integralmente alguma coisa – seja um texto legal, uma história ou uma composição – sem entender suas partes, assim como não é possível entender as partes de alguma coisa sem a compreensão do todo. A visão estrutural, a perspectiva de todo o sistema, é vital. O método sistemático disputa com o teleológico a primazia no processo interpretativo. O direito objetivo não é um aglomerado aleatório de disposições legais, mas um organismo jurídico, um sistema de preceitos ordenados ou subordinados, que convivem harmonicamente. A interpretação sistemática é fruto da idéia de unidade do ordenamento jurídico. Através dela, o intérprete situa o dispositivo a ser interpretado dentro do contexto normativo geral e particular, estabelecendo as conexões internas que enlaçam as instituições e as normas jurídicas. (...) No centro do sistema, irradiando-se por todo o ordenamento, encontra-se a Constituição, principal elemento de sua unidade, porque a ela se reconduzem todas as normas no âmbito do Estado. A Constituição, em si, em sua dimensão interna, constitui um sistema. Essa idéia de unidade interna da Lei Fundamental cunha um princípio específico, derivado da interpretação sistemática, que é o princípio da unidade da Constituição (...). A Constituição interpreta-se como um todo harmônico, onde nenhum dispositivo deve ser considerado isoladamente. Mesmo as regras que regem situações específicas, particulares, devem ser interpretadas de forma que não se choquem com o plano geral da Carta" (BARROSO, 1999, p. 134-135).

Rel. Min. Carlos Velloso), enquanto que as autonomias desportivas não têm qualquer condicionante nos princípios e nem limitação no corpo normativo da Carta Política.[177]

Na concepção do autor, o princípio da autonomia desportiva não poderia sofrer nenhuma espécie de restrição por lei ordinária, a qual, se assim o fizesse, o "implodiria". A visão desta corrente doutrinária defende que o artigo 217, inciso I, seria verdadeira "carta branca" às organizações esportivas, as quais seriam – em um viés idealista – as únicas aptas e legitimadas a gerir o esporte brasileiro, sem deixar que interesses alheios ali se incorporassem.[178]

Infelizmente, não há instituição que seja plenamente imune a interesses, e essa linha de pensamento, que fez escola na doutrina jusdesportiva brasileira, colaborou para justificar, muitas vezes, ações e práticas voltadas não às necessidades do esporte, mas a interesses particulares – aproveitando-se da citada impossibilidade de atuação estatal e, portanto, de controle das ações praticadas pelas organizações esportivas.[179]

---

[177] MELO FILHO, 2009, p. 7; 9. O autor cita, como reforço argumentativo, as lições de Alexandra Pessanha (2001, p. 33), para quem "intervenção dos poderes públicos na ordenação do fenômeno desportivo obriga a que essa mesma intervenção respeite o espaço de autonomia em que o sistema desportivo legitimamente se fundou e se desenvolveu. Quer numa perspectiva político-sociológica, quer do ponto de vista estritamente jurídico, o direito de auto-organização e de auto-regulação, compreendidos no direito geral de associação, constituem deveres jurídicos para qualquer Estado de direito, condicionando a sua ação".

[178] O autor apresenta as organizações esportivas como verdadeiras paladinas do esporte brasileiro, justificando a imunização plena à ação estatal, por ser este – e nunca aquelas – quem utilizaria o esporte para finalidades que lhe seriam alheias – como as políticas. Nas palavras do autor, "(...) como o art. 217, I não autoriza o legislador ordinário a estabelecer contenções na sua aplicabilidade, a autonomia desportiva funciona, plena e integralmente, como *raison d'être*, alicerce e viga mestra do grande edifício que é o ordenamento jusdesportivo brasileiro, protegendo-o contra as desmedidas investidas do arbítrio ou do puro capricho dos poderes públicos, evitando "inverter a ordem constitucional das coisas". MELO FILHO, Álvaro. Constitucionalização do Desporto Revisitada (BONAVIDES, 2009, p. 10).

[179] A corrupção no esporte é, infelizmente, um fenômeno global, que atinge todas as modalidades, de uma forma ou de outra. James M. Dorsey (2016, p. 39-43, trad. nossa) analisou tal fenômeno no futebol asiático, afirmando que esta modalidade "(...) tem sido marcada por todo o continente por múltiplos escândalos, abrangendo de organizações criminosas de manipulação global de resultados baseadas na Ásia, à corrupção em governança nacional e regional, à falta de transparência e 'accountability' que facilitam a gestão não democrática e até estimulam os regimes autocráticos. A raiz da ausência de boa governança dentro da Confederação Asiática de Futebol (AFC), a organização de administração do futebol do continente asiático, assim como do Conselho Olímpico da Ásia, é a corrupção possibilitada pela dominação sobre o esporte que é exercida pelos membros do comitê executivo com laços políticos próximos a regimes comumente

CAPÍTULO II
ESTADO E ESPORTE NO BRASIL | 93

Nada obstante a tendência majoritária à noção absoluta de autonomia, houve autores que já há muito criticavam o elastecimento exagerado daquele princípio. Neste sentido, registre-se o escólio de Gilmar Ferreira Mendes, em especial apreciação das críticas ao artigo 27 da Lei Pelé (Lei nº 9.615, de 1998):

> (...) é importante deixar claro que o texto constitucional assegura aquilo que nós chamamos de uma garantia institucional, que há de ser observada pelo legislador, sob pena de inconstitucionalidade. Isto se dá, porém, dentro de marcos normativos mais ou menos amplos. Acredito que esses marcos foram devidamente observados quando, no art. 27, estabeleceu-se a seguinte regra: "As atividades relacionadas a competições de atletas profissionais são privativas de sociedades civis de fins econômicos, sociedades comerciais admitidas na legislação em vigor e entidades de práticas desportivas que constituírem sociedade comercial para a administração das atividades de que trata este artigo". Este dispositivo, obviamente, sofreu alterações e negociações, na qual se inseriu a primeira disposição (sociedade com fins econômicos). Inspiramo-nos em uma sociedade de fins econômicos que é de todos conhecidas: a sociedade da advocacia, a sociedade civil comum na nossa prática quotidiana. Aqui está um exemplo para mostrar que, a rigor, a flexibilidade seria amplíssima e que não haveria dificuldade na escolha de modelos institucionais. Portanto, não me parece que tenha razão o Professor Álvaro de Melo Filho, quando insiste na inconstitucionalidade deste artigo. Eu tenho até a impressão de que o próprio Álvaro já se convenceu disto. Todavia, ele tomou, de certa forma, um caminho sem volta. Desde a primeira posição em relação a este artigo, ainda quando desenhávamos o projeto, até agora ele tem mantido esta posição. As pessoas podem ser coerentes até no erro: isto está dentro do âmbito da liberdade e da autonomia de cada um. É bom que assim seja: isto é o que faz a sociedade plural, democrática e diversificada.

---

antidemocráticos e híbridos que veem o futebol como uma ferramenta para fortalecer sua aderência ao poder e projetá-los internacionalmente sob uma luz positiva". No contexto africano, a análise foi empreendida por Chris Tsuma, segundo o qual "grandes eventos constituem uma avenida para abusos e corrupção no esporte na África. A seleção dos times nacionais para as Olimpíadas, os jogos "All-Africa", os jogos da Commonwealth e o Campeonato Mundial de Atletismo são determinados ao se atingir individualmente um conjunto de marcos qualificadores. Há momentos, no entanto, nos quais as respectivas federações possuem a discricionariedade para escolher o atleta ou jogador por um sistema aleatório. Este sistema é propenso ao abuso e pode ser utilizado a favor ou para vitimizar atletas, ou até para contrabandear pessoas. Em 2003, um jogador de voleibol do Quênia que considerou ter sido injustamente retirada do time dos jogos "All-Africa" procurou publicamente a intervenção do Ministro do Esporte" (TSUMA, 2016, p. 44-51, trad. nossa).

Não tem o menor sentido a impugnação aqui neste plano. E também não se violentou em nada, com esse desenho amplo que se fez, a grande tradição dos grandes clubes brasileiros. Temia-se que daqui a pouco, nós estivéssemos a conspurcar – esse seria talvez o termo adequado – tradições de clubes, tradições que assumem entre nós, em alguns casos, a dimensão de valores quase religiosos. No fundo, a lei simplesmente se curvou a uma realidade, deu um desenho institucional adequado dentro do contexto da garantia institucional. Conferiu-se um desenho adequado às múltiplas formas possíveis que essas entidades podem ou poderiam assumir. De certa forma, também não se violentou a realidade. Falso era imaginar que as entidades desportivas de prática de esporte profissional estariam a desenvolver uma atividade que não fosse comercial. Com essa cantilena, nós não conseguimos convencer nem o mais cândido dos ingênuos.

(...)

Se olharmos as formas que essas sociedades podem assumir, as existentes na legislação em vigor, claro que haverá sempre algum tipo de sociedade previamente definido. Do contrário, estaríamos a clamar por um retorno a um modelo de pura anomia, sob o pressuposto notoriamente falso de que só existe liberdade onde não há regras. Isto não é possível. Da leitura do art. 5.º da Constituição, concluímos que as liberdades se exercem de modo compartilhado. É, por isso, que falamos em colisão de direitos. É porque nós só podemos exercê-los de forma compartilhada. E compartilhar e colidir importa em limitar. E essa é uma das atividades do legislador. E, muitas vezes, essa limitação se faz na defesa do interesse público, no interesse do controle.[180]

Aliamo-nos aos ensinamentos de Gilmar Mendes. A inclusão do princípio da autonomia das organizações esportivas na Constituição de 1988 não teve por objetivo levar ao seio constitucional o maniqueísmo então instaurado na relação Estado-movimento esportivo. Não foi o Estado alçado à condição de vilão, nem as organizações esportivas alçadas à condição de heroínas do esporte. Buscou-se, naquela oportunidade, restaurar o equilíbrio de forças necessário à fruição de um direito de responsabilidade compartilhada entre Estado e setor privado. Nas palavras de Luís Roberto Barroso:

(...) foi justamente para preservar o desporto das paixões exacerbadas e das injunções políticas circunstanciais que o constituinte consagrou,

---

[180] MENDES, 2000, p. 261-290. Prosseguindo na análise de questionamentos propostos, o autor ainda afirma que trilhar o caminho proposto por parte da doutrina jusdesportiva incidiria em "renomada bobagem", pois resultaria em admitir que "o texto constitucional foi tão sensível para com a independência da área esportiva que deu a ela um perfil quase de um ente estatal", isto é, que as organizações esportivas lograriam de tamanha autonomia que rivalizariam com o próprio Estado (MENDES, 2000, p. 280).

dentre outros, o princípio da autonomia desportiva quanto a sua organização e funcionamento.[181]

A jurisprudência pátria, da mesma forma, não viu o princípio da autonomia esportiva com os contornos absolutos que lhe quis, e quer, outorgar parte da doutrina. Na verdade, a própria liberdade de associação e seu espaço de autonomia privada (com os quais a autonomia das organizações esportivas apresenta relacionamento, como princípio correlato), previstos como direito fundamental – e, pois, cláusula pétrea de nossa Constituição –, não restaram imunes às conformações legais e interpretativas necessárias à sua escorreita fruição.

Assim, o Supremo Tribunal Federal, no julgamento do Recurso Extraordinário nº 201.819/2005, afirmou que "o espaço de autonomia privada garantido pela Constituição às associações não está imune à incidência dos princípios constitucionais que asseguram o respeito aos direitos fundamentais de seus associados". Houve, assim, expresso reconhecimento de que "a autonomia privada (...) não pode ser exercida em detrimento ou com desrespeito aos direitos e garantia de terceiros".[182]

Na mesma esteira, chamado pela primeira vez para discutir a questão da autonomia das organizações esportivas, o Supremo Tribunal Federal – no bojo das Ações Diretas de Inconstitucionalidade nº 3.045/ DF e nº 2.937/DF – compreendeu que tal proteção constitucional não poderia ser dotada do caráter absoluto que se lhe buscava.

A ADI nº 3.045/DF discutiu a constitucionalidade do artigo 59, *caput* e parágrafo único, do novo Código Civil, no sentido de excluir-lhe da incidência as entidades dirigentes desportivas e associações desportivas, por força da autonomia consagrada no artigo 217, inciso I, da Constituição de 1988. Embora a ação tenha sido julgada prejudicada, os argumentos lançados nos votos dos ministros integrantes da Corte merecem especial consideração. *In verbis*:

> Isso significa que entidade autônomas, como as organizações desportivas, qualificam-se como *instituições juridicamente subordinadas às*

---

[181] BARROSO, 2001, p. 570.
[182] BRASIL, 2006.

normas estruturantes editadas pelo Estado, que representam, nesse contexto, verdadeiros arquétipos no processo de configuração institucional de tais entes.

Na realidade, as cláusulas gerais resultantes da legislação estatal qualificam-se como normas de estrutura, positivadas, em sede legal, pelo Poder Público, com o *objetivo de delimitar o âmbito de atuação do poder autônomo reconhecido às entidades privadas em questão,* vinculando-as a uma regra-matriz ou a uma norma-padrão que traduzem vetores condicionantes de tais entes no processo de sua própria organização.

A legislação estatal, nesse contexto, define modelos hipotéticos abstratos que encerram verdadeiros arquétipos delimitadores do espaço em que as entidades privadas, inclusive as de caráter desportivo, podem atuar com relativa margem de liberdade.

As normas legais ora impugnadas, tendo em conta a significativa importância das matérias nelas elencadas (eleição e destituição de administradores, aprovação de contas e alteração estatutária) – considerando que *o poder de auto-organização, precisamente por não ser absoluto, sofre os condicionamentos gerais definidos pelo Estado* – prescreveram, em atenção ao interesse público, que as deliberações em torno de tais assuntos deveriam competir à assembleia geral, assim *delimitando, de modo legítimo, o âmbito de incidência do poder autônomo reconhecido às entidades privadas.*

(...)

Tenho para mim que não se revela legítimo o procedimento hermenêutico, que, elastecendo o sentido conceitual da autonomia institucional de tais associações, busca estender, indevidamente, o âmbito de incidência de tal prerrogativa, culminando por fazer instaurar situação de que resulte *inadmissível interdição ao poder conformador do Estado,* em tema de regulação normativa dos requisitos estruturadores pertinentes às entidades de direito privado.

(...)

Em suma: a outorga constitucional de autonomia normativa não significa, nem pode representar a atribuição, a tais entidades privadas, de poderes que extravasam os limites definidos, em sede normativa adequada, pelo poder estatal.

Mesmo reconhecendo-se que as entidades desportivas qualificam-se, constitucionalmente, como núcleos de emanação do poder normativo, *não dispõem elas, contudo, de imunidade à incidência de regras jurídicas que o Estado venha a traçar em caráter geral,* pois não se pode despojar o Estado da prerrogativa de desenhar um modelo a que tais entes devem ajustar-se, quando no exercício dessa relativa liberdade decisória que possuem, sempre condicionada às prescrições resultantes da legislação estatal.

(...)

Não se pode perder de perspectiva, bem por isso, o *caráter juridicamente subordinado do conceito de autonomia*, tal como resulta da precisa lição de CELSO RIBEIRO DE BASTOS ("Comentários à Constituição do Brasil", vol. 8/818, 2ª ed., 2000, Saraiva):

"Dentro do contexto constitucional, a autonomia desportiva deve ter uma convivência harmônica com o inc. IX do art. 24 da Constituição Federal de 1988, que preceitua a competência da União, dos Estados e Distrito Federal para legislar concorrentemente sobre a educação, a cultura, o ensino e o desporto. Em outras palavras, a autonomia conferida por nossa Carta Maior às entidades desportivas não tem o poder de destruir, de retirar a competência da União na esfera da legislação para estabelecer normas gerais."

(...)

Ou seja, *o regime jurídico definidor da autonomia das entidades desportivas não exonera tais entes do dever de observância das regras gerais emanadas da União, em tema de direito civil e de direito desportivo*, sob pena – para rememorar passagem expressiva da advertência feita pelo eminente Ministro GILMAR MENDES, em trabalho doutrinário já referido – de as entidades desportivas assumirem *"o perfil de autênticas autonomias, de verdadeiras províncias, que se rivalizam com o próprio Estado"* (op. cit., p. 280).[183]

Da análise do excerto colacionado, integrante do voto condutor exarado pelo ministro Celso de Mello, verifica-se o entendimento do Supremo Tribunal Federal no sentido de que a autonomia das organizações esportivas, prevista no artigo 217, inciso I, da Constituição da República, é e deve ser exercitável nos limites prescritos pela legislação geral – civil ou desportiva – e não para além ou à revelia daqueles.

O Supremo Tribunal Federal consagrou em tal precedente – ainda que a ação tenha sido julgada prejudicada pela superveniente reforma da legislação – o entendimento de que a autonomia das organizações esportivas lhes outorga a capacidade de auto-organização – sem interferência estatal – nos limites estabelecidos pelo poder conformador do Estado. Sobre este ponto, interessante a observação trazida à baila pelo ministro Cezar Peluso, no mesmo julgamento, ao afirmar que:

O SENHOR MINISTRO CEZAR PELUSO – E o art. 217, a mim me parece, com o devido respeito, proíbe que o Estado intervenha na organização

---

[183] Trecho do voto do ministro relator (BRASIL, 2007, grifos nossos).

da associação desportiva, isto é, *trata-se de norma protetiva contra ato concreto de intervenção estatal, não contra o poder de legislação sobre formas gerais de associação.* Essa parece-me ser a diferença.[184]

A assertiva é de inegável relevância. As palavras do ministro Peluso dão conta de uma hermenêutica possível e conciliadora, voltada à plena compreensão do dispositivo constitucional que protege a autonomia das organizações esportivas. Trata-se da preservação de tal princípio em face de atos concretos de intervenção, mas não sua absoluta imunização quanto à função reguladora estatal de caráter geral. Voltaremos a este ponto no Capítulo IV, ao ilustrarmos a nossa interpretação do artigo 217 da Constituição de 1988.

Anos após o julgamento da ADI nº 3.045/DF, o Supremo Tribunal Federal teve nova oportunidade de enfrentamento do tema, ao analisar a ADI nº 2.937/DF, que discutia a constitucionalidade de dispositivos do Estatuto do Torcedor (Lei nº 10.671, de 2003), parte deles em razão de alegada ofensa à autonomia das organizações esportivas. Do rico debate encabeçado pelo ministro relator Cezar Peluso algumas linhas de raciocínio propugnadas por aquela Corte podem ser extraídas. Assim, em seu voto condutor, o ministro afirma que, sendo o esporte o bem jurídico protegido pelo artigo 217 da Constituição, a autonomia das organizações esportivas seria mero instrumento de sua concretização. *In verbis*:

> Penso se deva conceber o esporte como direito individual, não se me afigurando viável interpretar o *caput* do artigo 217 – que consagra o direito de cada um ao esporte – à margem e com abstração do inciso I, onde consta a autonomia das entidades desportivas. *Ora, na medida em que se define e compreende como objeto de direito do cidadão, o esporte emerge aí, com nitidez, na condição de bem jurídico tutelado pelo ordenamento, em relação ao qual a autonomia das entidades é mero instrumento de concretização, que, como tal, se assujeita àquele primado normativo.* A previsão do direito ao esporte é preceito fundador, em vista de cuja realização histórica se justifica a autonomia das entidades dirigentes e associações, quanto à sua organização e funcionamento.
>
> Logo, é imprescindível ter-se em conta, na análise das cláusulas impugnadas, a legitimidade da imposição de limitações a essa autonomia desportiva, não, como sustenta o requerente, em razão de submissão

---

[184] BRASIL, 2007, grifos nossos.

dela à "legislação infraconstitucional" (fls. 15), mas como exigência do prestígio e da garantia do direito ao desporto, constitucionalmente reconhecido (art. 217, *caput*).[185]

Assim, o Supremo Tribunal Federal compreendeu, neste julgado, que a autonomia desportiva constitucionalmente consagrada no artigo 217 da Constituição de 1988 teria caráter instrumental, fundada na ideia de proteção ao livre exercício do direito ao esporte, o qual, na mesma medida em que não deve sofrer indevida ingerência do Estado (e daí a propalada autonomia), não pode ser objeto de deturpação por suas próprias organizações.[186]

Das considerações alinhavadas, verifica-se que as acepções doutrinárias e jurisprudenciais sobre a questão da autonomia das organizações esportivas são muitas e variadas. Enquanto na doutrina desporto-privatista há uma tendência à proteção do princípio, levando a excessos interpretativos, como os destacados nas palavras do doutrinador Álvaro Melo Filho (para quem dita autonomia seria um princípio de caráter quase absoluto – afastando todos os demais), a jurisprudência tem trazido um equilíbrio para o tema, analisando a autonomia das organizações esportivas dentro de um contexto mais amplo e, lançando mão da interpretação sistemática e finalística, balizando-a com as demais normas componentes do ordenamento jurídico.

Entendemos, no entanto, que o estudo do tema da autonomia não prescinde da análise dos processos de interação possíveis entre o movimento esportivo e o Direito brasileiro, haja vista a necessidade de compreensão dos fenômenos de relacionamento entre Estado e organizações esportivas para, a partir daí, traçar os

---

[185] Trecho do voto do ministro relato (BRASIL, 2012b, grifos nossos).

[186] Em manifestação apresentada nos autos da ADI nº 5.450/2016 – que será a seguir analisada –, a Advocacia-Geral da União apresentou semelhante conclusão acerca da decisão proferida nos autos da ADI nº 2.937, a saber: "O julgamento da ADI 2937/DF permite reafirmar que, com base no art. 217 da Constituição da República de 1988 o esporte sobressai como núcleo essencial da proteção estatal, assim como extrair duas premissas básicas quais sejam: i) de que autonomia das entidades não impede a edição de normas infraconstitucionais, tendo, portanto, caráter relativo, podendo ceder frente a outros direitos e princípios que porventura estejam em conflito num determinado momento; e, ii) ser necessário avaliar, do ponto de vista constitucional, sob quais justificativas se dá a intervenção legislativa estatal e se ela é justa e razoável, avaliação que impõe lançar mão dos métodos hermenêuticos mais adequados."

contornos do princípio que tem por escopo, justamente, proteger tal relação. Utilizaremos, para tal desiderato, o exemplo da atuação da FIFA no âmbito da *lex sportiva* – que a doutrina passou a denominar *Lex* FIFA.[187]

2.2.3 As formas de interação do movimento esportivo com o Direito brasileiro – o exemplo da *Lex* FIFA

A Fédération Internationale de Football Association (FIFA) é, atualmente, considerada a organização esportiva mais influente do mundo,[188] sendo fonte geradora de riquezas[189] por vezes superiores

---

[187] Sobre o tema, vide LATTY, 2011, p. 9-27.

[188] "A FIFA não reconhece mais que uma federação por país. As federações aderentes devem conceder o monopólio do futebol em seu campeonato nacional. E sem esta filiação à FIFA, lhes é vedado organizar os campeonatos internacionais. Ela possui mais membros do que a ONU: 208 contra 192. Aliás, Kofi Annan, quando era Secretário-Geral da ONU, admitiu que considerava com inveja a Copa do Mundo como a cúpula do jogo realmente global, jogado em cada país por todas as raças e por todas as religiões. É um dos raros fenômenos tão universais como as Nações Unidas. Como bom jogador, ele admitiu: 'é na verdade mais universal, já que há 191 membros na ONU e 207 na FIFA'. (...) Hong Kong e Macau (que conservaram seus lugares malgrado sua reunificação com a República Popular da China em 1997 e 1999) são membros da FIFA, mas não da organização mundial, como é também o caso de Taiwan. Marcante a passagem em que a FIFA tem êxito onde a ONU fracassou na origem: fazer participar na mesma instância internacional a China popular e Taiwan. Ainda que esta coabitação foi decorrente, sem nenhuma dúvida, da concessão feita por Taiwan de não reivindicar o nome da China e aceitar o título de *delegação chinesa de Taiwan*. Entrevistado pela revista francesa *France football*, João Havelange, que foi presidente da FIFA de 1974 a 1978, respondeu à questão: 'qual a sua maior satisfação?' dizendo que teria sido 'a entrada da China após vinte e cinco anos de exclusão. Eu dediquei cinco anos para alcança-la'. O que deve ser mencionado é que naquele momento a China não fez depender sua chegada da exclusão de Taiwan, o que foi sempre o caso dentre o conjunto das organizações internacionais as quais integram. A Palestina foi admitida na FIFA, mas não é ainda admitida na ONU como Estado. Se qual o futuro reservado a este país atormenta o mundo, pode-se (e poder-se-á) dizer que a equipe nacional de futebol da Palestina preexistiu ao Estado palestino, como a equipe da Algéria preexistiu ao Estado algeriano" (BONIFACE, 2013, p. 44-46, trad. nossa).

[189] Segundo Tiago Silveira de Faria, "a receita total da FIFA no quadriênio 2011-2014 foi de US$ 5,718 bilhões de dólares, dos quais 43% vieram de comercialização de direitos de transmissão de eventos e 29% com ações de marketing, principalmente patrocínios. No mesmo período, houve despesas na ordem de US$ 5,380 bilhões de dólares, sendo 73% deste montante foi direcionado diretamente para investimentos no futebol, objetivo estatutário da FIFA, e 28% em despesas aleatórias. O lucro líquido no quadriênio foi de US$ 338 milhões de dólares. A principal fonte de receita da FIFA advém da realização de megaeventos. A Copa do Mundo de 2014 no Brasil rendeu a FIFA US$ 4,8 bilhões de dólares, com despesas na ordem de US$ 2,2 bilhões e lucro líquido de US$ 2,6 bilhões. Do montante total de receita, em ordem de

ao Produto Interno Bruto de Estados.[190] Isso porque o futebol é uma das modalidades esportivas que mais atrai os olhares dos espectadores em todo o mundo, movimentando pessoas, estruturas e dinheiro.

Sabedora de tal poder e influência, a FIFA "estende seus tentáculos de múltiplas formas sobre o Estado-Nação".[191] No caso brasileiro, Tiago Silveira de Faria afirma existirem três formas de interação entre a *Lex* FIFA e o ordenamento jurídico nacional, a saber: (i) imposição; (ii) reprodução ou internalização e (iii) aplicação direta de sua normatividade transnacional pela jurisdição estatal.[192]

No tocante à primeira forma de interação, é menos interessante para a noção de autonomia, visto que derivada não da relação de pertencimento das organizações esportivas no âmbito nacional, mas de uma relação calcada em compromisso específico, a saber, a participação ou apoio material à organização da Copa do Mundo. Neste caso, afirma Tiago Silveira de Faria se tratar praticamente de um contrato de adesão: ou se aceitam as regras impostas pela FIFA, ou não se realiza o evento no país-sede.[193]

---

faturamento, US$ 2,4 bilhões vieram da comercialização dos direitos de transmissão do evento; US$ 1,6 bilhão de megaempresas patrocinadoras; US$ 527 milhões com a venda de ingressos. A receita permitiu a FIFA aumentar participação financeira das associações participantes e dos clubes que liberaram os jogadores para a Copa do Mundo no Brasil para US$ 476 milhões, um aumento de 13,3% em comparação à Copa do Mundo de 2010. Em 31 de dezembro de 2014, as reservas financeiras da FIFA atingiram o montante de US$ 1,523 bilhão de dólares. De acordo com o art. 73, item 2, do Estatuto da FIFA (2015), relativo ao exercício financeiro, 'a responsabilidade maior da FIFA é garantir seu futuro mediante a criação de reservas financeiras'. Fonte: Fédération Internationale de Football Association (FIFA). Cf. FIFA Financial Report 2014. Zurique, 2015. Disponível em: <http://resources.fifa. com/mm/document/affederation/administration/ 02/56/80/39/fr2014 weben_neutral.pdf>" (FARIA, 2016).

[190] Em reportagem publicada no ano de 2011, o jornal o *Estado de São Paulo* informou que o "caixa" da FIFA seria superior ao PIB de 19 países (CHADE, 2011).

[191] FARIA, 2016, p. 104.

[192] FARIA, 2016, p. 104-124.

[193] A experiência brasileira coma organização da Copa do Mundo de Futebol de 2014 demonstrou haver algumas necessidades apresentadas pela FIFA cujo acolhimento seriam essenciais para a realização do evento no Brasil. Assim, a doutrina costuma apresentar, como exemplo, a necessidade de previsão, na Lei Geral da Copa, da possibilidade de venda de bebidas alcóolicas nos estádios, ainda que o Estatuto do Torcedor (Lei nº 10.671, de 2003) tenha dado espaço para que os Estados-membros vedassem tal comercialização (o que ocorria com 7 das 12 sedes da Copa do Mundo, por meio de leis estaduais). No mesmo sentido, a legislação relacionada à proteção das fronteiras – um dos símbolos máximos da soberania estatal – foi também considerada flexibilizada, permitindo-se o ingresso no país de membros da FIFA ou pessoas físicas ou jurídicas por ela indicadas,

Entendo, no entanto, que, tratando-se a hipótese de relação de natureza voluntária e equiparada a um contrato, a terminologia imposição não é apropriada, podendo dar azo a excesso hermenêutico. Isso porque ao intérprete desavisado poderia parecer que a FIFA, neste caso, estaria impondo regras aplicáveis no bojo do Direito estatal.

A realidade, no entanto, é que, na hipótese, buscando receber um importante evento esportivo em seu território – como o é a Copa do Mundo de Futebol – o Estado acaba fazendo concessões – muitas vezes de grande relevância – às vontades e necessidades expressas pela FIFA (ainda que, para tanto, tenha que alterar – mesmo que momentaneamente – normas de seu ordenamento jurídico).[194]

Em relação à reprodução ou internalização, trata-se de fenômeno mediante o qual o Estado, reconhecendo a especialidade técnica do setor esportivo mundial, importa determinados conceitos e estruturas jurídicas para seu próprio ordenamento nacional.

> Trata-se de técnicas de relação e de intercâmbio normativo num sentido prático, notadamente no que a doutrinadora Francesa chama de processos de *imitação, i.e.,* diferentes ordenamentos jurídicos que buscam inspiração em outros para a produção normativa: é o direito privado transnacional como fonte de inspiração do direito estatal.[195]

No caso brasileiro, o artigo 29-A, da Lei Pelé (Lei nº 9.615/1994), por exemplo, que estatui o "mecanismo de solidariedade", teria

---

ensejando críticas como a apresentada por Lucas Correia Lima, para quem "(...) agora é a FIFA, entidade privada, quem dita e possui iguais poderes para a concessão de vistos no território (aparentemente) soberano brasileiro, criando fronteiras dentro de fronteiras, transformando-se num verdadeiro consulado plenipotenciário" (LIMA, 2014). Nada obstante, deve-se registrar que, embora possa a doutrina apontar pontos de concertação necessários para a organização da Copa do Mundo no Brasil, tais pontos são decorrência natural de um processo de negociação, em que apresenta-se essencial adaptar-se, de um lado, necessidades – no caso, as da FIFA – e, de outro, possibilidades – no caso, as da legislação brasileira, a fim de encontrar-se um campo concertado em que ambas consigam se sustentar.

[194] O pensar político, neste caso, não é eivado de ingenuidade, a submeter o Estado em uma relação de submissão à FIFA. Cumpre trazer à lembrança, neste ponto, o que apresentamos no Capítulo I em relação ao esporte como instrumento de *soft power*. Ambos – Estado e FIFA – observam os ganhos políticos derivados da parceria criada e, se para alcançá-los, concessões forem necessárias, são estas somadas à matemática política e levadas em consideração para chegar-se a um resultado final.

[195] FARIA, 2016, p. 114, grifo do original.

sido inspirado no Regulamento da FIFA, o qual prevê justamente esta hipótese de indenização aos clubes de formação em caso de transferência onerosa de jogadores.[196]

Verifica-se, aqui, um exemplo em que a previsão da mesma regra – embora com nuances específicas, em atenção às especificidades de cada uma das ordens jurídicas em discussão – permite a sua própria eficácia. Isso porque, caso a regra fosse prevista pelo ordenamento jurídico brasileiro e não pela FIFA, inexistiria força vinculante para fazê-la respeitar por clubes sediados em outros Estados. Da mesma forma, a previsão da regra no ordenamento jurídico brasileiro dota-lhe, internamente, de coercibilidade plena.[197]

Por fim, tem-se a interação *Lex* FIFA e ordenamento jurídico nacional por meio do processo que Tiago Silveira de Faria denominou "aplicação direta de sua normatividade transnacional pela jurisdição estatal". Embora reconheçamos que o Estado brasileiro possa, em algumas situações, reconhecer a aplicação direta da normatividade desportiva transnacional, não concordamos com as ilações do autor sobre o tema, para quem haveria uma heterorregulação propiciada pela norma de abertura inscrita no artigo 1º, §1º, da Lei Pelé, a determinar que as normas emanadas das organizações esportivas internacionais estariam no mesmo patamar hierárquico das normas estatais. Veja-se, em suas palavras:

> As principais regras de conexão estão descritas na LINDB, entretanto, a vetusta legislação data de 1942, e a Lei 12.376/2010 apenas alterou seu campo de incidência, outrora restrito ao Código Civil. Desse modo, o anacronismo da LINDB em relação aos novos fenômenos que permeiam o direito internacional privado exige a ampliação do foco de atenção para outras fontes normativas. Dentre as normas de ligação previstas

---

[196] O mecanismo de solidariedade funciona da seguinte forma: se um jogador é transferido de clube, 5% do valor a ser pago pelo clube cessionário ao clube cedente será distribuído entre os clubes que formaram o jogador. A ideia é que o clube que investiu no jogador tenha, durante a sua vida profissional, a possibilidade de colheita dos frutos de tais investimentos – o que, na prática, contribui para que os clubes invistam na formação de jogadores de base, em vez de preferirem a contratação de jogadores já formados.

[197] Da mesma forma, a previsão de recurso à Corte Arbitral do Esporte (CAS) previsto no artigo 8º, §2º, do Decreto nº 8.692, de 16 de março de 2016, o qual regulamenta o controle de dopagem, é uma abertura jurisdicional – e, quiçá, de soberania – que apenas poderia ser promovida – como o foi – pelo próprio Estado brasileiro, não sendo suficiente a mera previsão em regulamento esportivo de tal competência.

em legislações esparsas, encontra-se a regra de conexão desportiva disposta no §1º do art. 1º da Lei 9.615/98: "A prática desportiva formal é regulada por normas nacionais e internacionais e pelas regras de prática desportiva de cada modalidade, aceitas pelas respectivas entidades nacionais de administração do desporto."

Em compensação, faz-se necessário estabelecer uma importante distinção: a norma de conexão desportiva não tem a característica maniqueísta típica dos elementos de ligação do DIPr, mas um caráter holístico integrativo, então a regra de conexão não visa propriamente dirimir conflitos de leis no espaço – para muitos, o cerne do direito internacional privado – e sim, facultar a aplicação do direito desportivo internacional concomitantemente com a legislação nacional.

(...)

Trata-se do reconhecimento expresso, pelo Estado Brasileiro, das normas desportivas transnacionais como fonte do direito interno, em equivalência hierárquica com a legislação desportiva estatal, além de um marco de extrema relevância para a realidade jurídica contemporânea que demonstra a força desses novos fenômenos jurídicos transnacionais, os quais postulam espaço até mesmo na própria legislação estatal, transformando-se em normas cogentes. Mas, como antes mencionado, a análise da eventual aplicação da lei desportiva estrangeira – concomitantemente ou não com a legislação nacional – dar-se-á no momento em que o órgão judicante apreciar o caso concreto, isso porque pode haver antinomias entre a legislação nacional e a internacional que impeçam a aplicação simultânea de ambas de modo harmônico, como parece ser o intuito da lei (*mens legis*).[198]

O artigo 1º, §1º, da Lei Pelé – destacado no excerto – não alcança, para nós, os elevados patamares que parte da doutrina jusdesportiva buscou outorgar-lhe. A abertura normativa ali estabelecida tem por escopo exclusivo a prática das modalidades, isto é, as regras aplicáveis às competições esportivas – e não o ordenamento jurídico esportivo como um todo.

Sobre este ponto, o ordenamento jurídico brasileiro abriu-se para a incidência direta das normas emanadas das organizações esportivas internacionais, permitindo, no que cinge exclusivamente aos regulamentos de competições esportivas, que suas regras possam incidir diretamente no território brasileiro. Assim, por exemplo, não foi necessária qualquer previsão legal

---

[198] FARIA, 2016, p. 119-122.

CAPÍTULO II
ESTADO E ESPORTE NO BRASIL | 105

específica para permitir a utilização, no Campeonato Brasileiro, do VAR (Video Assistant Referee), bastando a sua reprodução no Regulamento nacional da Confederação Brasileira de Futebol (CBF(.[199]

A análise das três formas de interação entre a *Lex* FIFA e a ordem jurídica nacional permite verificar que, ao se tratar da relação entre Estado e movimento esportivo, muitas são as possibilidades de interação, havendo claro rol de competências exclusivas do Estado, no exercício de seu poder soberano; claro rol de competências exclusivas das modalidades esportivas, na regulamentação daquilo que é exclusivamente relacionado às competições – como permitido expressamente pelo citado artigo 1º, §1º, da Lei Pelé –; e um nebuloso rol de competências compartilhadas, as quais, acaso implementadas pelo Estado – e a depender da medida em que o sejam – geram calafrios nos defensores da autonomia plena das organizações esportivas.

A regulamentação da integridade das organizações esportivas é uma das matérias que, a nosso entender, não é nem exclusiva do Estado, nem exclusiva das organizações esportivas, havendo múnus comum no sentido de preservar a lisura do esporte. E é este o tema a ser explorado nas próximas linhas.

2.3 Arcabouço jurídico atual para garantia da integridade das organizações esportivas brasileiras

Nos últimos anos, o Estado brasileiro não se absteve do poder-dever de garantia do esporte íntegro. Foram editadas normas para a boa governança e saúde financeira aplicáveis às entidades do Sistema Nacional do Desporto que fossem beneficiadas por isenções fiscais e/ou repasses de recursos públicos

---

[199] Embora haja discussões sobre a legalidade de tal mecanismo, ante as previsões do Estatuto do Torcedor a respeito da arbitragem, tal discussão não importa para essa análise, sendo certo que, acaso mantida sua compatibilidade com o ordenamento jurídico nacional, tal mecanismo pôde ser integrado à legislação desportiva por meio da simples previsão no Regulamento Nacional da CBF, conforme assinalado.

TATIANA MESQUITA NUNES
OLÍMPIA E O LEVIATÃ

federais, assim como instituído o Programa de Modernização da Gestão e de Responsabilidade Fiscal do Futebol Brasileiro (PROFUT), prevendo regras de gestão transparente e democrática e de equilíbrio financeiro para as entidades aderentes (inclusão de normas de *fair play* financeiro no esporte).

Estas normas foram editadas, especialmente, com referência aos princípios inscritos, desde o ano de 2003, no artigo 2º, parágrafo único, da Lei Pelé (Lei nº 9.615, de 1998), os quais prescrevem que:

> Art. 2º. (...)
>
> Parágrafo único. A exploração e a gestão do desporto profissional constituem exercício de atividade econômica sujeitando-se, especificamente, à observância dos princípios:
>
> I – da transparência financeira e administrativa; (Incluído pela Lei nº 10.672, de 2003)
>
> II – da moralidade na gestão desportiva; (Incluído pela Lei nº 10.672, de 2003)
>
> III – da responsabilidade social de seus dirigentes; (Incluído pela Lei nº 10.672, de 2003)
>
> IV – do tratamento diferenciado em relação ao desporto não profissional; e (Incluído pela Lei nº 10.672, de 2003)
>
> V – da participação na organização desportiva do País. (Incluído pela Lei nº 10.672, de 2003).[200]

As iniciativas realizadas para efetivação de tais princípios dão conta de uma real participação do Estado no domínio esportivo, afastando o caráter absoluto da autonomia de suas organizações. Nada obstante, a imposição de tais normas permanece quase sempre lastreada na fruição, pela entidade, de algum benefício outorgado pelo Estado (como é o caso de repasse de recursos ou benefícios fiscais) –[201]ressalvada a alteração

---

[200] BRASIL, 1998.

[201] Anote-se que não se está aqui a afirmar que, em qualquer hipótese, a previsão de benefícios financeiros ou fiscais deva vir acompanhada de contrapartidas relacionadas a regras de integridade. As entidades esportivas, como sociedades civis sem fins lucrativos que são, gozam de benefícios gerais outorgados genericamente a estas, como é exemplo a Lei nº 9.532, de 1997.

do artigo 10 do Estatuto do Torcedor –, a qual, como veremos adiante, foi suspensa em razão de medida cautelar deferida no bojo da ADI nº 5450/2016.

2.3.1 Repressão a ilícitos, à gestão temerária e aos atos contrários ao contrato ou estatuto social na Lei Pelé – o art. 27

O artigo 27 da Lei Pelé, incluído pela Lei nº 10.672, de 2003, expressamente previu a correspondência das normas de responsabilidade das associações civis às entidades esportivas – de administração ou prática –, independentemente da forma jurídica adotada, na hipótese de aplicarem créditos ou bens sociais em proveito próprio ou de terceiros.[202] Trata-se do primeiro exemplo próprio de regras de integridade incorporadas à Lei Pelé. O dispositivo contava com uma série de parágrafos, como é o caso dos parágrafos 6º[203] e 11,[204] que previam, entre outras, regras de transparência financeira e combate à gestão temerária pelos responsáveis pela administração das organizações esportivas.

---

[202] "Art. 27. As entidades de prática desportiva participantes de competições profissionais e as entidades de administração de desporto ou ligas em que se organizarem, independentemente da forma jurídica adotada, sujeitam os bens particulares de seus dirigentes ao disposto no art. 50 da Lei no 10.406, de 10 de janeiro de 2002, além das sanções e responsabilidades previstas no *caput* do art. 1.017 da Lei no 10.406, de 10 de janeiro de 2002, na hipótese de aplicarem créditos ou bens sociais da entidade desportiva em proveito próprio ou de terceiros. (Redação dada pela Lei nº 10.672, de 2003)" (BRASIL, 1998).

[203] "§6º Sem prejuízo de outros requisitos previstos em lei, as entidades de que trata o *caput* deste artigo somente poderão obter financiamento com recursos públicos ou fazer jus a programas de recuperação econômico-financeiros se, cumulativamente, atenderem às seguintes condições: (Redação dada pela Lei nº 12.395, de 2011) I – realizar todos os atos necessários para permitir a identificação exata de sua situação financeira; II – apresentar plano de resgate e plano de investimento; III – garantir a independência de seus conselhos de fiscalização e administração, quando houver; IV – adotar modelo profissional e transparente; e V – apresentar suas demonstrações financeiras, juntamente com os respectivos relatórios de auditoria, nos termos definidos no inciso I do art. 46-A desta Lei. (Incisos incluídos pela Lei nº 10.672, de 2003 e inciso V com redação dada pela Lei nº 12.395, de 2011)" (BRASIL, 1998).

[204] "(...) §11. Os administradores de entidades desportivas profissionais respondem solidária e ilimitadamente pelos atos ilícitos praticados, de gestão temerária ou contrários ao previsto no contrato social ou estatuto, nos termos da Lei nº 10.406, de 10 de janeiro de 2002 – Código Civil. (Redação dada pela Lei nº 12.395, de 2011)" (BRASIL, 1998).

2.3.2 Normas de boa governança incorporadas na Lei Pelé – o artigo 18-A

Embora o artigo 27 tenha sido o dispositivo inaugural da tendência à inserção de normas de integridade na legislação esportiva brasileira, pode-se afirmar que a principal norma reprodutora de regras de governança nesta legislação é o artigo 18-A da Lei Pelé.[205] Sua incorporação veio a reboque de uma tendência de dotar a legislação brasileira em geral de mecanismos de transparência e boa governança,[206] prevendo-se, como contrapartida ao recebimento de benesses estatais, isenções fiscais e repasses de recursos públicos, a necessidade de adequação dos estatutos e regulamentos internos das entidades esportivas a tais diretrizes de integridade da gestão.

A incorporação do dispositivo na legislação deu-se em meio a discussões sobre a sua pertinência, face à autonomia conferida pela Constituição às organizações esportivas, defendendo alguns de seus confrontantes a impossibilidade de ditas imposições legais.[207]

---

[205] Anteriormente às previsões do artigo 18-A já possuía a Lei Pelé, no artigo 18, um rol mínimo de obrigações a serem cumpridas pelas entidades esportivas para fazerem jus às isenções fiscais e repasses de recursos públicos, quais sejam: (i) viabilidade e autonomia financeiras; (ii) atendimento aos demais requisitos estabelecidos em lei; (iii) situação regular com suas obrigações fiscais e trabalhistas e (iv) compatibilidade entre as ações desenvolvidas para a melhoria das respectivas modalidades desportivas e o Plano Nacional do Desporto. No entanto, embora relevantes para o desenvolvimento do esporte, tais obrigações não se caracterizam como normas de boa governança, razão pela qual será dada ênfase ao disposto no artigo 18-A sobre o tema.

[206] A título de exemplo, podemos citar a Lei Complementar nº 131, de 27 de maio de 2009, que alterou a Lei Complementar nº 101/2000 para nela incluir disposições relacionadas à transparência das contas públicas; e a Lei de Acesso à Informação (Lei nº 12.527, de 18 de novembro de 2011, a qual teve por escopo assegurar o direito fundamental de acesso à informação).

[207] Novamente, Álvaro Melo Filho (2014), defendendo a autonomia em seu caráter absoluto, afirma que a disciplina inaugurada pelo artigo 18-A não poderia ter sido positivada por lei ordinária, mas apenas por emenda constitucional, haja vista aquele princípio. *In verbis*: "Impende ter presente que, se a limitação decorrer da *lex* desportiva, estará, irremediavelmente, vulnerando o postulado constitucional de autonomia desportiva (art. 217, inciso 1), por se tratar de induvidoso assunto *interna corporis*. Acresça-se ser ainda vedado à *lex sportiva* compelir que os estatutos dos entes desportivos restrinjam o mandato, por exemplo, a quatro anos, adstrito a uma única reeleição. Assim, essa imposição será, por um lado, injurídica se contemplada na legislação desportiva ordinária, mas, por outro, de absoluta juridicidade e constitucionalidade se inserida, voluntariamente, como regra estatutária pela assembleia geral dos entes desportivos. (...) De todo modo, em princípio, e por princípio constitucional, a delimitação de mandatos e reeleições na esfera desportiva pode ser resolvida não por lei ordinária, mas tão apenas por emenda constitucional, porque

CAPÍTULO II
ESTADO E ESPORTE NO BRASIL | 109

O atrelamento das condicionantes ao repasse de recursos públicos – ou à fruição de isenções –[208] enfraqueceu, no entanto, essa linha argumentativa, logrando-se êxito na inserção da regra como emenda à Medida Provisória nº 620, de 2013, passando a constar da Lei nº 12.868, de 15 de outubro de 2013. *In verbis*:

> Art. 18-A. Sem prejuízo do disposto no art. 18, as entidades sem fins lucrativos componentes do Sistema Nacional do Desporto, referidas no parágrafo único do art. 13, somente poderão receber recursos da administração pública federal direta e indireta caso: (Incluído pela Lei nº 12.868, de 2013)
>
> I – seu presidente ou dirigente máximo tenham o mandato de até 4 (quatro) anos, permitida 1 (uma) única recondução;
>
> II – atendam às disposições previstas nas alíneas "b" a "e" do §2º e no §3º do art. 12 da Lei nº 9.532, de 10 de dezembro de 1997;
>
> III – destinem integralmente os resultados financeiros à manutenção e ao desenvolvimento dos seus objetivos sociais;
>
> IV – sejam transparentes na gestão, inclusive quanto aos dados econômicos e financeiros, contratos, patrocinadores, direitos de imagem, propriedade intelectual e quaisquer outros aspectos de gestão;
>
> V – garantam a representação da categoria de atletas das respectivas modalidades no âmbito dos órgãos e conselhos técnicos incumbidos da aprovação de regulamentos das competições;
>
> VI – assegurem a existência e a autonomia do seu conselho fiscal;
>
> VII – estabeleçam em seus estatutos:
>
> a) princípios definidores de gestão democrática;

---

dotada de força hierárquica para remover os obstáculos jurídicos realçados, conquanto a impossibilidade jurídica deflui da *Lex Magna*. Com efeito, é preciso impedir que se degrade a CF à inadmissível condição subalterna de um diploma subordinado à vontade ordinária do legislador comum, daí por que a intervenção concretizadora de tais restrições eleitorais não pode promanar de lei desportiva ordinária que se revela juridicamente despida de qualquer eficácia, autoridade e valor para dar-lhe operatividade prática. Arremate-se, nesse passo, que é elementar para qualquer acadêmico de Direito e para os que têm bom senso que lei ordinária alguma tem o condão de criar restrições não contidas no Texto Básico." Discordamos frontalmente do raciocínio jurídico empregado e do caráter elastecido outorgado ao princípio da autonomia, conforme já foi possível verificar nas linhas tecidas até o momento e definiremos no Capítulo IV.

[208] Como veremos no Capítulo IV, defendemos que a previsão de regras de boa governança às organizações esportivas se enquadra no espectro de competências do Estado – e não afronta, em tese, o princípio da autonomia – mesmo quando não atreladas ao repasse de recursos públicos ou à fruição de benefícios fiscais. Nada obstante, têm sido tais benesses – apresentadas como contrapartidas – utilizadas por muitos para "justificar" essa alegada interferência indevida na autonomia das organizações.

TATIANA MESQUITA NUNES
OLÍMPIA E O LEVIATÃ

b) instrumentos de controle social;

c) transparência da gestão da movimentação de recursos;

d) fiscalização interna;

e) alternância no exercício dos cargos de direção;

f) aprovação das prestações de contas anuais por conselho de direção, precedida por parecer do conselho fiscal; e

g) participação de atletas nos colegiados de direção e na eleição para os cargos da entidade; e

VIII – garantam a todos os associados e filiados acesso irrestrito aos documentos e informações relativos à prestação de contas, bem como àqueles relacionados à gestão da respectiva entidade de administração do desporto, os quais deverão ser publicados na íntegra no sítio eletrônico desta.

§1º As entidades de prática desportiva estão dispensadas das condições previstas:

I – no inciso V do *caput*;

II – na alínea g do inciso VII do *caput* deste artigo, no que se refere à eleição para os cargos de direção da entidade; e (Redação dada pela Lei nº 13.155, de 2015)

III – no inciso VIII do *caput*, quanto aos contratos comerciais celebrados com cláusula de confidencialidade, ressalvadas, neste caso, a competência de fiscalização do conselho fiscal e a obrigação do correto registro contábil de receita e despesa deles decorrente.

§2º A verificação do cumprimento das exigências contidas nos incisos I a VIII do *caput* deste artigo será de responsabilidade do Ministério do Esporte.

§3º Para fins do disposto no inciso I do *caput*:

I – será respeitado o período de mandato do presidente ou dirigente máximo eleitos antes da vigência desta Lei;

II – são inelegíveis o cônjuge e os parentes consanguíneos ou afins até o 2o (segundo) grau ou por adoção.

§4º A partir do 6o (sexto) mês contado da publicação desta Lei, as entidades referidas no *caput* deste artigo somente farão jus ao disposto no art. 15 da Lei no 9.532, de 10 de dezembro de 1997, e nos arts. 13 e 14 da Medida Provisória no 2.158-35, de 24 de agosto de 2001, caso cumpram os requisitos dispostos nos incisos I a VIII do *caput*.

O artigo 18-A inaugura, portanto, um novo patamar na gestão das organizações esportivas brasileiras prevendo regras de integridade relacionadas à sua boa governança e consideradas relevantes mundialmente, tais como a limitação dos mandatos dos dirigentes (restritos a quatro anos, permitida uma única recondução);[209] a transparência financeira, contábil e fiscal para fins de *accountability* dos atos praticados,[210] e a representação de atletas nos órgãos e conselhos técnicos responsáveis pela aprovação dos regulamentos de competição.[211]

---

[209] A questão do limite de mandatos dos dirigentes das organizações esportivas não foi apresentada apenas no Brasil. Outros Estados e organizações internacionais, como a Transparência Internacional (2011) e o Conselho Europeu (2012) discutem o assunto. As benesses da limitação aos mandatos são várias, podendo-se destacar, conforme estudo realizado pelo Instituto Play the Game, que "(...) limites de mandato garantem que as eleições serão verdadeiras disputas sobre assuntos, proporcionando novas ideias para a solução dos problemas e prevenindo a concentração de poder (Cohen e Spitzer, 1992, 479-480)" (GEERAERT, 2013, trad. nossa). Embora haja argumentos contrários à ideia, como o eventual desperdício de talentos e experiência e a presunção de que o limite impediria ações de longo prazo pelos dirigentes, parece-nos que os benefícios ainda são superiores. Segundo o mesmo estudo citado, os limites de mandato reduziriam as iniciativas de se manter no cargo a qualquer custo, gerando comportamentos mais confiáveis e possibilitando aos eleitores selecionar apenas os agentes de maior qualidade para um segundo mandato. Havendo chances reais de eleição, grupos anteriormente intimidados pela disputa com dirigentes "eternos" acabam qualificando-se para tal, atingindo-se o ideal democrático. Segundo a pesquisa, realizada no ano de 2013 (mesmo ano de publicação da Lei que incorporou o artigo 18-A à legislação desportiva brasileira), apenas 8 das 35 organizações esportivas analisadas possuíam alguma espécie de limitação (GEERAERT, 2013).

[210] A previsão de regras relacionadas à transparência das organizações esportivas relaciona-se com a necessidade de *accountability* de seus atos, face àqueles interessados na fruição do direito ao esporte (os cidadãos, especialmente na qualidade de atletas ou espectadores). "No geral, falta transparência no esporte profissional, principalmente em relação a questões financeiras, e isso permite um modelo de negócios que seria inaceitável em outras atividades econômicas (Bruyninckx, 2012). O desejo de transparência entre o público seguindo os severos escândalos éticos do mundo esportivo mostra que não é mais possível que as organizações esportivas sejam dirigidas como um "livro fechado" (Robinson, 2012). Consequentemente, a transparência é considerada como um dos tópicos mais relevantes no que concerne à boa governança nas organizações esportivas internacionais (Comissão Europeia, 2012). Na medida em que essas organizações são encarregadas de tomar conta de um bem público, Henry e Lee (2014) sustentam que 'seus trabalhos internos devem na maior medida possível ser abertos ao escrutínio público' (p. 31). Além disso, na medida em que o esporte, tanto no nível amador como no profissional, confia profundamente no suporte do setor público, as organizações esportivas internacionais também esperam demonstrar um alto nível de *accountability* para a comunidade que a circunda (Katwala, 2000, p. 3; Henry e Lee, 2004, p. 31; Wyatt, 2004). De fato, uma crescente irritação pública em relação a indivíduos e instituições que deveriam perseguir interesses públicos, mas recusam-se a responder a tal queixa existe não apenas em relação a autoridades estatais (Elchardus e Smits, 2002; Mulgan, 2003, p.1; Dalton, 2004), mas cada vez mais em relação às organizações esportivas internacionais" (GEERAERT, 2013, trad. nossa).

[211] A previsão da participação dos atletas nos órgãos deliberativos responsáveis pela aprovação dos Regulamentos de Competição foi exigência incluída pela Lei nº 13.155, de 4 de agosto de 2015, sendo considerada um marco em termos de controle social das decisões das organizações esportivas. A previsão de poder decisório para os atletas, embora desejada por aqueles que estudam a integridade das organizações esportivas, é, segundo estudo de 2013, ainda incipiente, sendo uma realidade em apenas 11% das organizações esportivas internacionais estudadas. De toda forma, deve-se destacar que "(...) os poucos órgãos de

Sob o prisma administrativo, a partir da previsão de tais regras de boa governança e transparência, o Estado brasileiro passou a certificar as organizações esportivas que as respeitam, alçando-as a patamar de excelência, e tornando-as aptas a receber benesses estatais (isenções fiscais e repasses de recursos públicos).[212]

Sem adentrar na discussão sobre a possibilidade de previsão de tais requisitos como norma geral esportiva – independentemente de recebimento de recursos públicos –, é certo que a previsão de condicionantes para usufruir de benesses estatais não é apenas corriqueira, mas necessária à boa distribuição dos recursos recolhidos da sociedade. Prevendo nosso sistema jurídico esportivo o investimento de recursos públicos apenas em casos específicos no esporte de alto rendimento – a teor do artigo 217, inciso II, da Constituição de 1988 –, é natural que haja um direcionamento dos recursos escassos existentes, cujos critérios – desde que legítimos – dependem exclusivamente da política pública eleita. Se o emprego de recursos públicos deve atentar para o princípio da máxima eficiência, não há como escapar da conclusão de que, sob a ótica pública, são mais eficientes aquelas entidades que preencham os requisitos objetivos de estruturação governativa previstos no artigo 18-A.

As críticas apresentadas ao disposto no artigo 18-A parecem, portanto, mais uma desesperada tentativa de manutenção do escudo protetor, atrás do qual se autorregulam as organizações esportivas – não necessariamente em prol do esporte, mas, em alguns casos, em prol de dirigentes eternizados em suas funções –, do que uma tese juridicamente sustentável.[213]

---

direção do esporte que dão voz aos atletas o fazem ou por meio de uma filiação limitada ao fórum do órgão decisório ou por meio da formação de Comitês ou Comissões de atletas ligadas ao fórum principal, mas seguramente colocados em quarentena em relação a qualquer oportunidades de participação em decisões significativas". No caso brasileiro, porém, essa voz é dada por meio de efetiva representação no órgão de deliberação, garantindo o caráter democrático do procedimento ((GEERAERT, 2013, trad. nossa).

[212] Atualmente, a questão está disciplinada pela Portaria nº 115, de 3 de abril de 2018, do extinto Ministério do Esporte. São previstos, naquele normativo, os documentos necessários à comprovação de cada um dos requisitos relacionados pelo artigo 18-A, assim como o procedimento de verificação, o qual conta com etapas pré-definidas e se finaliza com a emissão de certidão, válida pelo prazo de um ano.

[213] Álvaro Melo Filho (2014) é um dos propagadores de tais críticas. Em artigo sobre o tema, informa que "essa proposição corresponde, para alguns militantes na seara do Direito

CAPÍTULO II
ESTADO E ESPORTE NO BRASIL | 113

Embora seja cabível a discussão acerca do estabelecimento de regras de boa governança para as organizações esportivas em geral, por meio de lei – e, por isso, estamos há várias linhas fundando a base sobre a qual iremos construir a tese jurídica que fundamentará a previsão de tais regras –, parece-nos desarrazoado dizer que o Estado, na distribuição de recursos públicos escassos, não possa estabelecer critérios específicos, informando os requisitos que deverão ser cumpridos pelas organizações que desejem acessar os recursos públicos.

Nada obstante, por mais desarrazoada que possa a nós parecer tal linha de pensamento, e embora no tocante ao artigo 18-A tais críticas tenham sido apresentadas apenas academicamente – ou por meio da imprensa, outro foi o encaminhamento outorgado ao tema na próxima legislação estudada: o PROFUT. As críticas alcançaram patamares mais elevados, tendo sido levadas ao Supremo Tribunal Federal, por meio da Ação Direta de Inconstitucionalidade nº 5450/2016, conforme veremos adiante.

2.3.3 O Programa de Modernização da Gestão e da Responsabilidade Fiscal do Futebol (PROFUT)

Apenas dois anos após a incorporação do artigo 18-A na legislação esportiva brasileira, apresentou-se ao Parlamento Nacional nova discussão acerca da gestão das entidades esportivas: a questão das dívidas fiscais acumuladas por entidades esportivas, em especial pelas entidades de prática do futebol – os clubes.[214] A questão foi posta a debate parlamentar em razão da edição da

---

Desportivo, a uma 'chantagem jurídica', travestida como um novo paradigma, sem conseguir contornar o vício de inconstitucionalidade, embora mascarada com a retórica de que se trata de aplicação dos mesmos princípios republicanos incidentes sobre os que ocupam cargos eletivos no Poder Executivo". Para o autor, "(...) restringir o número de sucessivas reeleições, suprimir a 'eternização', promover a ruptura do continuísmo de dirigentes à frente de clubes, federações e confederações é clichê desconstrutivista fartamente utilizado, sob o argumento de que as reeleições ilimitadas fortalecem os 'feudos desportivos', as 'oligarquias desportivas' e o arcaico perfil desportivo do país".

[214] Segundo dados da época, as dívidas fiscais de tais entidades chegavam a R$ 5 bilhões, apenas em face da Fazenda Pública Federal (informação extraída da manifestação apresentada pela Advocacia-Geral da União na ADI nº 5.450/2016) (BRASIL, 2016).

Medida Provisória nº 671, de 19 de março de 2015, que já outorgava força de lei ao novo programa, esperando-se do Parlamento seu acolhimento e conversão em lei.

Embora com inúmeras emendas e posteriores vetos da presidente da República, a Lei nº 13.155 foi promulgada em 4 de agosto de 2015, consagrando princípios e práticas de responsabilidade fiscal e financeira e de gestão transparente e democrática para as entidades esportivas que aderissem ao Programa de Modernização da Gestão e de Responsabilidade Fiscal do Futebol Brasileiro (PROFUT).

A nova legislação previu, dentre outras normas, a necessidade de adequação das organizações esportivas que tivessem interesse em aderir ao programa a regras de boa governança e gestão interna, das quais destacamos as seguintes: (i) limitação de mandatos dos dirigentes (na mesma formatação prevista na Lei Pelé); (ii) existência de Conselho Fiscal autônomo; (iii) proibição de antecipação ou comprometimento de receitas referentes a períodos posteriores ao término do mandato (ressalvadas hipóteses específicas); (iv) previsão de afastamento e inelegibilidade de gestor praticante de ato de gestão irregular ou temerária e (v) controle dos custos com folha de pagamento e direito de imagem (limite de 80% da receita bruta anual).[215]

---

[215] As regras de boa governança a serem cumpridas pelas organizações aderentes ao Programa foram insertas nos artigos 4º e 5º da Lei, cujo inteiro teor destacamos: "Art. 4º Para que as entidades desportivas profissionais de futebol mantenham-se no Profut, serão exigidas as seguintes condições: I – regularidade das obrigações trabalhistas e tributárias federais correntes, vencidas a partir da data de publicação desta Lei, inclusive as retenções legais, na condição de responsável tributário, na forma da lei; II – fixação do período do mandato de seu presidente ou dirigente máximo e demais cargos eletivos em até quatro anos, permitida uma única recondução; III – comprovação da existência e autonomia do seu conselho fiscal; IV – proibição de antecipação ou comprometimento de receitas referentes a períodos posteriores ao término da gestão ou do mandato, salvo: a) o percentual de até 30% (trinta por cento) das receitas referentes ao 1º (primeiro) ano do mandato subsequente; e b) em substituição a passivos onerosos, desde que implique redução do nível de endividamento; V – redução do défice , nos seguintes prazos: a) a partir de 1º de janeiro de 2017, para até 10% (dez por cento) de sua receita bruta apurada no ano anterior; e b) a partir de 1º de janeiro de 2019, para até 5% (cinco por cento) de sua receita bruta apurada no ano anterior; VI – publicação das demonstrações contábeis padronizadas, separadamente, por atividade econômica e por modalidade esportiva, de modo distinto das atividades recreativas e sociais, após terem sido submetidas a auditoria independente; VII – cumprimento dos contratos e regular pagamento dos encargos relativos a todos os profissionais contratados, referentes a verbas atinentes a salários, de Fundo de Garantia do Tempo de Serviço – FGTS, de contribuições previdenciárias, de pagamento das obrigações contratuais e outras havidas com os atletas e demais funcionários, inclusive direito de imagem, ainda que não guardem relação direta com o salário; VIII – previsão, em seu estatuto ou contrato social, do afastamento imediato e inelegibilidade, pelo período

de, no mínimo, cinco anos, de dirigente ou administrador que praticar ato de gestão irregular ou temerária; IX – demonstração de que os custos com folha de pagamento e direitos de imagem de atletas profissionais de futebol não superam 80% (oitenta por cento) da receita bruta anual das atividades do futebol profissional; e X – manutenção de investimento mínimo na formação de atletas e no futebol feminino e oferta de ingressos a preços populares, mediante a utilização dos recursos provenientes: a) da remuneração pela cessão de direitos de que trata o inciso I do §2º do art. 28 desta Lei; e b) (VETADO). §1º Sem prejuízo do disposto nos incisos I a VIII do *caput* deste artigo, no caso de entidade de administração do desporto, será exigida a representação da categoria de atletas no âmbito dos órgãos e conselhos técnicos incumbidos da aprovação de regulamentos das competições. §2º As entidades deverão publicar, em sítio eletrônico próprio, documentos que atestem o cumprimento do disposto nos incisos I a X do *caput* deste artigo, garantido o sigilo acerca dos valores pagos a atletas e demais profissionais contratados. §3º Para os fins do disposto no inciso III do *caput* deste artigo, será considerado autônomo o conselho fiscal que tenha asseguradas condições de instalação, de funcionamento e de independência, garantidas, no mínimo, por meio das seguintes medidas: I – escolha de seus membros mediante voto ou outro sistema estabelecido previamente à escolha; II – exercício de mandato de seus membros, do qual somente possam ser destituídos nas condições estabelecidas previamente ao seu início e determinadas por órgão distinto daquele sob a sua fiscalização; e III – existência de regimento interno que regule o seu funcionamento. §4º As entidades desportivas profissionais com faturamento anual inferior a uma vez e meia o teto do faturamento da empresa de pequeno porte de que trata o inciso II do art. 3º da Lei Complementar nº 123, de 14 de dezembro de 2006 , ficam dispensadas do cumprimento do disposto nos incisos V e IX do *caput* deste artigo e, quanto ao disposto no inciso VI do *caput* deste artigo, ficam autorizadas a contratar contador para o exercício da função de auditor independente. §5º Não constitui descumprimento da condição prevista no inciso VII do *caput* deste artigo a existência de débitos em discussão judicial. §6º As demonstrações contábeis de que trata o inciso VI do *caput* deste artigo deverão explicitar, além de outros valores exigidos pela legislação e pelas normas contábeis, os referentes a: I – receitas de transmissão e de imagem; II – receitas de patrocínios, publicidade, luva e marketing; III – receitas com transferência de atletas; IV – receitas de bilheteria; V – receitas e despesas com atividades sociais da entidade; VI – despesas totais com modalidade desportiva profissional; VII – despesas com pagamento de direitos econômicos de atletas; VIII – despesas com pagamento de direitos de imagem de atletas; IX – despesas com modalidades desportivas não profissionais; e X – receitas decorrentes de repasses de recursos públicos de qualquer natureza, origem e finalidade. Art. 5º A entidade de administração do desporto ou liga que organizar competição profissional de futebol deverá: I – publicar, em sítio eletrônico próprio, sua prestação de contas e demonstrações contábeis padronizadas, após terem sido submetidas a auditoria independente; II – garantir a representação da categoria de atletas no âmbito dos órgãos e conselhos técnicos incumbidos da aprovação de regulamentos das competições; III – assegurar a existência e a autonomia do seu conselho fiscal; IV – estabelecer em seu estatuto ou contrato social: a) mandato de até quatro anos para seu presidente ou dirigente máximo e demais cargos eletivos, permitida uma única recondução; e b) a representação da categoria de atletas no âmbito dos órgãos e conselhos técnicos incumbidos da aprovação de regulamentos das competições; V – prever, em seu regulamento geral de competições, no mínimo, as seguintes sanções para o descumprimento das condições previstas nos incisos I a X do *caput* do art. 4º desta Lei: a) advertência; e b) proibição de registro de contrato especial de trabalho desportivo, para os fins do disposto no §5º do art. 28 da Lei nº 9.615, de 24 de março de 1998. Parágrafo único. A aplicação das penalidades de que tratam as alíneas a e b do inciso V do *caput* deste artigo não tem natureza desportiva ou disciplinar e prescinde de decisão prévia da Justiça Desportiva."

116 TATIANA MESQUITA NUNES
OLÍMPIA E O LEVIATÃ

A lei, no entanto, sofreu pesadas críticas do setor esportivo,[216] tendo sido ajuizada a Ação Direta de Inconstitucionalidade nº 5450/2016 para discussão de vários de seus dispositivos.[217] Tais

---

[216] Por todos, destaque-se a crítica enunciada por Milton Jordão, para quem: "(...) a Excelentíssima Senhora Presidente da República Dilma Roussef editou norma, valendo-se do permissivo constitucional definido no art. 62 da Carta Política de 1988, que demonstra o anseio do Estado de intervir e ter mais controle o desporto bretão, o futebol. Tais palavras podem soar severas ou ásperas, pois hasteou-se bandeiras de democracia e modernização; todavia, em alguns trechos do texto da MP 671/2015, tem-se evidente tais propósitos. Com isso, reaviva-se o debate sobre a prevalência do comando constitucional descrito no art. 217, inciso 1,da CF/1988 versus legislação desportiva Infraconstitucional. (...) a opção estatal não se deu apenas na perspectiva pura e simples de criar um programa de parcelamento ou mesmo de discutir com as entidades desportivas como se daria tal quitação. Concebeu-se um conjunto de regras para que seja um clube ou Federação admitida para fins do parcelamento. Este movimento do Estado, sob bandeira de democracia no mundo desportivo, não é novidade, servindo como exemplo as modificações na Lei Pelé (Lei Federal 9.615/1998), criando novo regramento para que entidades esportivas possam obter, direta ou indiretamente, verbas públicas. As referidas alterações estatuárias exigidas implicam, aparentemente, em oblíqua ofensa ao princípio da autonomia desportiva. Diz-se isso pois a proposta estatal dependerá de aceitação da entidade de submeter-se às regras ali fixadas. Logicamente, não se poderá afirmar que, ao conceber tais ditames, o Estado viole a disposição constitucional. Por certo, se a entidade fosse fiel cumpridora dos seus deveres fiscais, não precisaria socorrer-se no Profut. No entanto, como previamente anunciado, a medida provisória vai além e passa a ferir o já mencionado princípio quando compele os clubes que se inscreverem no Profut a apenas poder competir em certames organizados por entidades de administração do desporto ou ligas que preencham requisitos estabelecidos na própria MP. (...) Externa-se um anseio de macular, de uma vez por todas, o ideal de autonomia desportiva. Quer-se, a fórceps, estimular a "democracia" e "modernizar o futebol brasileiro", sem, no entanto, colher esta vontade dos principais interessados, no caso, os próprios clubes. (...) Com efeito, se encontra em disputa a orientação política que o Brasil estabelecerá ao futebol profissional: mais ou menos controle do Estado. Uma verdadeira mudança não se fará apenas com um comando legal, é preciso bem mais do que isso" (JORDÃO, 2015).

[217] Foram colocados à análise do Supremo Tribunal Federal, sob a ótica da constitucionalidade, os seguintes dispositivos: (i) artigo 5º, inciso I – prevê a necessidade de que a organização esportiva responsável por organizar a competição garanta a representação da categoria de atletas no âmbito dos órgãos e conselhos técnicos incumbidos da aprovação de regulamentos das competições; (ii) artigo 5º, inciso IV – prevê a necessidade de que a organização esportiva responsável por organizar a competição estabeleça em seu estatuto ou contrato social: a) mandato de até quatro anos para seu presidente ou dirigente máximo e demais cargos eletivos, permitida uma única recondução; e b) a representação da categoria de atletas no âmbito dos órgãos e conselhos técnicos incumbidos da aprovação de regulamentos das competições; (iii) artigo 5º, inciso V – prevê a necessidade de que a organização esportiva responsável por organizar a competição preveja, em seu regulamento geral de competições, no mínimo, as seguintes sanções para o descumprimento das condições previstas nos incisos I a X do *caput* do art. 4º desta Lei: a) advertência; e b) proibição de registro de contrato especial de trabalho desportivo, para os fins do disposto no §5º do art. 28 da Lei nº 9.615, de 24 de março de 1998; (iv) artigo 5º, parágrafo único – prevê que a aplicação das penalidades de que tratam as alíneas a e b do inciso V do *caput* deste artigo não tem natureza desportiva ou disciplinar e prescinde de decisão prévia da Justiça Desportiva; (v) artigo 19, inciso III – prevê que a Autoridade Pública de Governança do Futebol – APFUT poderá requisitar informações e documentos às entidades desportivas profissionais; (vi)

CAPÍTULO II
ESTADO E ESPORTE NO BRASIL | 117

dispositivos foram impugnados com fundamento, justamente, em possível afronta ao princípio da autonomia das organizações esportivas insculpido no artigo 217, inciso I, da Constituição de 1988. Segundo as alegações lançadas na petição inicial, o Estado brasileiro teria, na previsão de tais regras, ido além de seu poder regulador na matéria, ferindo citada autonomia.

Conforme já assinalado em relação à previsão de critérios de boa governança para o recebimento de verbas públicas ou isenções fiscais estabelecidos pelo artigo 18-A, parece que a crítica, tendo por fundamento eventual afronta à autonomia das organizações esportivas, carece de respaldo jurídico, na medida em que, no tocante à previsão de regras atreladas a repasse de recursos públicos, não há, a nosso ver, disputa jurídica razoável.[218]

---

artigo 24 – prevê, em síntese que, os dirigentes das entidades desportivas profissionais de futebol, independentemente da forma jurídica adotada, têm seus bens particulares sujeitos ao disposto no art. 50 da Lei nº 10.406, de 10 de janeiro de 2002 – Código Civil, bem como que respondem solidária e ilimitadamente pelos atos ilícitos praticados e pelos atos de gestão irregular ou temerária ou contrários ao previsto no contrato social ou estatuto, assumindo também responsabilidade solidária caso, sabedor de ato desta natureza de seu predecessor ou administrador competente, deixa de comunicar; (vii) artigo 25 – considera atos de gestão irregular ou temerária praticados pelo dirigente aqueles que revelem desvio de finalidade na direção da entidade ou que gerem risco excessivo e irresponsável para seu patrimônio, exemplificando-os em seus incisos; (viii) artigo 26 – prevê que os dirigentes que praticarem atos de gestão irregular ou temerária poderão ser responsabilizados por meio de mecanismos de controle social internos da entidade, sem prejuízo da adoção das providências necessárias à apuração das eventuais responsabilidades civil e penal e apresenta a forma e consequências de tal responsabilização; (ix) artigo 27 – prevê que compete à entidade desportiva profissional, mediante prévia deliberação da assembleia geral, adotar medida judicial cabível contra os dirigentes para ressarcimento dos prejuízos causados ao seu patrimônio, estabelecendo o impedimento destes de participar na assembleia; (x) artigo 38 – prevê alterações nos artigos 3, 6, 14, 16, 18-A, 22, 22-A, 23, 27, 27-D, 28, 31, 42, 56, 56-D, 82-B e 87-A da Lei Pelé; e (xi) artigo 40 – prevê a alteração dos artigos 10, 32, 37, 41-C, 41-D e 41-E do Estatuto do Torcedor.

[218] Em síntese, a Advocacia-Geral da União, na peça de defesa apresentada no bojo da ADI nº 5450/2015, em sua função de curadora da legislação, informou, inicialmente, que "a imposição de contrapartidas para o gozo dos benefícios inerentes ao parcelamento não é novidade em termos de leis que instituem favores fiscais na seara federal, basta citar o Programa de Estímulo à Reestruturação e ao Fortalecimento das Instituições de Ensino Superior (Proies), instituído pela Lei nº 12.688, de 18 de julho de 2012, e o Programa de Fortalecimento das Entidades Privadas Filantrópicas e das Entidades sem Fins Lucrativos que Atuam na Área da Saúde e que Participam de Forma Complementar do Sistema Único de Saúde – PROSUS, instituído pela Lei nº 12.873, de 24 de outubro de 2013". No tocante à argumentação de afronta ao princípio da autonomia das organizações esportivas, defende a Advocacia-Geral da União que "(...) ao invocarem a garantia da autonomia prevista no indigitado inciso I do art. 217 como um fim em si mesmo ou como elemento fundante do sistema, interpretando-a de forma desconexa e isolada de todo o resto do dispositivo no qual se insere (art. 217) e do texto constitucional como um todo, os defensores da tese da inconstitucionalidade deixam

Nada obstante, diferente sorte possui a discussão acerca do artigo 40 da lei que, ao alterar o artigo 10 da Lei nº 10.671, de 15 de maio de 2003 (Estatuto do Torcedor), impôs regras de boa governança a toda e qualquer entidade esportiva, gerando reflexos nas próprias competições – e sem atrelar à contrapartida pública. Neste caso, há, a nosso ver, interessante e relevante discussão acerca dos contornos jurídicos do princípio da autonomia inscrito no artigo 217, inciso I, da Constituição de 1988, e a atuação do Estado.[219] Embora o resultado deste embate apenas seja por nós apresentado no Capítulo IV desta obra, serão pincelados, aqui, os principais argumentos apresentados.

Registre-se, inicialmente, que o artigo 40 da Lei nº 13.155, de 2015, insere novas disposições no artigo 10 da Lei nº 10.671, de 2003, autorizando a exigência, pelas entidades responsáveis pela organização de competições, de Certidões Negativas de Débito (CND) como critério técnico para a participação das entidades de prática. Alega-se na inicial que tal proceder teria o condão de inserir, nos regulamentos de competição, critério alheio à prática esportiva, ensejando um desequilíbrio competitivo gerado por situações externas à competição em si.

---

de considerar não apenas o aspecto deontológico para o qual a garantia se projeta, e que a legitima, mas também olvidam os princípios que conformam o sistema jurídico brasileiro e o subsistema desportivo. Fazem do particular uma norma geral, em evidente inversão, pois tendem a interpretar que é em torno e a proveito da autonomia das entidades que a prática esportiva se desenvolve". Assim, "as disposições da Lei nº 13.155, de 2015, têm o esporte e a as suas condições de competitividade como bens jurídicos protegidos e apenas influenciam a autonomia das entidades para o fim de emprestar-lhe direcionamento compatível com sua própria função social. As regras da Lei nº 13.155, de 2015 são plenamente compatíveis com a manutenção da autonomia consagrada no art. 217, inc. I, da Constituição da República de 1988, na medida em que guardam coerência com a função deste princípio e apenas o relativizam para consagrarem valores e princípios também previstos na Constituição e avaliados, na situação concreta, como instrumentos mais efetivos na promoção do direito ao esporte. Interpretação diversa emprestaria à autonomia carga ideológica maior do que o bem jurídico que resguarda (o esporte). A utilização da autonomia como verdadeiro "escudo de proteção" das entidades contra atos do Poder Público que visam tão-somente impor-lhes a observância de práticas de transparência e boa gestão (como se busca por meio desta ação direta de inconstitucionalidade), importa em efetivo abuso àquele direito – ou das posições jurídicas dele derivadas (...)".

[219] A questão já foi enfrentada por esta autora no artigo "The inclusion of financial fair play into Brazilian Sports Law – Considerations about a new wording of Article 10 of the Fans Statute" [A inclusão do *fair play* financeiro na legislação esportiva brasileira – considerações sobre o artigo 10 do Estatuto do Torcedor], no qual defendida a possibilidade de inclusão no sistema desportivo brasileiro da regra de *fair play* financeiro, por meio do artigo 10 do Estatuto do Torcedor (NUNES, 2016).

CAPÍTULO II
ESTADO E ESPORTE NO BRASIL | 119

Trata-se esta da única disposição julgada inconstitucional pelo Supremo Tribunal Federal, conforme acórdão assim ementado:

EMENTA: CONSTITUCIONAL. AUTONOMIA DAS ENTIDADES DESPORTIVAS. LEI 13.155/2015. PROGRAMA DE RESPONSABILIDADE FISCAL DO FUTEBOL BRASILEIRO – PROFUT. Atuação legítima do legislador visando à probidade e à transparência da gestão democrática e participativa do desporto. Constitucionalidade. Impossibilidade de exigência de regularidade fiscal como requisito técnico para habilitação em competições. Sanção política. Inconstitucionalidade. Procedência parcial.
1. As condições impostas pela Lei 13.155/2015 para a adesão e manutenção de clubes e entidades desportivas no Programa de Responsabilidade Fiscal do Futebol Brasileiro, PROFUT, mostram-se necessárias e adequadas para a melhoria da gestão responsável e profissional dessas entidades, afirmada a relevância e o interesse social do futebol e de outras práticas desportivas como patrimônio público cultural (art. 216 da CF).
2. Não bastasse o caráter voluntário da adesão, as exigências estabelecidas no PROFUT atenderam ao princípio da razoabilidade, uma vez que respeitadas as necessárias proporcionalidade, justiça e adequação entre os dispositivos impugnados e as normas constitucionais protetivas da autonomia desportiva, preservando-se a constitucionalidade das normas, pois a atuação do legislador visando à probidade e à transparência da gestão do desporto foi legítima, estando presentes a racionalidade, prudência, proporção e a não arbitrariedade.
3. O artigo 40 da norma impugnada, na parte em que altera o art. 10, §§1º, 3º e 5º da Lei 10.671/2003, ao impor o atendimento de critérios de âmbito exclusivamente fiscal ou trabalhista para garantir a habilitação nos campeonatos, independentemente da adesão das entidades desportivas profissionais ao PROFUT, podendo acarretar o rebaixamento de divisão dos clubes que não cumprirem tais requisitos, caracteriza meio indireto e coercitivo de cobrança de tributos e outras obrigações ("sanção política"), pelo que é inconstitucional.
4. Medida Cautelar confirmada e Ação Direta julgada parcialmente procedente para declarar a inconstitucionalidade do artigo 40 da Lei 13.155/2015, na parte em que altera o art. 10, §§1º, 3º e 5º, da Lei 10.671/2003.[220]

Compreendeu-se que, na apreciação da proporcionalidade e no balanceamento de normas jurídicas, houve – a princípio – excesso

---

[220] BRASIL, 2016.

do legislador, inexistindo razão jurídica para a previsão de tais regras de competição, especialmente por se consubstanciarem em sanções políticas.[221] Veja-se trecho do voto, que reproduz justamente o balanceamento realizado pelo E. Supremo Tribunal Federal:

> Conforme expus na decisão concessiva de medida cautelar, as restrições à autonomia desportiva, inclusive em relação a eventuais limitações ao

---

[221] Em sua manifestação, a Advocacia-Geral da União defendeu que, mesmo o novel artigo 10 do Estatuto do Torcedor, teria atendido aos critérios de proporcionalidade, tendo em vista que "a Lei nº 13.155, de 2015, não promove (...) nenhuma inovação em matéria de 'fair play financeiro', apenas incorporando conceito já adotado nacional e internacionalmente pelas entidades de administração do esporte, em especial o futebol. O escopo arrecadatório, anunciado na exordial como foco do Estado ao insculpir o novo regramento do art. 10 do Estatuto do Torcedor (entabulado como verdadeira 'sanção de cunho político' pelos autores), é apenas consequência mediata das novas regras ali inscritas. Protege-se, com a nova disposição, valor fundamental à plena concretização do esporte, qual seja, a competitividade. É este o único escopo imediatamente visado pela previsão de um novo critério técnico a ser observado nos termos do art. 10 do Estatuto do Torcedor. (...) Cuidando o valor esporte do bem jurídico protegido pelos princípios e regras encerrados no art. 217 da Constituição da República de 1988, e possuindo este como elemento complementar necessário à sua plena efetividade a competitividade, eventuais critérios que tenham o condão de proteger o primeiro, por meio da garantia da segunda, deverão ser, a princípio, respeitados. E compete ao Estado, como responsável pelo fomento da prática esportiva, garantir-lhe meios adequados para fazer valer aqueles princípios. (...) Ora, a autonomia concebida pela Constituição apenas foi ali contemplada para fortalecimento das entidades esportivas como concretizadoras do esporte. A utilização abusiva das posições jurídicas dela resultantes, transformando a finalidade social em pretensão individual (ou individualista), é resultado da alternância entre fins e meios, elegendo-se estes como verdadeiros objetos de proteção da norma. O meio – no caso, a autonomia das entidades – deve ser compreendido na medida em que serve ao fim para o qual foi desenhado – no caso, a concretização do esporte – e nunca avaliado como "um fim em si mesmo". Assim, a autonomia das entidades, quando configurada como verdadeiro obstáculo à concretização do esporte, deverá retornar à gênese e, em juízo de ponderação, ser relativizada para ceder espaço a interpretação que permita coordenar valor (esporte) e direito correlato (autonomia). (...) A competitividade, como elemento necessário à concretização do esporte, é valor estruturante da norma alterada pelo art. 40 da Lei nº 13.155, de 2015. As práticas desleais de competição, como a evasão tributária e o inadimplemento das obrigações trabalhistas, não apenas prejudicam a sociedade – ao alterarem a justa composição de ônus distribuídos pelo Estado e ao onerarem determinados indivíduos, que trabalham sem contraprestação –, como também prejudicam a efetivação do direito ao esporte – ao criarem condições artificiais de competição, permitindo que os evasores e inadimplentes utilizem tais valores para contratações onerosas, com a montagem de equipe superior a que poderiam arcar e prejudicando aqueles que estão em dia com as obrigações trabalhistas e tributárias. O prejuízo não é somente das demais entidades de prática, mas do esporte como um todo e do espetáculo apresentado ao torcedor. Esta a razão pela qual o novo critério técnico foi incluído dentre as regras do Estatuto do Torcedor. Como fim último da proteção ao esporte na forma de espetáculo, é ao torcedor que devem ser garantidas condições reais de competitividade entre as equipes, competindo ao Estado, como agente efetivador daquele direito, a adoção de medidas capazes de restabelecer eventuais desequilíbrios criados pelos particulares, como é o caso da nova redação do art. 10 do Estatuto do Torcedor".

exercício de atividade econômica e profissional das entidades de prática desportiva, devem apresentar razoabilidade e proporcionalidade, porque poderão resultar em restrições de importantes direitos constitucionalmente assegurados e no desrespeito à finalidade estatal de promoção e auxílio na área do desporto, conforme definido pela Constituição Federal no artigo 217.

O direito ao desporto, como bem destacado por CANOTILHO e VITAL MOREIRA, aponta para a ideia de desenvolvimento integral das pessoas e apresenta efetiva interdependência com diversos direitos fundamentais, tais como saúde, educação, lazer (Constituição da República Portuguesa Anotada. 3. ed. Coimbra Editora, 1993. p. 380), devendo a legislação, portanto, ter por finalidade a edição de critérios de organização que possibilitem aos clubes exercitar esse direito (MANOEL GONÇALVES FERREIRA FILHO. Comentários à Constituição Brasileira de 1988. São Paulo: Saraiva, 1989-1995. v. 4. p. 88).

Sobre a autonomia das entidades (art. 217, I, da CF), registro o entendimento da CORTE de que não se trata de soberania ou independência, nem se coloca acima do poder de regramento pela legislação competente. Nesse sentido, o julgamento da ADI 3.045 (Rel. Min. CELSO DE MELLO, Tribunal Pleno, julgado em 10/8/2005, DJe de 31/5/2007), ação em que se buscou a atribuição de interpretação conforme ao art. 59, *caput* e parágrafo único, do Código Civil, para excluir as entidades desportivas da abrangência desse dispositivo, que dispõe sobre a organização interna de associações.

(...)

Ou seja, o legislador previu um tratamento fiscal mais benéfico para as entidades aderentes ao PROFUT, por meio da concessão de favores fiscais (parcelamento e redução de débitos). É de conhecimento público o nível alarmante de endividamento dos clubes brasileiros de futebol profissional, que é associado a práticas de gestão não profissionais, ou mesmo de idoneidade questionável. A prática do futebol profissional, além de estar associado a uma especial proteção conferida pela Constituição (desporto, lazer e cultura), cumpre uma inegável função social junto a amplo segmento da sociedade brasileira, por sua expressão econômica, gerando emprego e renda, mas sobretudo pelo papel que exerce na identidade e cultura do povo brasileiro.

Por isso, há evidente fundamento constitucional para a edição de lei que pretendeu promover a melhoria do padrão de gestão do futebol profissional, visto não se tratar de atividade estritamente privada, mas de interesse público e social, objeto de especial tutela no texto constitucional.

A exigência de contrapartidas por parte das entidades aderentes se afigura plenamente constitucional. O objetivo do legislador, ao conceder favores fiscais (parcelamento e redução dos montantes devidos), não poderia ser, obviamente, a concessão de uma liberalidade graciosa, mas a efetiva melhoria das práticas desportivas, o que não pode ser alcançado apenas com a redução do montante de dívida dos clubes, ou o seu postergamento, mas exige o oferecimento de garantias quanto ao compromisso dos clubes e entidades aderentes com um padrão mínimo de transparência, profissionalismo e responsabilidade financeira.

Não é, portanto, uma intervenção arbitrária na autonomia das entidades desportivas, mas o consectário de um regime de cooperação entre o Poder Público e as entidades privadas. Veja-se que a voluntariedade da adesão a esse regime de cooperação esvazia a tese de interferência indevida na autonomia de entes que têm ao seu alcance a possibilidade de ficarem ao largo do PROFUT.

(...)

Por fim, cabe tratar da constitucionalidade do art. 40 da Lei 13.155/2015, que estabeleceu o atendimento a requisitos de natureza fiscal (apresentação de Certidão Negativa de Débitos) como critério técnico para habilitação de entidade de prática desportiva, inclusive com a possibilidade de rebaixamento de divisão às agremiações que não cumprirem tais requisitos não desportivos (fiscais e trabalhistas), que não apresentam nenhuma relação com o desempenho esportivo da entidade.

No caso, a imposição de decesso à categoria inferior da competição esportiva teria efeito imediato e drástico sobre as receitas auferidas pelo clube, tais como direitos de imagem e patrocínios. Há, em razão disso, uma grave desproporcionalidade na consequência prevista na lei para o comportamento do clube, ainda que se queira, como é o escopo do PROFUT, valorizar a responsabilidade pelo pagamento de tributos como imposição de um ideal de probidade na gestão do futebol.

É que o decesso à divisão inferior restringe a própria atividade desportiva exercida pelo clube profissional, comprometendo inclusive a sua capacidade econômica de adimplemento da obrigação tributária, mesmo daqueles clubes e entidades que não aderiram ao PROFUT. Nessa última hipótese, a inconstitucionalidade se coloca de forma mais intensa, pois tais clubes (não aderentes ao PROFUT) estariam submetidos a regime mais gravoso de exação fiscal, sem os bônus proporcionados pelo parcelamento e redução do montante de débitos fiscais.

Nesse ponto, portanto, estão presentes os mesmos pressupostos que determinaram a edição de diversos entendimentos sumulados da CORTE a respeito das chamadas sanções políticas, como referido na Sumula 70: "É inadmissível a interdição de estabelecimento como meio coercitivo para cobrança de tributo"; no enunciado 323: "É inadmissível a apreensão de mercadorias como meio coercitivo para pagamento de tributos"; e na Súmula 547, segundo a qual "[n]ão é lícito à autoridade proibir que o contribuinte em débito adquira estampilhas, despache mercadorias nas alfândegas e exerça suas atividades profissionais".[222]

Esse raciocínio coaduna-se, perfeitamente, com a linha que pretendemos desenvolver no Capítulo IV, haja vista considerar-se que, embora seja possível ao poder público a previsão de normas de integridade para organizações esportivas independentemente de atrelamento a benesses públicas, tal proceder deve ser guiado pelos princípios constitucionais, em especial a razoabilidade e a proporcionalidade.

2.3.4 O combate à dopagem como questão de integridade

Embora não seja relacionado à previsão de regras de governança para as organizações esportivas, o combate à dopagem é importante exemplo da parceria entre Estado e movimento esportivo no Brasil, no que tange à temática da integridade no esporte. A Lei nº 13.322, de 28 de julho de 2016 (conversão da Medida Provisória nº 718/2016), criou o Tribunal de Justiça Desportiva Antidopagem (TJD-AD) (art. 55-A), de composição tripartite, com representação do Estado, das organizações esportivas e dos atletas.[223]

---

[222] Trecho do voto do relator (BRASIL, 2016).

[223] "Art. 55-A. Fica criada a Justiça Desportiva Antidopagem – JAD, composta por um Tribunal e por uma Procuradoria, dotados de autonomia e independência, e com competência para: I – julgar violações a regras antidopagem e aplicar as infrações a elas conexas; e II – homologar decisões proferidas por organismos internacionais, decorrentes ou relacionadas a violações às regras antidopagem. §1º A JAD funcionará junto ao CNE e será composta de forma paritária por representantes de entidades de administração do desporto, de entidades sindicais dos atletas e do Poder Executivo. §2º A escolha dos membros da JAD buscará assegurar a paridade entre homens e mulheres na sua composição. §3º Os membros da JAD serão auxiliados em suas decisões por equipe de peritos técnicos das áreas relacionadas ao controle de dopagem. §4º A competência da JAD abrangerá as modalidades e as competições desportivas de âmbito profissional e não profissional. §5º Incumbe ao CNE regulamentar a atuação da JAD. §6º O mandato dos membros da JAD terá duração de três anos, permitida uma recondução por igual período. §7º Não poderão compor a JAD membros que estejam no exercício de mandato em outros órgãos da Justiça Desportiva de que trata o art. 50, independentemente da modalidade. §8º É vedado aos membros da JAD atuar perante esta pelo período de um ano após o término dos respectivos mandatos. §9o As atividades da JAD serão custeadas pelo Ministério do Esporte. §10. Poderá ser estabelecida a cobrança de custas e emolumentos

Anteriormente à criação do tribunal, já vinha o Estado brasileiro desenvolvendo ações de relevo no que concerne à prevenção e combate à dopagem. O Decreto nº 7.630, de 30 de novembro de 2011, criou a Autoridade Brasileira de Controle de Dopagem (ABCD), competente para promover e coordenar o combate à dopagem no esporte de forma independente e organizada, dentro e fora das competições, de acordo com as regras estabelecidas pela Agência Mundial Antidoping (AMA), e os protocolos e compromissos assumidos pelo Brasil (artigo 9º-A, inciso III).

A ABCD constituiu-se, a partir de 2011, como o órgão responsável pela realização das ações de controle e gestão de resultados relacionadas à dopagem no esporte. Suas atribuições foram trazidas ao patamar legislativo pela mesma Lei nº 13.322, de 28 de julho de 2016, que criou o TJD-AD, passando, a partir de então, a constituir-se como a "organização nacional antidopagem" para fins de atuação junto à AMA (artigo 48-B, da Lei Pelé).[224]

---

para a realização de atos processuais. §11. As custas e os emolumentos de que trata o §10 deverão ser fixadas entre R$ 100,00 (cem reais) e R$ 100.000,00 (cem mil reais), conforme a complexidade da causa, na forma da tabela aprovada pelo CNE para este fim. §12. O Código Brasileiro Antidopagem – CBA e os regimentos internos do Tribunal e da Procuradoria disporão sobre a organização, o funcionamento e as atribuições da JAD. §13. O disposto no §3o do art. 55 aplica-se aos membros da JAD. Art. 55-B. Parágrafo único. Os processos instaurados e em trâmite na Justiça Desportiva à época da instalação da JAD permanecerão sob responsabilidade daquela até o seu trânsito em julgado, competindo-lhe a execução dos respectivos julgados. Art. 55-C. Compete à JAD decidir sobre a existência de matéria atinente ao controle de dopagem que atraia sua competência para o processo e o julgamento da demanda. Parágrafo único. Não caberá recurso da decisão proferida na forma do *caput*" (BRASIL, 1998).

[224] "Art. 48-B. A ABCD, órgão vinculado ao Ministério do Esporte, é a organização nacional antidopagem, à qual compete, privativamente: I – estabelecer a política nacional de prevenção e de combate à dopagem; II – coordenar nacionalmente o combate de dopagem no esporte, respeitadas as diretrizes estabelecidas pelo CNE; III – conduzir os testes de controle de dopagem, durante os períodos de competição e em seus intervalos, a gestão de resultados, de investigações e outras atividades relacionadas à antidopagem, respeitadas as atribuições de entidades internacionais previstas no Código Mundial Antidopagem; IV – expedir autorizações de uso terapêutico, respeitadas as atribuições de entidades internacionais previstas no Código Mundial Antidopagem; V – certificar e identificar profissionais, órgãos e entidades para atuar no controle de dopagem; VI – editar resoluções sobre os procedimentos técnicos de controle de dopagem, observadas as normas previstas no Código Mundial Antidopagem e a legislação correlata; VII – manter interlocução com os organismos internacionais envolvidos com matérias relacionadas à antidopagem, respeitadas as competências dos demais órgãos da União; VIII – divulgar e adotar as normas técnicas internacionais relacionadas ao controle de dopagem e a lista de substâncias e métodos proibidos no esporte, editada pela Agência Mundial Antidopagem; e IX – informar à Justiça Desportiva Antidopagem as violações às regras de dopagem, participando do processo na qualidade de fiscal da legislação antidopagem. §1º A ABCD poderá delegar

CAPÍTULO II
ESTADO E ESPORTE NO BRASIL | 125

O TJD-AD passou a ser, em alinhamento à nova conformação do controle de dopagem no Brasil, a instância competente para o julgamento de todos os casos envolvendo dopagem, alterando significativamente a participação do Estado em tal seara, antes de responsabilidade exclusiva das organizações esportivas. Sua formatação – reduzindo a possibilidade de ocorrência de conflitos de interesses[225] e possibilitando a uniformização de sanções dentre as modalidades esportivas –[226] é considerada modelo mundial, tendo sido objeto de estudos de outros Estados.[227]

---

a competência para coleta de amostras e prática de demais atos materiais relacionados ao controle de dopagem. §2º No exercício das competências previstas no *caput*, a ABCD observará o disposto nos incisos VII e VIII do *caput* do art. 11. §3º A ABCD poderá propor ao CNE a edição e as alterações de normas antidopagem. §4º Os atos normativos da ABCD deverão ser submetidos à prévia análise da Advocacia-Geral da União" (BRASIL, 2020).

[225] A formatação anterior, em que cada Federação possuía, em seu bojo, Tribunal único com jurisdição para os casos disciplinares e de controle de dopagem, possuía maior abertura para a ocorrência de conflitos de interesses. Isso porque a própria estrutura da modalidade cujo atleta era fruto de investigação era a responsável por julgá-lo, dando uma abertura à ocorrência dos citados conflitos. Com o novo Tribunal, todas as modalidades esportivas são julgadas pelo mesmo órgão, distribuindo-se os processos de maneira aleatória e equitativa entre os auditores e permitindo, com tal proceder, uma maior imparcialidade dos julgamentos (eventuais conflitos de interesses são pontuais e deverão, nos termos do Regimento Interno do TJD-AD, ser informados pelos auditores imediatamente, sob pena de sanções éticas e disciplinares).

[226] Facilmente se verificou que, anteriormente à criação do TJD-AD, possuindo cada modalidade um Tribunal específico, as sanções aplicadas para uma mesma substância variavam demasiadamente, a depender de qual Tribunal as estava aplicando.

[227] Como é o caso de Angola, que estuda o modelo brasileiro com vistas a implantar um tribunal similar em sua jurisdição.

PARTE II

OLÍMPIA E O LEVIATÃ: UM CAMINHO PARA A COOPERAÇÃO

Cinzelando o corpo com exercício como um escultor faz uma estátua, o atleta antigo homenageava os deuses. Ao fazer o mesmo, o atleta moderno exalta sua pátria, sua raça, sua bandeira.[1]

---

[1] COUBERTIN citado por KESSOUS, 2016, p. 25.

CAPÍTULO III

ESTADO E ESPORTE
NO MUNDO

O Capítulo II, desenhado com o fito de apresentar a relação entre Estado e Esporte no Brasil e, especialmente, as iniciativas já existentes em matéria de integridade no esporte, permitiu verificar os vários influxos internacionais e estrangeiros que contribuíram para a formatação do arcabouço normativo hoje existente em nosso país. Veja-se que a peculiar organização do sistema jurídico esportivo[228] contribui para que as construções nacionais sejam alimentadas pelos modelos internacionais e estrangeiros, edificando-se um sistema autorreferenciado em que as inovações de um determinado subsistema nacional refletem nos demais subsistemas.[229]

Isso porque, conforme mencionado no Capítulo I, o sistema esportivo apresenta-se como um sistema autopoiético marcado pela internormatividade, em que as normas dos Estados nacionais sofrem reflexos das normas editadas pelas organizações esportivas internacionais, e vice-versa. Assim, a forma que um determinado Estado encontra para equilibrar as necessidades nacionais com as necessidades de regulação do movimento esportivo acaba se apresentando como um modelo passível de absorção – ainda que parcialmente – por outros Estados.[230]

---

[228] Vide Capítulo I.

[229] Esse processo de espelhamento entre subsistemas nacionais decorre do fato de serem todos referenciados, em última instância, em um sistema internacional, que os alimenta e deles retira algumas necessidades fundamentais. Assim, há uma espécie de influência recíproca entre os vários subsistemas, que se espelham nas soluções encontradas pelos outros.

[230] Não se está aqui a afirmar que as inovações normativas de um determinado Estado

Por essa razão, a importância de se estudar e comparar os modelos jurídicos de vários Estados avulta em relevância no âmbito esportivo. O estudo, no entanto, não deve ser aleatório, nem no que concerne à eleição do modelo a ser observado, nem no que concerne à forma como será feita a respectiva aproximação. Isso porque, como vimos, o Direito Desportivo nasce a reboque do reconhecimento político, pelos Estados, do fenômeno social a que denominamos esporte. E o modo como se efetiva tal reconhecimento, bem como as peculiaridades da sociedade em que se dá, são de inegável relevância para a conformação do modelo desportivo que ali se desenvolve.

Ao se colocar o foco na relação entre Estado e esporte na atualidade, dois são os modelos que se apresentam como exemplos relevantes, por ilustrarem as diferentes formas de composição de forças – em especial sob o prisma regulatório – entre Estados e organizações esportivas: o modelo norte-americano e o modelo francês.[231] Tais modelos demonstram, cada qual a sua forma, uma

---

nacional em matéria esportiva têm reflexos imediatos na conformação normativa de um outro Estado nesta matéria. O que se busca afirmar – e é este o foco e o motivo para a confecção deste Capítulo – é que, dada a peculiaridade deste sistema, em que os influxos internacionais demandam uma necessária abertura da tessitura normativa para as normas editadas pelas organizações esportivas, as soluções jurídicas encontradas por um determinado ente nacional para suas normas internas acaba servindo como exemplo e modelo para o enfrentamento da mesma problemática por outros entes nacionais, em um sistema cuja comunicabilidade é presente e constante.

[231] Outras poderiam ter sido as escolhas de comparação, haja vista as peculiaridades dos vários sistemas normativos nacionais em matéria de esporte. Em regra, os autores costumam realizar comparações exclusivamente no âmbito do sistema europeu, apresentando de um lado os modelos mais "interventivos" como o sistema francês ou português e, de outro, os modelos mais "liberais", como o sistema inglês ou dos países baixos. No caso, tratando-se esta de uma obra que transborda o espectro europeu, preferimos comparar sistemas que não se limitem àquele continente. Nada obstante, caso haja interesse no estudo das análises comparativas no bojo do sistema europeu, registre-se algumas linhas de artigo de Michel Hourcade, que bem ilustram o tema: "A universalidade do sistema esportivo oferece um vasto campo ao estudo comparativo das relações entre esporte e Estado. A França se situa neste domínio perto do polo de intervenção máxima do Estado, mesmo se esta intervenção, como vimos mais acima, encontra seus limites. As práticas europeias conhecidas, notadamente através do estudo realizado por demanda do Conselho de Estado pelo Centro universitário de estudos das comunidades europeias, se caracterizam pela abstenção de 'tutela' do Estado sobre o esporte (mesmo se o Estado aporta recursos financeiros para as federações). Na ausência de tutela formal, encontra-se uma simples conexão ministerial, albergada em três variações: cultura, interior ou turismo e espetáculo. A fórmula francesa de um ministro da juventude e dos esportes é, assim, excepcional. Simbólica de uma certa filosofia política, ela merece um estudo equilibrado sobre seu

CAPÍTULO III
ESTADO E ESPORTE NO MUNDO | 131

possível forma de cooperação entre Olímpia e o Leviatã, abrindo e iluminando o caminho para as construções doutrinárias que apresentarei no Capítulo IV.

O modelo norte-americano é reconhecido pela compreensão do esporte como um fenômeno eminentemente econômico, participando o Estado de sua estruturação apenas na medida da necessidade de regulação. Verberando os princípios do liberalismo clássico, rege-se, pois, pela lógica de livre mercado e pelo conceito de Estado mínimo – como qualquer outro setor econômico norte-americano. O modelo francês, a seu turno, é reconhecido pela presença marcante do Estado Promotor, ao lado do Estado Regulador, considerando-se também aquele como responsável, ao lado do setor privado, pelo desenvolvimento do esporte.

A contraposição de ambos os modelos – e de suas construções jurídicas relacionadas à proteção à integridade – servirá como combustível para verificarmos quais exemplos poderiam ser seguidos pelo Direito brasileiro. Em adendo, a análise das ideias já em discussão no cenário internacional servirá, como proposta de fechamento deste Capítulo III, para terminar de semear o terreno no qual serão plantadas as conclusões do capítulo final desta obra.

---

impacto real na vida esportiva, quando sabe-se, por exemplo, que após 1982, o ensino das atividades físicas e esportivas não é mais de sua competência, mas do Ministério da Educação nacional. Na Alemanha, na Grã-Bretanha, nos Países Baixos, o esporte se beneficia de uma autonomia administrativa e regulamentar total, no espectro de um sistema liberal no qual a noção de delegação não consegue ter andamento. Na Itália, o sistema de organização esportiva se inscreve em uma lógica de direito público com a criação de um estabelecimento público de caráter profissional, o Comitê Olímpico Nacional Italiano. Na prática, este Comitê adquiriu uma independência quase total em relação aos poderes públicos. Em caso de litígio, estes mesmos países manifestam suas preferências por um regulamento interno de disputas. Sua preocupação de não recorrer ao arbítrio do juiz de direito comum alinha-se à vontade das federações esportivas internacionais de editar um direito transnacional especializado e de evitar os recursos perante os tribunais. Esta situação é o oposto daquela descrita para a França. Não obstante, os países europeus (e isto é verificável também nos Estados Unidos, como visto no caso Reynolds) não economizaram nos anos recentes os casos esportivos complexos e, por vezes, retumbantes. É o motivo pelo qual um debate teórico pôde se abrir na Alemanha ou nos Países Baixos. No primeiro caso, a contradição apareceu quanto ao monopólio estatal de imposição de sanção judicial que resulta do artigo 92 da Lei Fundamental. Nos Países Baixos, foi invocado o artigo 17 da Constituição ('ninguém pode ser impedido de buscar a justiça'). Não se pode deixar de registrar, aqui, o paradoxo que opõe esses Estados, pouco intervencionistas em matéria esportiva mas dotados de regras constitucionais explicitas, à França, onde nenhum princípio de valor constitucional legitima, regra geral, a intervenção do juiz, mesmo que isso seja prática corrente" (HOURCADE, 1996, trad. nossa).

3.1 O modelo esportivo norte-americano e suas especificidades

O modelo desportivo norte-americano gera, a um só tempo, curiosidade e desconfiança, haja vista as peculiaridades que o transformam em um modelo de sucesso para o esporte de elite, mas de alegada carência em relação à função social do esporte.[232] Em consulta aos seus membros, a Comissão Europeia publicou documento no qual considerou que, nos Estados Unidos da América, o esporte não é visualizado em sua concepção de lazer e sob a ótica da contribuição social que enseja, mas como um negócio operado por profissionais. Nada obstante, o mesmo documento apresentou os benefícios vinculados àquele modelo, o qual não estaria relacionado às características negativas do modelo europeu, como o ultranacionalismo, o racismo, a intolerância e o "hooliganismo".[233]

De toda forma, independentemente das impressões que ultrapassam o objetivismo – como as acima referenciadas –, as principais características distintivas do modelo esportivo norte-americano podem ser assim listadas: (i) uma afiada distinção entre o esporte amador e profissional, preferindo-se a organização mais aberta para aqueles e a construção de ligas para estes últimos;[234] (ii)

---

[232] É esta a opinião de muitos daqueles que observam, externamente, esse sistema, em especial nos países Europeus. Um exemplo relevante é apresentado por James A. R. Nafziger, em nota do texto *A Comparison of the European and North American Models of Sports Organization, in verbis:* "De fato, parece que os britânicos consideram qualquer aspecto da americanização do mundo esportivo digno de receio. Assim, por exemplo, o jornal 'The Guardian' reportou reclamações, em 1995, que os estádios britânicos começaram a, cada vez mais, parecer àqueles da América e estão agora equipados com bons assentos, restaurantes, e até pistas de dança: abolindo aquelas infames seções sem cadeiras ou terraços, aonde cerca de cem pessoas perderam a vida em tumultos em Hillsborough, em Sheffield, fazendo o esporte muito 'legal'. Em 1998, o jornal 'The Independent' entoou: 'A gradual americanização dos esportes britânicos, em termos de cobertura onipresente e potencial de ganhos, significa que a simpatia está em maior prêmio, como nunca antes.' A Americanização foi igualmente culpada por fãs da domesticação, os quais previamente preocupavam-se passionalmente sobre qual partida estavam assistindo; atualmente, eles supostamente vão a eventos primordialmente para verem e serem vistos. Andrei S. Markovits, Western Europe's America Problem, Chron. Higher Ed., Jan. 19, 2007, at B6, B8" (GARDINER *et al.*, 2009).

[233] NAFZIGER, 2009, p. 40.

[234] "As ligas são associações de time independentes; eles existem para promover o interesse comum dos seus times membros, no qual são firmas operadas separadamente. Os times decidem coletivamente interesses da liga nas realocações de times, expansões, divisão de receitas, e contratos de media." A gestão territorial das ligas é realizada numa base

o importante papel desempenhado pelas escolas e universidades;[235] (iii) a construção de competições fechadas, com número pré-definido de equipes, passando a aceitação de novos membros na Liga pela apreciação das próprias equipes que a integram; (iv) uma intensa comercialização do esporte; (v) um extenso sistema de contenção de jogadores e equipes, impondo restrições à liberdade de transferência dos atletas e (vi) a existência de um sistema de barganha coletiva, por meio de acordos coletivos de trabalho.[236]

As características destacadas permitem visualizar que a estruturação da administração do esporte norte-americano reflete, em certa medida, o próprio sistema político dos EUA (democracia presidencialista) e o seu sistema de produção de riquezas (capitalismo). O elemento de proteção é o próprio sistema – no caso do esporte, as Ligas –, e, a partir da proteção deste, estarão também protegidos os demais atores do sistema – como, no âmbito esportivo, os clubes e jogadores –; a conformação capitalista permite conceber-se que apenas o melhor vencerá, impondo-se aos centros formadores – como escolas e universidades – a percepção dos talentos que serão absorvidos pelo mercado.[237]

---

de "conquista de monopólio, sem, contudo interferir com o sistema de competição intercolégios e universidades" (DANIELSON, 2004, p. 34, citado por FUKAI, 2011, p. 39).

[235] A participação do Estado norte-americano no esporte é mais visualizada através do investimento realizado na formação esportiva na escola e nas universidades. Assim, "o fomento à prática desportiva pelo Estado e o estímulo à competitividade e ao rendimento, portanto, se iniciam na educação básica e são promovidos de forma igualitária e sem restrições, a todos os estudantes norte-americanos, os quais veem, na escola, seu primordial meio de praticar o desporto. Ao ingressar no nível universitário, por sua vez, o estudante e futuro atleta norte-americano não se depara com a comum indagação de um brasileiro. As Universidades, públicas ou privadas, detém impecável infraestrutura desportiva de ponta, a causar inveja em muitos dos melhores clubes brasileiros, senão todos, além de oferecer, usualmente, bolsas para atletas que compreendam todos os custos educacionais, permitindo com que estes tenham um diploma superior sem abdicarem da prática desportiva. A excelência da formação desportiva escolar e universitária norte-americana é tão grande, que a esmagadora maioria dos recrutas das grandes ligas do país (NBA, NFL, NHL e MLB), advém das universidades ou, até mesmo, diretamente dos colégios. Além disto, caso o atleta, após o esgotamento de sua formação desportiva completa – e sem custos –, não venha a encontrar no esporte um meio de vida, sua subsistência estará amparada por uma graduação de nível superior, tornando facilitado seu ingresso no mercado convencional de trabalho. Neste cenário, pode-se dizer que há um abismo entre os graus de participação do Estado Brasileiro e do Estado Norte-Americano na formação desportiva. E este pode ser mensurado pela abissal diferença entre ambos no quadro de medalhas dos Jogos Olímpicos" (MERLONE, 2016).

[236] NAFZIGER, 2009.

[237] "A redução da incerteza ambiental, e em particular aquela dos esportes, pela implementação

A abertura da tessitura regulamentar permite a apropriação, pelo setor privado, do espaço de atuação deixado pelo poder público.[238] Embora haja a previsão de importantes regramentos, como o Amateur Sport Act,[239] o sistema desportivo norte-americano é calcado mais na liberdade de atuação dos *stakeholders* no setor,[240]

---

da franquia em nível europeu (chamada de 'Super Liga'), cujo acesso parece ser reservado a uns poucos prestigiados e midiáticos clubes, vem crescendo regularmente nos últimos quinze anos no mundo do futebol profissional. Na forma como organizado na Europa, o futebol professional é baseado no princípio do mérito esportivo, sendo dadas chances aos clubes menos renomados para participarem nas competições nacionais e internacionais se suas performances esportivas lhe garantirem acesso à divisão de elite. Ao contrário, um clube de prestígio pode ser rebaixado para uma divisão inferior no caso de performances esportivas insuficientes durante uma temporada. Consequentemente, é o mundo esportivo que reclama por autonomia do mundo econômico, baseado em investimentos financeiros que necessitam, em absoluto, ser tornados lucrativos. A lógica é totalmente diferente nos esportes profissionais na América do Norte. De fato, o princípio mais importante é o da franquia na qual o clube, independentemente de sua performance esportiva, mantém sua posição, em função da franquia. O problema não é mais o ranking de sucesso de um clube comparado a outro para capturar receitas, mas, mais propriamente, o sucesso no *ranking* de uma liga comparada com outra para maximizar o número de direitos de reprodução os quais, aliás, explicam o fracasso da liga de futebol norte-americana nos anos 80 (e o emblemático time New York Cosmos). A franquia constitui uma unidade econômica de referência baseada na cartelização e na governança coletiva deliberada. Os membros da franquia perseguem uma estratégia coordenada para desenvolver e vender um produto atrativo. Potenciais reorganizações são planejadas pela própria franquia, que, adicionalmente, define tipos de regulações sofisticadas a respeito da transferência dos jogadores mais talentosas para balancear as forças em operação e evitar o ultrajante e durável domínio de um único clube. Esse é o conhecido 'draft', sintetizado, no que concerne aos seus mecanismos, por Bourg e Gouguet: 'o *draft* outorga aos clubes direitos exclusivos a novos jogadores que já são parte da franquia ou provenientes dos campeonatos universitários, ligas de menores ou ligas estrangeiras'" (GILLES, 2015, trad. nossa).

[238] Trata-se de característica não exclusiva do esporte, apresentando-se o modelo de políticas públicas norte-americano, como um todo, como um modelo bastante orientado ao setor privado, construindo-se o Estado de Bem-Estar Social sobre bases não necessariamente publicistas, como ocorre, em regra, no cenário europeu e latino-americano. Segundo Dionne L. Koller, "nos Estados Unidos, há uma crença central na liberdade individual e na liberdade ante a regulação estatal. Como resultado, a crença na mínima intervenção governamental mantém muitos assuntos fora da agenda do governo. O esporte, de modo geral, é um deles. O senador John McCain sumarizou a aproximação sobre o tema muito bem, quando perguntado por Dan Patrick sobre quanto o governo deveria se envolver no esporte. McCain respondeu 'o mínimo possível'. A única exceção que McCain permitia era o caso de drogas de melhora na performance, em relação às quais McCain afirmava estar presente uma singular situação para envolvimento governamental para garantir a justiça e proteger as crianças" (KOLLER, 2015, p. 4, trad. nossa).

[239] O Amateur Sport Act é o código responsável pela organização do esporte amador nos Estados Unidos da América.

[240] "(...) as competições são determinadas com base em seu potencial econômico e de fomento de negócios, não havendo nesse setor qualquer subsídio direto pelo Estado. A política nacional de esporte aposta na interação entre Estado, com um caráter eminentemente regulador, notadamente no que tange ao nível amador, e iniciativa privada, que comanda clubes e federações" (ALVES; PIERANTI, 2004, p. 8 citados por FUKAI, 2011, p. 47).

havendo a intervenção do Estado apenas de forma pontual e, principalmente, na formação básica do atleta, na escola e nas universidades.[241]

O sistema esportivo norte-americano é desenhado, assim, de forma diversa da pirâmide europeia – repetida em outros sistemas, como no Brasil. Trata-se aquele de sistema horizontalizado, cujas organizações se conectam mutuamente, haja vista existir a efetiva influência, a par das federações, também das ligas, das universidades e de outras estruturas de relevância para o esporte. A regulamentação da matéria é fluida e não específica (inexiste uma legislação central sobre o esporte nos EUA),[242] aplicando-se regras relacionadas, por exemplo, à legislação trabalhista e antitruste[243].

Nada obstante, não se deve cair na armadilha de entender o sistema esportivo norte-americano como um sistema esportivo "paraestatal".[244] A participação do Estado na configuração esportiva norte-americana é construída em um sistema *bottom-up*, em que as políticas públicas esportivas são desenvolvidas majoritariamente pelos governos locais (*county* ou *city level*), por meio do desenvolvimento da base do sistema esportivo (escolas) e do estímulo ao ingresso de atletas no esporte universitário.[245]

---

[241] Embora as Universidades norte-americanas não sejam públicas, os Estados editam regulações para a prática esportiva e suas consequências. Assim, por exemplo, recente legislação do estado da Califórnia a respeito do recebimento de patrocínios. Veja-se a seguinte reportagem jornalística sobre o tema: LAURENCE, 2019.

[242] Ressalvado o antes citado Amateur Sport Act.

[243] Anote-se que no sistema europeu a aplicação de regras trabalhistas e de concorrência é também comum, inclusive pela União Europeia.

[244] Há constante referência ao modelo norte-americano como um modelo em que a participação do Estado seria (quase) inexistente, do ponto de vista de regulamentação formal, embora presente sob o aspecto da instrumentalização para finalidades políticas (Barrie Houlihan alude a uma interferência não frequente, mas significativa quando ocorrida) (HOULIHAN, 1997). Nada obstante, verifica-se a existência de uma preocupação estatal com o tema, embora construída de forma diversa do modelo europeu, como veremos mais adiante.

[245] "A ausência de políticas estatais para o desenvolvimento esportivo diminui em nível local, onde os governos fornecem algumas oportunidades esportivas. O desenvolvimento do esporte popular, o qual é a base da pirâmide de esportes norte-americana, ocorre por meio das escolas públicas e dos departamentos públicos de parques e recreação. Os locais variam segundo o Estado, operando em nível de condado em algumas jurisdições, e em nível de cidade em outras jurisdições. Novamente, contudo, nenhum sistema de governo é mandatório para servir como um sistema nacional de desenvolvimento esportivo. Na verdade, quando a Associação Nacional de Recreação e Parques (a associação nacional profissional para parques e recreação) aplicou para ser membro da USOC (como uma organização multiesportiva comunitariamente baseada), a aplicação foi negada. Nada

A regra no esporte de competição norte-americano é, portanto, a não intervenção estatal nos assuntos considerados próprios da *lex sportiva*, deixando ao livre mercado a regulação da matéria, especialmente em relação ao esporte de competição.[246] A ausência de interesse estatal no tema não provoca, no entanto, total ausência de influência das políticas públicas do governo norte-americano na seara esportiva. Emily Sparvero, Laurence Chalip e B. Christine Green[247] destacam três exemplos nos quais haveria a influência da política pública governamental no esporte norte-americano.

O primeiro deles relaciona-se com a aplicabilidade da legislação antitruste, a qual será objeto de enfoque próprio ainda neste Capítulo. O segundo refere-se ao Título IX das Emendas de Educação de 1972, cujo texto, embora direcionado à proibição da discriminação em programas escolares e atividades financiadas por recursos públicos em geral, foi utilizado para a garantia de igualdade das mulheres no esporte escolar.[248] O terceiro é o Código

---

obstante, na maioria dos departamentos de parques e recreação, os programas infantis em esportes populares escolares – particularmente baseball, basquetebol, futebol, natação e futebol americano – são frequentemente desenhados para criar e alimentar talentos para as escolas de segundo grau e para promover treinamento durante a temporada de férias" (HOULIHAN; GREEN, 2008, p. 248, trad. nossa).

[246] Embora a regra, nos Estados Unidos da América, seja a não intervenção na seara esportiva, o Estado – como sói acontecer em qualquer de suas formatações modernas – é, muitas vezes, chamado a – ou se sente imbuído a – intervir na seara esportiva (vide a alusão, realizada no Capítulo I, ao esporte como ferramenta de *soft power*). Interessante reportagem, publicada na revista *The Week*, destacou cinco oportunidades em que os Estados Unidos da América interviram no mundo esportivo: (i) Theodore Roosevelt teria "salvo" o futebol americano ao, combater a ideia do presidente da Universidade de Harvard, Charles W. Elliot, no ano de 1905, de abolir o jogo, influenciando na elaboração de regras para conter a violência que lhe era ínsita; (ii) o presidente Jimmy Carter, em protesto à ocupação soviética do Afeganistão, não enviou seus atletas para competir nos Jogos Olímpicos de 1980, em Moscou; (iii) com o início das investigações por dopagem na Major League Baseball, a polícia federal entrou no circuito e condenou grandes nomes da modalidade, inclusive pelo cometimento do crime de perjúrio; (iv) a legislação norte-americana reconhecida, nos anos 1970, por permitir a participação, em igualdade de condições, das mulheres nas competições esportivas, foi usada, em decisão de 2012, para definir que "cheerleading" não seria uma modalidade esportiva e, pois, não estaria no espectro de proteção daquela lei e (v) recentemente, o governo norte-americano estendeu a modalidade de visto outorgada aos atletas àqueles que praticam os "e-sports", reconhecendo, pois, a prática de tais atividades como esporte (EBERSPACHER, 2015).

[247] HOULIHAN; GREEN, 2008, p. 242-271.

[248] Em razão da discussão dessa questão, "a Associação Colegiada Nacional dos Atletas (NCAA), que possui como responsabilidade principal a governança e supervisão dos atletas universitários nos Estados Unidos, criou uma categoria de "esportes em emergência" para as mulheres em auxílio ao cumprimento, pelas escolas, do Título IX" (HOULIHAN; GREEN, 2008, p. 244, trad. nossa).

do Esporte Amador, publicado em 1978 e emendado em 1996, o qual garante ao Comitê Olímpico norte-americano todos os direitos e responsabilidades associados ao desenvolvimento do esporte de competição, por meio das demais organizações esportivas.

Nada obstante, verifica-se que a única supervisão realizada pelo Estado em relação às atividades desenvolvidas pelo Comitê Olímpico é a necessidade de apresentação de cópia de seu relatório anual ao Congresso Nacional,[249] inexistindo outros sistemas de controle das atividades desenvolvidas.[250] Ao lado de tais exemplos agregamos pessoalmente um quarto, que também será objeto de desenvolvimento neste capítulo e que se relaciona com a política antidopagem norte-americana.

3.1.1 Organizações esportivas norte-americanas: monopólios e truste

No tocante ao já citado sistema de proteção antitruste, sua aplicabilidade ao setor esportivo – embora não delineado para esse fim específico – é bem conhecida da doutrina, haja vista a carência de regras específicas para a regulação das modalidades. Assim, bem cedo[251] se verificou tendência da Suprema Corte dos Estados Unidos

---

[249] Na prática, no entanto, inexiste qualquer Comitê ou órgão do Congresso Nacional responsável pela análise e avaliação do relatório, assim como não há nenhuma agência federal ou oficial de governo responsável por questões relacionadas à política esportiva.

[250] A crítica, desenvolvida por parte da doutrina, é a de que o governo norte-americano apenas interviria na atividade esportiva como forma de privilegiar as ligas, e não com o fito de proteção dos atletas. Assim, afirma Dionne L. Koller (2015, p. 5), que "(...) o tipo de envolvimento governamental que não é bem-vindo nem pelas ligas esportivas nem pelos administradores, e a maioria dos políticos, é o tipo que poderia usar a lei para regular o propósito, o conteúdo ou a administração dos programas esportivos. Tal regulação poderia variar de, por exemplo, a oferta de esporte nas escolas; a firma como as escolas de segundo grau públicas, as faculdades e universidades estruturam, administram e pagam para seus programas esportivos e como regulam seus atletas; e mesmo as regras de jogo. Como já previamente afirmei, uma mais precisa formulação de nosso atual entendimento quanto à relação entre governo e esportes é que é desejável que o governo outorgue suporte financeiro e utilize a lei para privilegiar as ligas esportivas e seus reguladores, mas a lei não deve ser usada para diretamente regular o conteúdo e a conduta das ligas esportivas e seus programas, especialmente quanto à administração de seus atletas. Em resumo, a história do governo e do esporte nos Estados Unidos revela que, em geral, o governo intervém para cuidar das necessidades das ligas esportivas, não dos atletas".

[251] Na década de 1950 já se colhem precedentes da Suprema Corte relacionados ao futebol americano (Radovich v. NFL, 352 U.S. 445, 1957) e ao boxe (U.S. v. Int'l Boxing Club, 348

em aplicar a Lei Sherman (principal ato antitruste norte-americano) para as contendas relacionadas ao esporte, especificamente aqueles organizados em Ligas.[252]

U.S. 236, 1955), no tocante à aplicação da legislação antitruste – especificamente a Lei Sherman – para questões esportivas.

[252] Nada obstante, possui o baseball construção jurisprudencial específica, não se aplicando a Lei Sherman na forma aplicável às demais modalidades esportivas. Segundo Matthew J. Mitten, "a legislação antitruste federal, popularmente conhecida como a Lei Sherman (nominada em homenagem ao senador Sherman, que patrocinou essa legislação), desempenhou um papel significativo no desenvolvimento, estruturação e governança das ligas esportivas profissionais dos Estados Unidos. Entretanto, é irônico que em 1922, a primeira vez que a Suprema Corte dos Estados Unidos considerou como antitruste um caso envolvendo esportes profissionais, a Corte proferiu entendimento de que as leis federais antitrustes não seriam aplicáveis ao baseball profissional. No caso Federal Baseball Club of Baltimore, Inc. v. National League of Professional Baseball Clubs, o requerente alegou que a Liga Americana e a Liga Nacional teriam conspirado para monopolizar o baseball profissional nos Estados Unidos, ao adquirirem todos os clubes da Liga Federal, com exceção do clube Baltimore, de Maryland. Isso fez com que a Liga Federal tive que encerrar suas operações, o que deixou o requerente sem nenhuma liga de baseball na qual jogar, porque as Ligas Americana e Nacional eram ligas fechadas. A Suprema Corte decidiu que o baseball profissional organizado não poderia se sujeitar à Lei Sherman, e dispensou a queixa do requerente. O Congresso Nacional promulgou a Lei Sherman de acordo com sua autoridade constitucional federal para regular o comércio interestadual entre os cinquenta estados norte-americanos. Ele não tem poder para regular inteiramente o comércio interno dos estados por legislação federal, como é o caso da Lei Sherman. A Corte reconheceu que o baseball profissional é um negócio, satisfazendo, pois o requerimento de comércio da lei, mas conclui que "exibir o baseball... é puramente um assunto estadual". Embora clubes de baseball profissional cruzem as linhas estaduais para jogar as partidas, a Corte observou que os jogos ocorriam integralmente dentro de um estado e não envolviam movimentos de bens interestaduais, o qual seria o único comércio objeto da Lei Sherman, já que a Corte interpretou restritivamente a autoridade do Congresso para regular o comércio interestadual durante os anos 20. A Suprema Corte posteriormente tomou uma visão muito mais ampla sobre a autoridade constitucional do Congresso para regular, decidindo que outras modalidades esportivas profissionais, como futebol americano, basquetebol e boxe seriam sujeitas à Lei Sherman, visto que suas atividades de negócio, que são nacional em extensão, envolvem comércio interestadual. Em 1972, no caso Flood v. Kuhn, a Suprema Corte reconheceu que o baseball professional, como as outras organizações e ligas esportivas profissionais, 'é engajada em comércio interestadual'. Nada obstante, a Corte recusou eliminar a exceção já com cinquenta anos de idade, aplicável ao baseball, ao afastar o precedente do Federal Baseball Club. Reconhecendo que seria inconsistente excepcionar o baseball, mas não as outras modalidades esportivas da Lei Sherman, a Corte atestou que esta 'aberração' é justificada 'pelas características e necessidades únicas do baseball'. Observando que legislações foram repetidamente introduzidas pelo Congresso para remediar a situação, mas nenhuma foi promulgada, a Corte explicou que 'desde 1922 o baseball, com plena e contínua preocupação congressional, foi autorizado a desenvolver e expandir sem entraves oriundos da ação legislativa federal'. Assim, o jogador da MBL Curt Flood foi impedido de desafiar, com fundamento no antitruste, a 'cláusula de reserva' da Major League Baseball, a qual permite que o clube detenha direitos perpétuos a um jogador, mesmo após a expiração de seu contrato. (...) Em 1998, o Congresso promulgou a Lei Curt Flood (nominada em homenagem ao jogador da MLB que foi o requerente no caso Flood v. Kuhn), a qual limitou a ampla imunidade à legislação antitruste aplicável ao baseball. Essa legislação, que é produto de um esforço conjunto entre o lobby no Congresso pela

CAPÍTULO III
ESTADO E ESPORTE NO MUNDO | 139

O fundamento da aplicação da legislação antitruste está na própria construção fechada das Ligas, em relação à qual já pincelamos algumas nuances. Construindo-se as Ligas em torno dos clubes, em um sistema autorreferenciado de proteção e manutenção de interesses, os acordos internos podem, em algumas situações, prejudicar as partes consideradas "mais fracas", em especial os atletas. Isso porque, organizando-se todas as partes contratantes – em um setor que pode ser considerado como um monopólio (ou um oligopólio), como veremos adiante – em uma mesma estrutura, as regras estabelecidas podem ensejar abuso de tal posição jurídica privilegiada,[253] abuso este sujeito à atuação estatal.

Assim, as Ligas, formadas pela união de vários clubes para perseguir objetivos comuns, são equiparadas, pelas cortes norte-americanas, a cartéis e, pois, sujeitas à repressão estatal sob a Lei Sherman. Neste sentido, em 1984 a Suprema Corte adotou[254] o entendimento, aplicável às Ligas, de que as ações realizadas pelos supostos envolvidos em cartelização deveriam passar por um teste de "unidade de interesses", de maneira a que fosse possível diferenciar os acordos estritamente internos para administração dos negócios daqueles considerados ilegais, por serem anticompetitivos, ao estabelecerem relações entre os times componentes das Ligas, em exclusão aos demais.[255]

A ideia por trás da aplicação da legislação relativa aos cartéis às ligas esportivas dos Estados Unidos da América em muito se assemelha à associação – muitas vezes realizada pela doutrina jus desportiva – entre o poder exercido pelas organizações de

---

MLB e pelo sindicato dos jogadores, em atenção à previsão no seu Código de 1994, deu aos jogadores da MLB o mesmo direito de desafiar os termos de seus contratos de trabalho sob fundamentos antitrustes daquele dos demais atletas profissionais. Nada obstante, a Lei Curt Flood não permite os desafios com fundamento no antitruste a qualquer conduta ou acordo relacionado ou que afete um contrato de trabalho de um jogador de uma "minor league" de baseball" (MITTEN, 2008, trad. nossa).

[253] Sobre o conceito de posições jurídicas, veja-se, por todos: MELLO, 2007.

[254] "Caso Copperweld *v.* Independence Tube Corp." (USA, 1984).

[255] Tendo em vista a corrente jurisprudencial apontada, as Ligas têm buscado mecanismos de defesa, passando a asseverar que "(...) elas não constituem cartéis, mas, ao contrário, uma entidade singular. Assim, a colusão é interna e além do alcance da Lei Sherman. Sob a tese da entidade singular, as equipes não mais poderiam conspirar ilegalmente uns com os outros mais do que poderiam os membros do conselho de uma corporação. Infelizmente para as ligas, entretanto, as cortes norte-americanas não têm sido muito receptivas em classificar as ligas esportivas profissionais como entidades singulares" (NAFIZGER, 2009).

administração do esporte e os monopólios comerciais.[256] Isso porque, ao integrarem a pirâmide normativa e de influência cujo ápice atinge as federações internacionais, as organizações esportivas passam a exercer, no bojo da modalidade que administram, um monopólio *de facto*, haja vista ser necessário, para a efetiva participação em tal modalidade, a aceitação das regras impostas por aquelas organizações.

> Uma característica marcante do esporte moderno é o grau de controle das atividades de sua própria modalidade pelas organizações de administração nacionais e internacionais. É impossível, por exemplo, jogar futebol neste país (Inglaterra) acima do nível de um "bate-bola" no parque ou na rua, exceto sob os auspícios da Associação de Futebol, e indiretamente a Federation Internationale de Football Associations (FIFA) a qual todas as associações nacionais de futebol são afiliadas. Se você não faz o que eles mandam, você não joga. Nenhum contrato é necessário. Não há nenhum outro meio, na prática, de organizar ligas e times e obter índices para jogos propriamente amadores ou profissionais. A possibilidade de competições rivais ou associações operando fora da estrutura estabelecida das associações nacionais e internacionais de futebol é fantasiosa.[257]

Ao tratar-se, pois, da proteção do esporte por meio da legislação relacionada ao antitruste ou aos monopólios, protege-se a citada integridade do esporte, na medida em que se busca manter a abertura da competição àqueles que mereçam, com seus esforços individuais e coletivos, alcançar o pódio, e não aos interesses comerciais ou financeiros que, muitas vezes, acabam por balizar a atuação das organizações esportivas.

---

[256] O tema será mais profundamente desenvolvido no Capítulo IV, por se tratar de uma das bases de sustentação da tese que se pretende defender. Nada obstante, já é possível assinalar, dentre os doutrinadores que se debruçaram sobre tal associação, as lições de Jean-Marc Duval (2002, p. 57-69) e de Lloyd Freeburn (2018).

[257] FREEBURN, 2018, p. 87, trad. nossa. Da mesma forma, um atleta de futebol brasileiro, por exemplo, poderá, como atividade de lazer, praticar sua modalidade esportiva de eleição quando e como desejar. Nada obstante, para competir profissionalmente, deverá integrar-se a um sistema organizado que, no Brasil, é encabeçado pela Confederação Brasileira de Futebol (CBF), esta responsável por dispor sobre as regras de ingresso e manutenção no microssistema de prática desta atividade esportiva. A participação nas competições de relevo do país, como o Campeonato Brasileiro de Futebol, depende da submissão do atleta às regras impostas por aquela organização, quer com elas concorde, quer delas discorde, sem margem à discussão de seus termos. Essa temática será mais bem explorada no Capítulo IV.

3.1.2 O exemplo da legislação antidopagem e a atuação estatal

A legislação antidopagem norte-americana é considerada, por muitos autores, exemplo relevante de atuação estatal em matéria esportiva, haja vista ter ocorrido, nas palavras de Dionne L. Koller, o alcance de um *tipping point* (que pode ser traduzido como "ponto crítico") em que o Estado norte-americano percebeu a necessidade de inserção mais profunda neste específico domínio esportivo.

A outorga ao domínio privado da regulação esportiva, em observância ao livre mercado referendado pelos termos do Amateur Sports Act, teria ensejado a pressão nos atletas para utilizarem substâncias aptas a aumentar-lhes a performance (dopagem), assim como contribuído para a existência de conflitos de interesses nos órgãos responsáveis pelos testes e julgamentos dos casos de quebra das regras de competição por meio da dopagem.[258]

O enunciado *tipping point* teria ocorrido na década de 1990, quando o Escritório Nacional de Políticas para Controle de Drogas (Office of National Drug Control Policy – ONDCP) anunciou uma estratégia nacional para o combate do uso de drogas e da dopagem no esporte. O governo norte-americano, já nos anos 2000, auxiliou a criação da Agência Mundial Antidopagem (AMA)[259] e participou ativamente na regulação internacional da matéria, através da elaboração do Código Mundial Antidopagem, em 2003.

Na óptica nacional, foi criada, sob a forma de associação sem fins lucrativos, a Agência Antidopagem dos Estados Unidos (United States Antidoping Agency – USADA), a qual foi reconhecida, por

---

[258] Em audiência no Congresso, na década de 1970, o atleta olímpico Phil Shinnick testemunhou que, nos Estados Unidos, o movimento olímpico estaria "inundado" de substâncias proibidas. Segundo o ex-atleta, "as drogas não deveriam ser parte das modalidades amadoras, o processo deveria ser tão importante quanto o produto, e os esportes deveriam ser uma extensão da expressão humanas, definidos pelo indivíduo, mas, infelizmente, nos esportes norte-americanos e na nossa sociedade, parece existir uma estrutura que outorga uma alta ênfase em vencer" (KOLLER, 2015, p. 10, trad. nossa). O Congresso também ouviu testemunhos de que tal procedimento não era restrito aos esportes olímpicos, sendo também verificável nos esportes considerados, nos Estados Unidos, como profissionais, a saber, o baseball e o futebol americano. (Veja-se, sobre o tema, USA, 1973).

[259] Conhecida internacionalmente como WADA, pela denominação em língua inglesa "World Antidoping Agency".

meio da Lei nº 107-67, como a organização antidopagem oficial para o sistema esportivo norte-americano.[260][261] A importância outorgada pelo governo a tal organização, responsável pelo controle de dopagem e pelo julgamento das respectivas infrações no sistema esportivo do país, é verificável pelo subsídio financeiro outorgado,[262] ao lado da fiscalização desempenhada pelo Congresso Nacional quanto ao exercício de suas atividades.[263]

Assim, embora a regra, nos Estados Unidos da América, seja a reduzida inserção estatal no domínio esportivo, verifica-se que, especialmente no tocante à proteção à integridade do esporte – quer sob o viés do esporte justo (aplicação da legislação antitruste), quer sob o viés do esporte limpo (estruturação do combate à dopagem do esporte) –, o Estado norte-americano percebeu a necessidade de sua participação, passando a regular – legal ou jurisprudencialmente – matérias de interesse da sociedade esportiva como um todo.

Veremos que, à diferença dos Estados Unidos da América, o Estado francês não tem uma inserção reduzida e, pois, a regulação dos aspectos relacionados à integridade no esporte apresenta-se como consectário lógico de sua própria atuação na matéria.

---

[260] Lei 107-67, Seção 644: "O Congresso dos Estados Unidos reconhece a Agência Antidopagem dos Estados Unidos (USADA) como a agência antidopagem oficial para os esportes olímpicos, pan-americanos e paralímpicos nos Estados Unidos" (USADA, [2019], trad. nossa).

[261] Segundo Código Norte-americano, a USADA deve: (1) servir como uma organização antidopagem independente para as competições esportivas amadoras reconhecidas pelo Comitê Olímpico norte-americano e ser reconhecida mundialmente como a organização nacional antidopagem independente dos Estados Unidos; (2) garantir que os atletas que participem em atividades esportivas amadoras reconhecidas pelo Comitê Olímpico dos Estados Unidos sejam inibidos de utilizar substâncias para incremento de performance ou métodos proibidos para incremento de performance, conforme adotado pela agência; (3) implementar educação antidopagem, pesquisas, testes e programas de adjudicação para evitar que os atletas amadores dos Estados Unidos participem em qualquer atividade reconhecida pelo Comitê Olímpico dos Estados Unidos utilizando substâncias de incremento de performance ou métodos proibidos para incremento de performance, conforme adotado pela agência; (4) servir como o representante dos Estados Unidos responsável pela coordenação, conjuntamente com as outras organizações antidopagem, nas competições esportivas amadoras reconhecidas pelo Comitê Olímpico dos Estados Unidos, por garantir a integridade da competição esportiva, a saúde dos atletas, e a prevenção do uso pelos atletas amadores dos Estados Unidos de substâncias de incremento de performance ou métodos proibidos para incremento de performance, conforme adotado pela agência (USA, 2001).

[262] Para o ano fiscal de 2020, foram 14 milhões de dólares (KOLLER, 2015, p. 14, nota 73).

[263] Segundo Dionne L. Koller (2015, p. 14), a USADA deve apresentar, anualmente, relatórios ao Congresso Nacional, o qual é responsável por acompanhar suas atividades.

CAPÍTULO III
ESTADO E ESPORTE NO MUNDO | 143

Vejamos, nas próximas linhas, a configuração deste modelo de atuação estatal.

3.2 A diferente visão do Estado francês em face do esporte: autonomia e regulação

O desenvolvimento do esporte na França confunde-se com o próprio surgimento do esporte moderno, sendo um dos Estados em que as modalidades esportivas mais precocemente desenvolveram-se de forma organizada. Assim, se o nascimento do esporte moderno tem como seu marco fundador a codificação, em 1845, na Inglaterra, de 37 regras que deram origem ao *rugby*,[264] na França, apresentou-se a partir da influência da própria imigração britânica, que fundou o primeiro clube de futebol: Le Havre Athletic Club, em 1872.

Sob a influência da política da Terceira República (1870-1940), a educação física, na França, possuía papel relevante, considerada a ginástica uma das prioridades nacionais. Originaram-se, assim, a União das Sociedades de Ginástica da França (USGF) e a União das Sociedades Francesas de Esportes Atléticos (USFSA), esta considerada o embrião da Federação Internacional de Futebol (FIFA) e da implementação dos Jogos Olímpicos modernos, contando, dentre seus membros, com Pierre de Coubertin.

No período entre as guerras (1933-1940), a prática esportiva popularizou-se, passando por um processo de modernização de equipamentos e aumento do papel da mídia.[265] Já foi despertado, neste momento, o interesse político do Estado francês no esporte. Nada obstante, foi sobretudo com Charles De Gaulle, na Quinta República (1958), que ele se apresentou como prioridade nacional.[266]

---

[264] Segundo Baudry Rocquin (2017, p. 32), teria ocorrido, anteriormente à codificação das regras do *rugby*, no ano de 1845, a previsão de algumas regras para o boxe (1743 – regras de Broughton), e para o cricket (1788 – Marylebone Cricket Club). Mas o nascimento do *rugby* moderno, com a codificação de trinta e sete regras é, para o autor, o ato fundador do esporte moderno, acompanhado, em seguida, pelas primeiras regras codificadas para o futebol, no ano de 1848 (Cambridge Rules).

[265] Em 1936, os Jogos Olímpicos de Berlim foram os primeiros a serem televisionados, o que ampliou decisivamente o papel da mídia jornalística no esporte. Sobre o tema, veja-se TUBINO; GARRIDO; TUBINO, 2007.

[266] Em 27 de setembro de 1958, De Gaulle criou um Alto Comissariado para a Juventude e os Esportes, ligado ao Ministério da Educação nacional, iniciando-se um importante processo

Como já verificamos no Capítulo I, o Estado costuma se interessar pela prática esportiva após verificar que, em determinado patamar de institucionalização, aquela alcança interesses que bem corresponderiam às ambições políticas estatais. Na França, o simbolismo representado pelos heróis do Tour de France a partir dos anos 1930 é um dos exemplos mais emblemáticos:

> O exemplo do "mito dos gigantes da rota" mostra como se forma um conjunto de representações a propósito dos atletas de ciclismo do Tour de France, durante os anos 1920 e 1930 [Calvet, 1981]. A corrida é organizada a partir de 1903, mas é ao fim dos anos 1920 e ao curso dos anos 1930 que os equipamentos de sintonização da rádio se difundem e a impressa escrita faz mais regularmente apelo à fotografia, de modo que a audiência ao evento se estende. No mesmo momento, a corrida passa a se organizar em equipes nacionais e, entre 1930 e 1934, são registradas cinco vitórias de afiliados franceses. (...) A imagem dos "gigantes" é produzida nesta época, como homens que realizam um trabalho físico que ultrapassa a força humana, em cenários que iriam se tornar clássicos do turismo por terem sido revelados no bojo de uma cena dramática (a subida do cume de Tourmalet; os caminhos do Norte). São utilizados procedimentos de construção de um discurso que personaliza, seleciona os elementos de performance e os incidentes, monta uma receita com circunstâncias dramáticas, a intervenção do destino e a afirmação da coragem individual face à adversidade, etc.
> (...)
> A celebração dos heróis esportivos, como as outras literaturas "mito-logizantes", opera uma transfiguração dos atos realmente realizados e das pessoas. A realização de uma performance extremamente difícil, alcançada através de um trabalho dispendioso, racional, obstinado, etc., torna-se um movimento leve, harmonioso, evidente, de modo a que seu agente passe a uma espécie de "estado de graça", de inspira-ção criativa ou para um estado de mediunidade, na qual o corpo deixa passar uma energia de calibre superior àquela comum aos mortais (os "super-homens").[267]

O Estado não poderia estar, pois, ao largo de tão relevante fenômeno. Assim, em uma primeira demonstração efetiva do interesse estatal francês no domínio esportivo, operou-se o reconhecimento

---

de democratização do esporte na França. Para mais informações sobre o tema, veja-se: ROCQUIN, 2017, p. 45-48.

[267] DEFRANCE, 2011, p. 78-79, trad. nossa.

do esporte como atividade de interesse geral. Este reconhecimento se deu, inicialmente, por meio da decisão do Conselho de Estado de 13 de julho de 1961 (Caso *Ville de Toulouse*), em que se considerou de domínio público um estádio de futebol na cidade de Toulouse, justamente em razão de sua função de desenvolvimento de atividades físicas, esportivas e de educação física.

No mesmo sentido, o "Caso Société du vélodrome du parc des Princes", julgado em 1964, segundo o qual as competições de caráter esportivo também possuiriam interesse geral, elevando o esporte-competição a este mesmo patamar.[268] Finalmente, com a promulgação da Lei Mazeaud, de 1975, a jurisprudência alcançou supedâneo legislativo, reconhecendo-se expressamente o esporte como uma atividade de interesse geral,[269] de necessária habilitação pelo Estado.[270]

Antes mesmo da citada construção legislativa de 1975, a jurisprudência administrativa, mais compassada com a evolução dos fatos sociais, elevou a questão a novo patamar e expressamente reconheceu, em 22 de novembro de 1974, a missão de serviço público desenvolvida pelo esporte, a qual seria delegada pelo

---

[268] Sob a óptica política, o Primeiro-Ministro Jacques Chaban-Delmas declarou, em 1971, que "o objetivo do governo é fazer com que o esporte seja acessível a todos, e que possa ser praticado por todos" e que "o esporte de competição deverá ser exemplar; para atrair os jovens à prática esportiva, devem existir campeões" (COUR DE COMPTES, 2013, p. 17).

[269] "Artigo 1º. O desenvolvimento da prática de atividades físicas e esportivas, elemento fundamental da cultura, constitui uma obrigação nacional. As pessoas públicas assume este dever em concurso com as pessoas privadas. O Estado é responsável pelo Ensino da educação física e esportiva: ele assume o recrutamento ou controla a qualificação daqueles que colaborarão para esse fim. Em parceria com o movimento esportivo, o Estado e as coletividades públicas favorecerão a prática de atividades físicas e esportivas por todos e a todos os níveis e contribuirão para a realização das instalações e ordenamentos necessários" (ROYAUME DU MAROC, 2010, trad. nossa).

[270] "Art. 12. No âmbito de uma disciplina esportiva e por um período determinado, somente uma federação esportiva é habilitada a organizar as competições esportivas regionais, nacionais e internacionais, sob reserva das competências internacionais do Comitê Nacional Olímpico e Esportivo francês. Ela atribui os títulos regionais e nacionais e opera as correspondentes seleções. A federação habilitada participa da organização ou do controle da qualidade de formação esportiva na disciplina considerada. Convenções aprovadas pelo Ministério do Esporte determinarão as condições sob as quais as federações multiesportivas ou parceiras poderão se associar ao exercícios das atribuições mencionadas nas alíneas precedentes. Decreto do Conselho de Estado determinará as condições de atribuição e de retirada da habilitação, assim como os tipos de estatutos das federações. Esses estatutos deverão ter em conta as características específicas de cada uma das modalidades esportivas consideradas e distinguir notadamente as atividades de caráter profissionalmente do esporte amador" (RÉPUBLIQUE FRANÇAISE, 1975, trad. nossa).

TATIANA MESQUITA NUNES
OLÍMPIA E O LEVIATÃ

Estado às organizações esportivas. Assim, no "Caso Fédération des industries françaises d'articles de sport", o Conselho de Estado reconheceu que,

> ao confiar assim às federações esportivas a missão de organizar as competições nacionais e regionais, o legislador confiou às federações esportivas, tendo em vista serem associações regidas pela Lei de 1º de julho de 1901, a execução de um serviço público administrativo.[271]

O reconhecimento desta missão de serviço público na legislação ocorreu a partir da publicação da Lei Avice, em 1984, que, ao fortalecer o liame entre Estado e movimento esportivo, estabeleceu, no artigo 16, que:

> (...) Sob a condição de ter adotado estatutos em conformidade aos tipos definidos por decreto do Conselho de Estado, as federações esportivas acreditadas pelo Ministério dos Esportes participam da execução de uma missão de serviço público. A este título, elas são encarregadas notadamente da função de promover a educação por meio das atividades físicas e esportivas, e de desenvolver e organizar a prática das atividades físicas e esportivas. Elas garantem a formatação e o aperfeiçoamento de seus quadros voluntários. Elas entregam as licenças e os títulos federativos. Decreto do Conselho de Estado determinará as condições de atribuição e de retirada da acreditação.[272]

Nada obstante os patamares legislativo e jurisprudencial alcançados, o período de 1984 a 1996 representou, segundo Emmanuel Bayle e Christophe Durand,[273] uma crise de legitimidade do modelo desportivo francês. A crise seria decorrente de algumas particularidades visualizadas no período. A primeira delas seria a elaboração de leis de descentralização em 1982 e 1983, que teriam minado de maneira durável o papel central do Estado sobre o controle, administração e financiamento de políticas esportivas. A segunda seria a intensificação da comercialização do espetáculo e

---

[271] Anote-se que o mesmo reconhecimento já tinha ocorrido, anteriormente, por outras cortes menos influentes, como o T.G.I. de Paris, em decisão de 8 de julho de 1972, no "Caso Fontaine c/ Fédération Française de Football e o Tribunal Administrativo de Paris", no "Caso Sieur Pingeon", de 24 de junho de 1971 (GROS; VERKINDT, [1985]).

[272] LÉGIFRANCE, 1984, trad. nossa.

[273] BAYLE; DURAND, 2004.

da prática esportiva, acrescentando novos atores ao cenário.[274] A terceira particularidade tem conexão com a mudança da cultura esportiva do grande público, os quais passaram a reivindicar um incremento das atividades de lazer esportivo. E, finalmente, a própria "europeização" da política esportiva – visualizada, por exemplo, pelo "Caso Bosman".

Dadas as instabilidades típicas da crise de legitimação observada neste período, o Estado apresentou em resposta uma profusão de alterações legislativas, buscando reencontrar o equilíbrio da cogestão esportiva.[275] Ao mesmo tempo, porém, verificou-se a compreensão do esporte como um fenômeno social total – isto é, também responsável pela luta contra o desemprego, as exclusões sociais etc. –, aliando-se à necessidade de investimento no esporte competição com os reclamos pela estruturação do lazer esportivo, o que colocou em xeque a capacidade do modelo francês de gestão eficaz de "todo o esporte".[276]

O modelo francês foi, então, novamente objeto de reforma no bojo da Lei Buffet (2000), a qual – em compasso às alterações realizadas pela Lei Bredin, de 1992 – passou a enquadrar as federações esportivas como delegatárias de serviço público,

---

[274] Entre 1989 e 2002, as federações de futebol, tênis e *rugby* tiveram evolução nas constas de resultado na ordem de +212%, +236% e +762%, respectivamente, evolução esta intimamente relacionada com os financiamentos de origem comercial.

[275] Assim, por exemplo: a Lei de 7 de dezembro de 1987, que modificou as estruturas jurídicas do esporte profissional; a Lei Bredin, de 13 de julho de 1992, que reformou globalmente a Lei Avice, de 1984; a Lei Alliot-Marie, de 6/12/1993, sobre a segurança dos recintos esportivos; a Lei Pasqua, de 21 de janeiro de 1995, de orientação sobre a segurança dos recintos esportivos; a Lei de 6 de março de 1998, sobre o direito à informação, e a Lei Ayrault, de 28 de dezembro de 1999, sobre as subvenções e os estatutos de clubes profissionais.

[276] Discutiu-se, no período, ainda, os limites desta função estatal de acreditação das federações nacionais, dúvidas estas que estariam em voga desde a Lei Avice e que não teriam sido extirpadas pela nova Lei Bredin. À inexistência de previsão específica que garantisse que as federações que completassem os requisitos legais receberiam a acreditação, verificou-se relevante nível de incerteza entre as organizações esportivas, prejudicando o modelo. A discussão encontrou guarida no Conselho de Estado em decisão de 8 de fevereiro de 1999. Em análise de uma recusa ministerial à acreditação da Federação de Snowboard – sob o argumento de que já haveria a Federação de Esqui para essa modalidade –, o Conselho de Estado entendeu que inexistiria fundamento legal para a recusa – dada a inexistência de limitação legal à quantidade de federações acreditadas para cada modalidade –, anulando, pois, a decisão ministerial. Essa decisão apontou para a natureza vinculada da decisão de acreditação, sendo esta apenas recusável em caso de não preenchimento dos requisitos legais. A questão apenas foi resolvida com as inovações legislativas objeto da Lei Buffet, de 6 de julho de 2000. Para mais informações sobre a evolução legislativa relacionada à acreditação das federações esportivas na França, veja-se: REYNAUD, 2013.

incumbindo-lhes da execução de missões específicas, segundo uma convenção de objetivos[277] constituída como requisito indispensável para seu financiamento público.

A então política de prestação (*i.e.*, intervenção e financiamento direto pelo Estado, como nos Jogos Olímpicos de Grenoble) transformou-se em uma política de prescrição (*i.e.*, o Estado delega todas as tarefas relacionadas à atividade esportiva, emoldurando os comportamentos através da legislação).[278] A crise de legitimidade da cogestão foi respondida por meio de uma nova conformação da parceria entre Estado e movimento esportivo, mediante a qual se dotou este de maior liberdade de atuação, dentro de um quadro estabelecido pelo primeiro.

Esta evolução legislativa permite visualizar uma peculiaridade bastante relevante na formatação do atual modelo do Direito Desportivo francês: ao invés de se organizar o esporte por meio de entidades privadas, apresentando-se o Estado como ator complementar ao campo desportivo (comum na maior parte dos Estados), o Estado francês assume papel central em tal organização, calibrando o modelo com regras de direito público

---

[277] São as convenções de objetivos planos plurianuais que se configuram como "(...) o instrumento central da parceria financeira entre Estado e movimento esportivo. Elas concretizam a vontade de compromisso do Ministério encarregado dos esportes e dos parceiros associativos por uma participação comum na missão de serviço público de desenvolvimento das atividades físicas e esportivas. Elas são a tradução operacional e financeira de uma política esportiva de parceria (fundada sobre o diálogo entre dois atores eminentes do campo esportivo) e contratual (fundada sobre compromissos recíprocos, avaliados a cada ano). A abordagem repousa sobre a produção de balanço crítico das Olimpíadas passadas estabelecido pela federação, que permite definir pelos quatro anos seguintes a estratégia da federação, as orientações, as prioridades e os meios para atingi-las. Cada ano, o respeito aos compromissos é controlado e os resultados são avaliados por ocasião dos encontros entre o Ministério e a federação" (CHAPPELET, 2010, p. 60, trad. nossa).

[278] A legislação que, com o passar dos anos, regulou o esporte na França foi consolidada para, atualmente, compor um documento único, denominado Código do Esporte (consolidação realizada no ano de 2006). Esta nova conformação da legislação permite visualizar, atualmente, duas diferentes aproximações do Estado em face das organizações esportivas: (i) as organizações simplesmente reconhecidas pelo Estado, que participam do domínio esportivo por meio da promoção da educação, do entretenimento e da participação no esporte e cujos estatutos e regramentos são fixados por normas públicas e (ii) as organizações que têm seus poderes delegados pelo Estado para gerir determinada modalidade esportiva, possuindo autonomia quanto às questões diretamente ligadas ao esporte e devendo se conformar às regulamentações estatais, especialmente a relativa à necessidade de renovação da delegação após um período de quatro anos. Para mais informações sobre o tema, veja-se: MARMAYOU, 2019.

CAPÍTULO III
ESTADO E ESPORTE NO MUNDO | 149

e coordenando o papel exercido pelas federações. Nas palavras de Baudry Rocquin:

> A França escolheu, contrariamente ao Reino Unido ou à Alemanha, de deixar ao Estado central as prerrogativas do esporte de alto nível e de massa (pela educação nacional). Se o esporte é enquadrado de maneira crescente pelo Estado e o estabelece-se um serviço público do esporte desde De Gaulle até 1984, observa-se em seguida um movimento inverso marcado pela profissionalização do setor esportivo e pela descentralização para as coletividades territoriais (regiões, departamentos, comunas). O papel do Estado transforma-se neste passo em mais vinculante, mas mais distante, principalmente com a "Lei Bredin" (nominada em razão de Frédérique Bredin, ministro da Juventude e do Esporte de 1991 a 1993) de 13 de julho de 1992.[279]

Apresenta-se, portanto, um delicado equilíbrio que caracteriza o modelo desportivo francês, representado pela relação entre a autonomia das organizações esportivas e a necessidade de tutela, pelo Estado, do direito ao esporte e da missão de serviço público em que se integra. Este delicado equilíbrio, cujo modelo será adiante explorado, permite a intensa participação do Estado no domínio esportivo como supervisor das atividades desempenhadas pelas organizações.

3.2.1 A autonomia do esporte no Direito Francês – a relação entre Estado e organizações esportivas

As linhas introdutórias deste capítulo permitem visualizar que a relação entre esporte e Estado na França se construiu de forma bastante peculiar, principalmente dada a intensa construção jurisprudencial ocorrida a partir dos anos 1960, que serviu à modelagem do princípio da autonomia. Assim, a autonomia do esporte à francesa diferencia-se notavelmente daquela verificável em outras nações, como a Inglaterra e os Estados Unidos, relacionando-se, em grande medida, com o seu específico contexto social e político. Segundo Jacques Defrance:

> Retrospectivamente, através de análises comparativas, os sociólogos tomaram consciência do impacto profundo da cultura política nacional

---

[279] ROCQUIN, 2017, p. 51.

sobre a organização do esporte, e as diferenciações induzidas pelas forças políticas que estruturaram a "guerra fria" de 1945 ao fim dos anos 1980 [Miza *et al.*, 2004], ou pelas relações coloniais [Deville-Danthu, 1997]. (...) Se os ingleses se recusam a criar um Ministério do Esporte similar àquele estabelecido pelos franceses, é porque a construção do Estado, o poder de controle sobre a sociedade civil e a história política são diferentes. A independência das associações inglesas em face do poder político foi mais bem defendida, mesmo durante os momentos de diminuição de recursos próprios produzidos pela atividade esportiva: as ilhas britânicas não sofreram a tutela estatal comparável ao regime de Vichy: enfim, a imbricação do esporte na educação das elites a partir do século XIX permitiu de lhe dotar de um estatuto sem que uma política de imposição do exercício físico sobre a educação fosse necessária (como a França conheceu).[280]

A formatação da relação entre Estado e esporte, na França, conheceu, portanto, uma realidade diversa da apresentada em outros países. A meio-termo entre a política de excessiva intervenção propugnada pelos países do Leste Europeu e a política liberal sustentada pelos ingleses e norte-americanos, a França construiu um modelo de pilotagem pelo Estado, justificado pelo financiamento público da educação física para os jovens, para a saúde pública e para o desenvolvimento de atividades populares de lazer. A razão por trás desta escolha política foi, principalmente, a elitização do esporte pelas organizações esportivas e a dificuldade de acesso das classes trabalhadoras a tais atividades, pressionando-se o Estado para, assumindo uma posição de direção central, ampliar a oferta esportiva nos locais de trabalho e nas comunidades.

Com a assunção, pelo Estado, da coordenação dos trabalhos no campo esportivo, as organizações esportivas passaram a temer a intervenção excessiva. Acostumadas com o tratamento outorgado por outros ordenamentos jurídicos, elas não permaneceram impassíveis diante das inovações ocorridas na França.

Após a afirmação do esporte como missão de serviço público, elas passaram a travar uma queda de braço com o Estado francês, testando as eventuais limitações para a autorregulação de assuntos de natureza desportiva. Em resposta, as autoridades jurisdicionais e administrativas responsáveis foram estabelecendo, com o passar

---

[280] DEFRANCE, 2011, p. 90, trad. nossa.

dos anos, importantes limites, relacionados a diversas temáticas de interesse das organizações esportivas e do Estado.[281] E tais limites foram moldando o que se entende, na França, por autonomia do esporte.

O estudo do modelo esportivo francês permite verificar que a participação do Estado em tal modelo tem bastante aderência à autonomia negociada preconizada por Chappelet, embora ladeada de prescrições obrigatórias próprias e necessárias ao exercício das competências típicas de Estado. As convenções de objetivos entre o Ministério a cargo dos Esportes na França e os seus parceiros associativos – as organizações de administração do esporte – traduzem justamente uma política de parcerias de base convencional entre Estado e movimento esportivo. Há, assim, respeito à autonomia, e, a um só tempo, participação do Estado no modelo desportivo francês. Exemplo emblemático de tal conformação da autonomia pode ser visualizado na criação do Conselho Nacional pelo Esporte e Educação Física (Conselho Esportivo), em junho de 2001.

Este conselho desempenha duas missões de relevância na comunidade esportiva francesa: (i) uma função consultiva sobre a legislação e regulamentação estatal sobre o esporte e (ii) uma função de avaliação das políticas do Estado sobre o esporte, submetendo relatório ao governo ou ao parlamento sobre a evolução da atividade física e do esporte na França em determinado período. O conselho é formado por 104 representantes originários de diferentes grupos de interesse no domínio esportivo: Estado, representantes eleitorais locais, organizações esportivas, associações, empresas do setor esportivo, professores e experts deste domínio.

---

[281] Em relação aos princípios gerais do Direito, a Alta Jurisdição francesa, no ano de 1984 (caso Andrew Broadie *et autres*), decidiu que as organizações esportivas lhes devem observância e respeito, ao analisar a situação de atletas naturalizados impedidos de participar da temporada 1983-1984 pela Federação Francesa de Basquetebol. A questão foi decidida em favor dos atletas, em atenção ao artigo 80 do Código de Nacionalidade, considerando que as regras de participação da Federação de basquetebol violariam o princípio geral de igualdade e de livre acesso à atividade esportiva. No tocante às regras de competência e procedimentos, o Conselho de Estado analisou, no ano de 1982 (Syndicat National des Professions de Judo et Disciplines Associées), reclamação do sindicato dos professores de judô em face da criação, pela federação da modalidade, de um diploma que passaria a ser considerado necessário para o ensino do judô. Em sua decisão, o Conselho de Estado cassou a deliberação, considerando a incompetência das federações para a instituição de normas sobre o ensino de disciplina esportiva. No mesmo sentido, em decisão datada de 1984 (Association Hand-Ball Club de Cysoing), o Conselho de Estado condenou decisão adotada pela Federação Francesa de Handball que teria limitado o acesso à ampla defesa de atleta.

Essa configuração demonstra a pluralidade participativa em questões centrais relacionadas ao esporte. A França logrou, pois, êxito na inserção do Estado no domínio esportivo sem, com isso, apresentar a feição intervencionista e de caráter instrumentalizador – utilização do esporte para fins políticos – que ensejou a excessiva proteção delineada pelo elastecimento do conceito de autonomia, como já discutido nos Capítulos I e II.

A manutenção do equilíbrio entre autonomia e participação estatal é delicada e constante, exercendo o Conselho de Estado importante papel para esse fim, por meio das decisões que delineiam o papel de cada ator neste domínio.

Várias são as críticas, no entanto, que atacam a ampliação da participação estatal no domínio esportivo e a suposta afronta à autonomia das organizações esportivas ao dotar-se o Estado da competência de certificação das federações. Jean-Baptiste Reynaud exemplifica a questão pela – em suas palavras – excessiva intervenção estatal voltada à tentativa de unificação das modalidades de lutas na França em uma única federação delegatária. Segundo o autor,

A descoberta de um serviço público do esporte delegado às federações esportivas e determinante à extensão de suas prerrogativas, concretizou uma "desapropriação" pelo Estado, em relação às estruturas federativas pré-existentes, de seus poderes originais. Estes poderes são, atualmente, distribuídos, por vezes também ao seu bom grado, pelo Ministério encarregado dos esportes. As federações esportivas se inscrevem, pois, em uma relação de dependência, tanto de sujeições que lhe são impostas pelo quadro legal, quanto de intenções do Ministério. É inegável que eles perderam, assim, sua autonomia.

Resulta desta dependência uma relação de força, a priori desequilibrada quanto ao movimento esportivo, na organização da prática esportiva. Nesta relação de força, as relações entre o Estado e o movimento esportivo não se encontram mais em uma "relação de oposição, mas, no máximo, de dominação ou, no mínimo, de influência". A relação de influência corresponderia ao controle indireto das estruturas federativas, através de sua submissão às obrigações legais tendentes a lhes impor um modelo de organização e funcionamento. Tratar-se-á, neste caso preciso, de um controle estatal mínimo. Quanto à relação de dominação, opera-se no enquadramento do Ministério encarregado dos esportes, pela atribuição de emissão, mas sobretudo de retirada da investidura ministerial, o que coincide com o máximo do controle estatal.[282]

---

[282] REYNAUD, 2013, p. 395, trad. nossa.

Jean-Marc Duval esclarece, por outro lado, que a formatação do quadro jurídico-esportivo francês, antes de prejudicar, reforça a autonomia das organizações esportivas, estabelecendo campos de atuação particulares para cada ator, campos estes nos quais não poderá ocorrer intervenção indevida.

> De fato, as federações nacionais não são independentes. Elas não o são sob o plano institucional, pois para obter a delegação ministerial elas devem adotar um dos "estatutos tipos". Por outro lado, sob um plano funcional, elas exercem suas atividades sob a tutela do Ministério encarregado do esporte. Assim fazendo, o legislador entendeu recusar àquele último, assim como às autoridades estatais, todo poder de natureza hierárquica. Em particular, o Ministro não pode reformar as decisões, nem as regulamentações, das autoridades esportivas. E, ante o silêncio dos textos, o próprio juiz [o Conselho de Estado] recusou o poder de as anular. A única possibilidade que lhe está aberta é agora o recurso ao tribunal. É, pois, o termo autonomia o que melhor parece qualificar as relações entre o Estado e as federações nacionais. Em contraste, é verdade que dentro do quadro definido de autonomia, as federações exercem suas atividades em total independência.[283]

As lições de Jean-Marc Duval são relevantes, notadamente, por auxiliar a diferenciação entre independência e autonomia, bem conhecida do Direito Francês – e que será útil na análise que empreenderemos adiante. Enquanto a independência se estabelece sob a noção de inexistência de limites, a autonomia concebe-se, por outro lado, em espaços nos quais os limites permitem espaços de independência. Ou seja, a autonomia pressupõe limites, os quais conformarão quadros dentro dos quais a atuação deverá ser livre e, porque não dizer, independente.

Embora relevantes para a discussão de seu aprimoramento, as críticas apresentadas por Jean-Baptiste Reynaud não deslegitimam o modelo, o qual tem a vantagem de proporcionar à internormatividade do ordenamento jurídico esportivo uma coerência lastreada na relação de cooperação estabelecida entre Estado e movimento esportivo. A desnaturação específica e particular deve ser, nada obstante, corrigida, papel que tem sido bem desempenhado pelo Conselho de Estado, capaz de extirpar dúvidas interpretativas e evitar excessos na atuação estatal.

---

[283] DUVAL, 2002, p. 81. trad. nossa.

3.2.2 Integridade no modelo esportivo francês

A integridade é visualizada, no âmbito do ordenamento jurídico francês, sob a óptica da matéria que se convencionou denominar deontologia.[284] No domínio esportivo, as regras deontológicas são consideradas de observância obrigatória pelas organizações esportivas, as quais dependerão de seu cumprimento para a obtenção da autorização do Estado para a administração do esporte como missão de serviço público. A construção francesa passa, portanto, pela previsão de diretrizes que deverão ser colocadas em prática pelas parceiras do Estado – as organizações esportivas – nesta relevante missão.

> Como em outros setores de atividade, a impotência e incapacidade dos Estados e do movimento esportivo regularem sozinhos um certo número de questões derivadas do esporte (violência, dopagem, dificuldades para construção de um modelo de esporte profissional europeu) os impôs a necessidade de encontrar uma concertação e uma regulamentação em vários níveis, infranacional e supranacional, para gerir estes fenômenos. Isso causa uma reconsideração das suas modalidades tradicionais de governo, com uma busca de concertação, de colaboração através da execução de parcerias públicos/privadas a fim de coordenar e harmonizar as políticas nacionais, bem como de melhorar sua eficácia. O melhor exemplo é a evolução da luta contra a dopagem: "é interessante notar quanto a influência dos Estados da União Europeia foi determinante na concepção atual da Agência Mundial Antidopagem (AMA). As exigências da União Europeia permitiram que o conselho de fundação da Agência Mundial Antidopagem fosse composto com paridade de representantes do mundo esportivo e dos governos (a Europa reclama uma evolução dos estatutos para uma fundação de direito público a fim de executar uma harmonização mundial dos controles e procedimentos e de suprir a falta de meios de certos Estados na luta contra a dopagem)" (Miège, 2001). Assim como a dopagem, que é perseguida por inúmeros governos como um problema de saúde pública (porque não toca apenas os atletas de alto nível, mas também inúmeros outros atletas), a violência e a corrupção poderiam ser, mais e mais, vistas como problemas que tocam a ordem, e possivelmente a moral, públicas. Chappelet (2002) demonstra que uma

---

[284] Considera-se deontologia, conforme o Dicionário Michaelis (significado 1), "a teoria criada pelo filósofo inglês, Jeremy Bentham (1748-1832), que trata dos fundamentos do dever e das normas morais". Relaciona-se a deontologia, portanto, com a noção de ética e de observância de códigos de conduta.

CAPÍTULO III
ESTADO E ESPORTE NO MUNDO | 155

agência independente como a AMA poderia tornar-se uma espécie de organismo de regulação do esporte mundial.[285]

A previsão de regras deontológicas na legislação esportiva francesa remonta à Lei Mazeaud, de 1975, cujo artigo 16 incumbia as federações da obrigação de "fazer respeitar as regras técnicas e deontológicas de suas modalidades". Um decreto de 13 de fevereiro de 1985 especificou esta obrigação, ao estabelecer que a autorização pelo Estado estaria subordinada à observância, pela organização esportiva postulante, "das regras de deontologia definidas pelo Comitê Nacional Olímpico e Esportivo Francês". Nova lei de 13 de julho de 1992 confiou à Comissão do Esporte de Alto Rendimento a missão de elaborar uma Carta fundada sobre as regras deontológicas dos atletas de alto nível.

Verifica-se que a opção do Estado francês foi de, inicialmente, apenas prever a obrigatoriedade de observância, pelo movimento esportivo, de regras gerais de deontologia, sem lhes precisar, no entanto, específico conteúdo. Segundo Emillie Chevalier,

> a organização de um tal processo de elaboração traduz a vontade do Estado de se imiscuir na organização e funcionamento das atividades esportivas. Este intervencionismo estatal possui inegavelmente consequências positivas em termos de acessibilidade e previsibilidade da regra deontológica; a codificação de regras deontológicas guiada pelo Estado pode ser observada como um fator de efetividade. Ainda, a homogeneização das regras deontológicas é reveladora da existência de um consenso de valores que devem ser defendidos pela ordem esportiva. Entretanto, este intervencionismo comporta limites, que não poderão ser ultrapassados, mesmo em nome do imperativo da eficácia. Com efeito, o Estado não pode estar em situação de monopólio na elaboração das regras deontológicas. Se pode-se falar em estatização da deontologia esportiva, o domínio estatal colide com a autonomia da ordem esportiva. Graças à definição de um quadro procedimental específico, a deontologia esportiva permanece dividida entre os atores clássicos: "de essência moral, forjada pelo meio esportivo sem ser sempre claramente definida, sancionada antes de tudo por este meio para manutenção da 'ordem interior' própria das diferentes modalidades", garantem o bom funcionamento da ordem esportiva.[286]

---

[285] BAYLE; DURAND, 2004, trad. nossa.
[286] CHEVALIER, 2016, p. 28-36, trad. nossa.

Por meio da relação de parceria construída entre Estado e movimento esportivo na França, portanto, e apresentado o quadro geral deontológico de necessária observância para a proteção do esporte pelo Estado, as organizações esportivas seriam responsáveis pelo seu preenchimento, complementando-o por meio de regras específicas.[287]

A primeira entidade do movimento esportivo a cumprir esta missão foi o Comitê Nacional Olímpico e Esportivo Francês (CNOSF), o qual, em 2011, apresentou uma Carta de Ética e de Deontologia do Esporte Francês, adotada, em maio de 2012, por sua Assembleia Geral. Embora a carta não fosse de obrigatória observância pelas federações nacionais, o próprio CNOSF previu a necessidade de sua transposição pelas organizações esportivas, em cada uma das modalidades, a fim de dotar-lhe de efetividade.

A integridade passou, pois, a muito cedo compor a legislação esportiva francesa (desde 1975, como vimos) e, com o passar dos anos, Estado e organizações esportivas puderam desenvolver, em conjunto, um cabedal legislativo apropriado para lidar com essa questão. O foco principal recai sobre a integridade das competições esportivas e das próprias organizações que delas se incumbem, ao qual têm sido dedicadas mais linhas pela doutrina especializada. Neste sentido, Jean-Françoise Vilotte afirma que:

> A sinceridade das competições esportivas pode ser alterada de três maneiras diferentes.
> Em primeiro lugar, de uma maneira indireta, em razão da falta de regulação financeira e de transparência sobre a procedência dos fundos

---

[287] Sobre o ponto, já argumentava Michel Hourcade, no ano de 1996, que: "(...) um paralelo entre os problemas que encontram os Estados e aqueles que encontra o esporte esclarecerá este ponto. Atualmente, as duas instituições são confrontadas – não por pura coincidência – pela luta contra a corrupção, aquela que existe na vida pública e na vida dos negócios como aquele posta em evidência em torno dos estádios. A procura de uma transparência dos financiamentos se opera em direção às instituições públicas como os clubes esportivos profissionais. Outro grande problema, a droga, que é objeto de um debate no qual a intervenção do juiz é central, possui como objeto a dopagem no mundo do esporte. A gravidade destes problemas é tal que faz pesar uma ameaça sobre o bom funcionamento das instituições, representativas ou esportivas. A adoção de regras novas e a intervenção da autoridade judicial constituem os pontos de passagem mais comumente examinados para alcançar os remédios eficazes. Em certos casos – introdução na França da responsabilidade penal das pessoas morais pela Lei de 19 de janeiro de 1993 –, as regras editadas pelo Estado poderão ressoar sobre o sistema esportivo. Em muitas outras situações, cada instituição deverá definir suas próprias regras, adotar suas próprias reformas" (HOURCADE, 1996, trad. nossa).

financeiros, o esporte se expõe não apenas aos riscos em matéria de lavagem de dinheiro, mas igualmente à criação de tais inequidades financeiras entre os participantes de uma mesma competição esportiva que a equidade das competições poderá ser distorcida.

Em seguida, pela manipulação dos resultados esportivos e em vista a aprimorar artificialmente as performances para ganhar, colocando em risco a saúde e a exemplaridade do competidor, a dopagem continua sendo, evidentemente, um atentado direto à sinceridade da competição.

Enfim, os fatos de corrupção e de manipulação, relacionados ou não com as apostas, constituem um outro atentado direto à integridade das competições. Estes fatos de manipulação visam assegurar o resultado por meios não conformes à ética esportiva. O benefício obtido pela manipulação pode ser diretamente financeiro, e neste caso, ligado com as apostas esportivas, mas também indiretamente financeiro (assumido segundo as repercussões financeiras da participação a certos níveis de competição). Estas manipulações consistem em assegurar que um ou mais competidores percam. Se um dopa-se para ganhar, outro corrompe-se para perder.[288]

Diante do cenário exposto e em continuidade ao estudo da integridade na França, serão eleitos exemplos de atuação para cada uma dessas espécies de integridade, a fim de que se possa visualizar a forma que o Direito francês encontrou, em parceria com as organizações esportivas, para lidar com a matéria.

a) A integridade das competições esportivas: os exemplos do controle de dopagem e do combate à manipulação de resultados

Segundo Jean-Marc Sauvé, então vice-presidente do Conselho de Estado francês (2006-2018),

> a integridade das competições esportivas é uma matéria tanto ambiciosa quanto angustiante. Ambiciosa pois a afirmação de um princípio de integridade das competições esportivas e sua efetivação constituem questões jurídicas, éticas e esportivas de grande importância. Angustiante pois a cada ano são revelados, em matéria esportiva, novas questões e escândalos que incitam o observador a pensar que

---

[288] VILOTTE, 2014, p. 86, trad. nossa.

a integridade é um objetivo inacessível e que toda tentativa de sua regulação ou sanção é, inevitavelmente, atrasada ante a última inovação dos fraudadores.[289]

A angústia apresentada nessas linhas inaugurais é compartilhada por expressiva parcela daqueles que estudam a integridade das competições esportivas, haja vista ter-se a impressão de que os fraudadores estarão sempre um passo adiante daqueles que buscam construir formas de se evitar a trapaça. Exemplo emblemático deste modelo – figurativamente denominado como um "jogo de gato e rato" – é o controle de dopagem, cujas descobertas e avanços parecem estar sempre um passo atrás dos atos de trapaça. À angústia, no entanto, Jean-Marc Sauvé somou a ambição. E é esta que permite, pegando de empréstimo o ideal olímpico de "Citius, Altius, Fortius",[290] alcançar novos e distantes patamares, com vistas a manter o ideal da integridade nas competições esportivas.

Voltando-se a visão ao controle de dopagem, vê-se que a relevância dada para a manutenção da integridade das competições esportivas é tamanha que alguns direitos – anteriormente considerados sagrados – foram flexibilizados, como é o caso da regra que determina a certos atletas de elite a disponibilização de sua localização para a realização, a qualquer tempo, de exames individuais. O Conselho de Estado, em decisão datada de 24 de fevereiro de 2011, considerou que são aceitáveis

> (...) as violações [ao direito à liberdade de ir e vir] necessárias e proporcionais aos objetivos de interesse geral perseguidos pela luta contra a dopagem, notadamente a proteção da saúde dos atletas, assim como a garantia da equidade e da ética das competições esportivas.[291]

Isso porque se considera que a dopagem é uma "praga que gangrena a atividade esportiva em si e as relações entre os participantes das competições esportivas".[292] Se o campo de atuação na luta contra a dopagem é mais presente na esfera internacional, após a

---

[289] DUDOGNON *et al.* 2014, p. v.

[290] Vide nota 24.

[291] DUDOGNON, 2014, p. 39.

[292] GENEVOIS, 2014, p. 113.

criação, por iniciativa do Comitê Olímpico Internacional, da Agência Mundial Antidopagem (AMA), o papel desempenhado pela Agência Francesa de Luta contra a Dopagem (AFLD) (criada no ano de 1999) e os avanços conquistados neste país não podem ser ignorados.[293]

Outro exemplo de marcante profusão legislativa na França – e que, ao contrário do controle de dopagem, ainda engatinha em relação a previsões internacionais – é a luta contra a manipulação de resultados e apostas ilegais. Isso porque, a partir da expansão e desenvolvimento da internet, as apostas em modalidades esportivas cresceram exponencialmente, sendo possível sua realização de qualquer localidade no mundo. Com esta nova realidade, apresenta-se, em paralelo, um crescimento dos casos de manipulação de resultados, voltados justamente à tentativa de ganho ilegítimo no jogo de apostas.

Em resposta a esta realidade, a França criou, em 12 de maio de 2010 (Lei nº 2010-476), a Autoridade de Regulação dos Jogos Online (ARJEL), com a missão de regular o setor de apostas e jogos online – e não as atividades esportivas –, prevendo-se, para tanto, medidas de prevenção e repressão dos atentados à integridade das competições.

Com a criação daquela, os operadores não mais puderam livremente eleger as competições sobre as quais as apostas seriam aceitas, compartilhando esta análise com a ARJEL, que detém autoridade para negar a possibilidade de realização de apostas em determinadas eventos esportivos – considerados de maior risco potencial. Além disso, a Lei nº 2010-476 previu regras de prevenção de conflitos de interesses para os operadores de apostas, organizadores de competições e competidores, bem como a obrigatoriedade de que os organizadores dos eventos esportivos sejam informados sobre a realização de apostas relacionadas a seus eventos.

Nada obstante os esforços franceses, "(...) uma regulação estritamente nacional – aquilo que seria sua ambição – não pode atender de maneira durável aos objetivos relacionados à matéria e uma cooperação internacional é hoje indispensável".[294] Escritas

---

[293] Exemplo de tal avanço é a construção de uma agência independente tanto do Ministério dos Esportes como do movimento esportivo, garantindo-lhe liberdade na tomada de decisões e ações necessárias à implementação de sua missão.

[294] VILOTTE, 2014, p. 86, trad. nossa.

em 2013, as palavras de Jean-François Vilotte encontraram guarida nas discussões da União Europeia, dando ensejo à já mencionada Convenção sobre Manipulação de Competições Esportivas, adotada no ano de 2014 pelo Comitê de Ministros para o Esporte do Conselho da Europa. Embora adotada em 2014, a convenção teve apenas recentemente a última ratificação necessária à sua vigência – de um total de cinco – e, em consequência, entrou em vigor em setembro de 2019.[295]

Registre-se, a título de fechamento, que a previsão de regras de integridade das competições esportivas pelo Estado e sua potencial influência na autonomia das organizações esportivas não passou ao largo das discussões sobre o assunto. Sobre o ponto, esclarecedor é o ponto de vista apresentado por Jean-Marc Sauvé, para quem a atuação estatal apenas encontrou espaço na medida em que as regras estatuídas pelas próprias organizações foram marcadas por uma timidez regulatória evidente, sendo, no entanto, difícil a missão de encontrar o ponto ótimo de tal atuação. Em suas palavras:

> Um outro obstáculo de envergadura é constituído pela multiplicidade de atores presentes e pela escolha entre a autorregulação do setor esportivo e a regulação pelo poder público. A autorregulação, que é evidentemente mais fácil de se estabelecer, dado ser interna ao movimento esportivo, costumeiramente tem dado resultados insuficientes pela falta de regras ambiciosas ou de forte determinação de sua aplicação – o ciclismo é um exemplo conhecido –: é assim, sem dúvidas, por uma maior intervenção pública e uma definição de regras e de instrumentos juridicamente vinculantes que, assim como as questões de saúde pública, faz a luta contra a grande delinquência emergir em primeiro lugar como competência do poder público.
>
> Mas até qual ponto? O bom entendimento e a articulação harmoniosa das intervenções do movimento olímpico, das federações esportivas internacionais e nacionais e dos Estados são, sobre este ponto – assim como sobre tantos outros –, fundamentais: mas elas são difíceis de construir, frágeis em sua construção e, sobretudo, não são por vezes verdadeiramente desejadas pelos atores que perseguem objetivos diferentes e que possuem ainda prioridades e ordens do dia divergentes. É, por exemplo, profundamente lamentável, tanto pela luta contra as

---

[295] Em relação ao ordenamento jurídico francês, novos avanços foram incorporados após a adoção da Convenção da União Europeia, por meio da Lei nº 2017-261, de 2 de março de 2017, que modificou algumas disposições da Lei nº 2010-476, ampliando as prerrogativas da ARJEL.

práticas impróprias quanto pela imagem da atividade esportiva, que, ao perseguirem tanto os objetivos de preservação de sua modalidade esportiva (malgrado os escândalos) como a sanção dos trapaceiros, certas federações tenham mantido regras próprias mais permissivas que aquelas de inúmeros países de recepção das competições, possivelmente que os standards internacionais, ou, em todo caso, que elas não façam mais os esforços necessários para estarem em conformidade com as regulamentações e respectivos standards. Isso é tão problemático que, em certos domínios, tanto o movimento olímpico quanto as federações esportivas e os Estados, baseados uns e outros em uma legitimidade própria, embora diferente, não conseguem se entender para promover práticas esportivas mais rigorosas e mais éticas. O preço a pagar é, certamente, a curto prazo, elevado. Mas, sob pena de obstar as perspectivas de longo prazo, o esforço de proporcionar avanços não pode ser ignorado.[296]

Na perspectiva francesa, portanto, o Estado pode e deve superar eventuais vácuos ou insuficiências regulatórias das organizações esportivas no que diz respeito à integridade, regulamentando a matéria de forma vinculante, com vistas a dotar de efetividade o ideal olímpico já cogitado por Coubertin. Mesma noção, como veremos, acompanha as regras de integridade das organizações esportivas, cuja atuação passa a observar parâmetros relacionados à conformação do esporte como missão de serviço público.

b) A integridade das organizações esportivas: o exemplo da aplicação das regras de transparência da vida pública

A integridade das organizações esportivas francesas tem, há muito, se fortalecido pela previsão de regras estatais aplicáveis a tais atores. Recentemente, a evolução legislativa francesa alcançou um novo patamar. Trata-se da obrigatoriedade, enunciada no artigo 11, III, da Lei nº 2013-907, de 11 de outubro de 2013 (redação dada pela Lei n. 2017-261, de 2 de março de 2017), de que os presidentes de federações esportivas delegatárias, das ligas profissionais e dos

---

[296] SAUVÉ citado por DUDOGNON, 2014, p. x, trad. nossa.

Comitês Olímpico e Paralímpico Nacionais, submetam-se às regras relacionadas à transparência da vida pública e apresentem uma declaração de interesses e uma declaração patrimonial para a Alta Autoridade pela Transparência da Vida Pública.

> Os membros do Governo, as pessoas titulares de um mandato eletivo local assim como aqueles encarregados de uma missão de serviço público devem exercer suas funções com dignidade, probidade e voltados a prevenir ou a fazer cessar imediatamente qualquer conflito de interesses. (...).

O artigo 1º da Lei nº 2013-907, de 11 de outubro de 2013, assim prevê a forma como deverá ser encarado o exercício das funções públicas por seus agentes – denominados, para os fins da lei, "responsáveis públicos":[297] com dignidade, probidade e integridade, voltadas a prevenir ou cessar qualquer conflito de interesses, assim considerado toda situação de interferência entre um interesse público e outros interesses (privados ou públicos) que influenciem o exercício independente, imparcial e objetivo de uma função. A análise da situação de efetivo ou aparente conflito é, portanto, apresentada como de responsabilidade do próprio agente, que deverá examinar sua ação com vistas à adoção da postura mais condizente com o interesse público.

> A lei integra na ação pública uma reflexão preliminar e sistemática sobre o conflito de interesses antes da tomada de decisões. (...) O dispositivo cria de alguma maneira um círculo virtuoso: cada agente age interrogando-se sobre o que será um comportamento virtuoso, cada ação será, assim, supostamente virtuosa. A lei coloca os agentes imediatamente como responsáveis por seus atos. Os agentes deverão, assim, agir de acordo com sua consciência.[298]

Os sujeitos passivos de tais obrigações estão listados ao longo da lei, merecendo destaque o artigo 11, III-bis, que estabelece a necessária observância das obrigações estatuídas no artigo 4º – concernentes à apresentação, perante a Haute

---

[297] Assim considerados, nos termos do artigo 1º da Lei, os membros do Governo, os titulares de um mandato eletivo ou aqueles encarregados de uma missão de serviço público.

[298] MAGNON, 2015, p. 22, trad. nossa.

CAPÍTULO III
ESTADO E ESPORTE NO MUNDO | 163

Autorité pour la Transparence de la Vie Publique, de declarações de patrimônio e de interesse – por parte das autoridades responsáveis pela direção das entidades de administração do esporte na França, *in verbis*:

> Art. 11, III bis. – As obrigações e as dispensas previstas no presente artigo são aplicadas: 1º Aos presidentes das federações esportivas delegatárias mencionadas no artigo L. 131-14 do Código dos Esportes e das ligas profissionais que elas criem em aplicação do artigo L. 132-1 do mesmo Código; 2º Ao presidente do Comitê nacional olímpico e esportivo francês; 3º Ao presidente do Comitê paraolímpico e esportivo francês; 4º Aos representantes legais das organizações a cargo de organização de uma competição esportiva internacional atribuída no quadro de uma seleção por um comitê internacional, de nível ao menos equivalente a um campeonato europeu, organizado de forma excepcional no território francês e desde que tenha obtido as cartas de compromissos do Estado (...).[299]

A nova previsão, cujo comando deveria ser observado pelos dirigentes já ocupantes das funções listadas até o dia 31 de dezembro de 2017, representa inegável avanço, mesmo para um Estado no qual as organizações esportivas já eram consideradas parceiras do Estado na efetivação do direito ao esporte. Trata-se de efetivação legal do princípio da transparência, cuja observância, pelos dirigentes de organizações esportivas, busca garantir que o esporte seja conduzido de forma hígida, proba e íntegra.[300]

---

[299] LÉGIFRANCE, 2013.

[300] Muitas são ainda as críticas ao modelo adotado pela Lei nº 2013-907, por se considerar que, por meio de seus dispositivos, busca a moralização da política através de uma conscientização que o Direito não seria capaz de garantir (impossibilidade de se conceber, de antemão, o que seria o "comportamento virtuoso"), bem como que a própria previsão das medidas confrontaria a intimidade dos responsáveis públicos, gerando presente e constante desconfiança quanto a seus comportamentos. "(...) O Direito poderia ser ele eficaz e até onde poderia ir na defesa da moral na política? A repressão e a prevenção, graças à sanção penal e ao regime de incompatibilidades, parecem dificilmente contestáveis. Para além, com as duas modalidades estudadas com base nas leis de 2013 será necessário optar entre os delicados equilíbrios em face do objetivo fixado. A transparência e a obrigação de comportamentos virtuosos apresentam de maneira ambígua uma dupla visão contraditória: uma vontade de moralização da vida política e a admissão de uma sociedade política imoral. Se o Direito não é mais suficiente em suas modalidades clássicas de moralização, repressão e incompatibilidade, poderá ele se frustrar ao voltar-se para a educação... salvo se não for muito prolongado, muito custoso e, talvez, em definitivo, inútil. Mas deverá, assim, abandonar o primeiro recurso da democracia: a virtude! Cada indivíduo poderá comparar os custos" (MAGNON, 2015, p. 31, trad. nossa).

A necessidade de apresentação das declarações de interesses e patrimonial dos dirigentes permite, além do controle estatal, real controle social de eventuais conflitos de interesses e incrementos patrimoniais sem lastro no âmbito das organizações esportivas, haja vista a publicidade de tais informações. No caso do esporte, controle social bastante relevante é o exercido por aqueles mais intimamente atingidos por eventual desmando ou ato de corrupção em tais organizações: os atletas. Permitir-lhes – assim como a qualquer cidadão – o acesso a tais informações representa um passo importante rumo ao esporte íntegro.[301]

A recente legislação ainda enseja discussões, notadamente quanto a questões relacionadas à autonomia das organizações esportivas. Foi essa questão discutida no próprio Senado francês, conforme a questão escrita nº 00648, da autoria da Mme Marie-Françoise Perol-Dumont (27 de julho de 2017), a qual:

> (...) atrai a atenção da senhora Ministra do Esporte sobre as decorrências que podem provocar a enorme autonomia acordada ao mundo do esporte. Recorde-se que a noção de "autonomia" transforma a não-ingerência dos poderes públicos nos assuntos esportivos uma necessidade constante e absoluta. Ela deveria garantir, por exemplo, a preservação dos valores do esporte ou ainda a integridade das competições. Não obstante, o esporte também se desenvolveu paralelamente e fortemente enquanto atividade econômica: sozinho, o futebol gera na França uma soma de negócios anuais de mais de 5 milhões de euros. Assim, se a autonomia do esporte parece justificada naquilo que concerne às regras do jogo ou à organização das competições, ela parece mais dificilmente aceitável naquilo que concerne

---

[301] A ideia de controle social exercido pelos atletas e demais interessados na boa gestão da modalidade esportiva não é nova, mas vem sendo considerada, por muitos, uma das chaves para a garantia da integridade no esporte. Neste sentido, as lições de Bob Munro, dão conta de que "o grande incremento das receitas e a falta de *accountability* externa e interna coloca uma séria ameaça ao esporte como uma força para o bem. Em muitas organizações esportivas internacionais e suas associações nacionais, assim que eleitos, os oficiais comumente gerem as organizações como se fossem sua propriedade privada, ameaçando os atletas e os times como se fossem inimigos, marginalizando-os nos órgãos de tomada de decisões e depois ignorando ou alterando as regras para se perpetuarem no poder. Como resultado, enquanto a manipulação de resultados ainda se coloca como uma séria ameaça, a corrupção no esporte é mais prevalente e destrutiva fora do campo do que dentro dele. Para reformas futuras, o desafio principal é garantir que os times, técnicos e atletas que caracterizam o esporte em campo tenham um papel muito mais significativo na tomada de decisões sobre sua modalidade esportiva fora do campo" (MUNRO, 2016, trad. nossa).

à evocação de fatos de gestão de diferentes organizações esportivas quanto ao direito comercial, ao direito da concorrência e quaisquer outras regras de direito comum. Cada um guarda em seu espírito os escândalos de corrupção, as eleições talhadas sobre medida, as partidas manipuladas ou outros arranjos ilícitos. Os avanços são possíveis: poder-se-á, por exemplo, ser considerada a limitação do número de mandatos dos dirigentes esportivos, a exigência de que os membros dos comitês executivos das federações sejam verdadeiros gestores ou ainda recusar qualquer regramento interno das federações que contrarie o direito vigente. Parece ser atualmente necessário rever as regras que regem a autonomia do esporte: parece útil conservá-la quando ela se referir à própria organização da atividade esportiva e dela se desfazer quando relacionar-se à sua organização econômica. Assim, solicita ela sua opinião sobre estas diversas reflexões.[302]

A resposta do Ministério dos Esportes foi dada em 2 de novembro de 2017, nos seguintes termos:

A Lei nº 2017-261, destinada a preservar a ética do esporte, reforçar a regulação e a transparência do esporte profissional e melhorar a competitividade dos clubes, deve notadamente permitir responder-se eficazmente às problemáticas engendradas pelo forte desenvolvimento econômico do esporte na França e a nível internacional. Sobre o plano de gestão das federações e ligas profissionais, os artigos 1 e 2 destinaram-se a "preservar a ética do esporte tornando obrigatória a criação de uma carta de ética e deontologia conforme os princípios definidos pelo encargo previsto no artigo L. 141-3". Além disso, a instauração desta carta é acompanhada da criação de um 'comitê dotado de poder de apreciação independente, habilitado a provocar os órgãos disciplinares competentes e encarregado de velar pela aplicação daquela carta'. Enfim, a lei instaura igualmente a obrigação aos presidentes de federações esportivas delegatárias, das ligas profissionais, assim como aos presidentes do comitê nacional olímpico e esportivo francês e do comitê paralímpico e esportivo francês de se submeterem às obrigações e dispensas em matéria de declaração de situação patrimonial e de interesses em face da alta autoridade pela transparência da vida pública segundo as modalidades previstas pelo artigo 11 da Lei nº 2013-907 de 11 de outubro de 2013 relativa à transparência da vida pública. A Lei de 1º de março de 2017 teve por objetivo, igualmente, reforçar a regulação dos fluxos financeiros, notadamente através dos órgãos de controle de gestão criados pelas ligas profissionais. A este título, o artigo 12 de seu texto visa aprimorar as ferramentas colocadas à disposição

---

[302] SÉNAT, 2022.

destes organismos para controlar as associações e sociedades esportivas nos planos administrativo, jurídico e financeiro. Este artigo permite igualmente a estes organismos controlarem a atividade dos agentes esportivos e melhor avaliarem os projetos de compra, cessão e alteração dos acionistas das sociedades esportivas. Além da Lei de 1º de março de 2017, o roteiro traçado pelo Ministério dos Esportes concernente à relação com as federações esportivas e ligas profissionais repousa sobre a necessidade de reorientar a ação do Estado para as missões de coordenação, regulamentação e controle, notadamente ético. Por isso, o Ministério dos Esportes se comprometerá a trabalhar na modernização dos modos de governança das federações esportivas baseando-se nos princípios da democracia e da transparência conforme os valores que o esporte carrega na sociedade.[303]

Veja-se que a discussão proposta no Senado francês girou em torno não de eventual afronta à autonomia, mas na própria necessidade de limitar-lhe alcance, para manter-lhe circunscrita às regras de jogo e de competição, sem deixar-lhe transbordar para questões econômicas, mais expostas a interesses escusos de ganho individual – e, por vezes, ilegal. A resposta, justamente calcada nas inovações perpetradas pela Lei nº 2017-261, demonstra a adequação de tal legislação aos contornos outorgados pelo Direito Francês ao direito ao esporte.

Visualizado o esporte como missão de serviço público e compreendida a sua efetivação por meio de uma parceria entre Estado (ente supervisor) e organizações esportivas (entidades executoras), é corolário natural a inclusão dos responsáveis por sua efetivação social no rol dos demais responsáveis pela promoção de políticas públicas, como fez a Lei nº 2017-261.[304] A boa governança das organizações esportivas – buscada, neste caso, pela transparência operada em face de seus dirigentes – é, como bem destacado pelo Parlamento Europeu, condição para o florescimento da própria autonomia, e não requisito que lhe provoque prejuízo.

---

[303] SÉNAT, 2022, trad. nossa.

[304] A Lei nº 2017-261 trouxe, ainda, outras novidades para o direito desportivo francês, que não foram objeto de específica análise neste tópico. Dentre outras, incluiu no Código do Esporte disposições sobre a necessidade de adoção de cartas de ética e de regras de deontologia, sobre o controle dos fluxos financeiros e dos agentes desportivos, regras para o melhoramento da competitividade e disposições voltadas à promoção do esporte feminino.

3.3 Configuração internacional da proteção ao esporte e à sua integridade

Sob o prisma internacional, não são poucas as iniciativas intergovernamentais ou de organismos internacionais que buscam proteger a integridade do esporte. E a proteção a tal princípio é considerada condição *sine qua non* para o usufruto das prerrogativas de autonomia e autorregulação das entidades responsáveis pela gestão do esporte. Segundo a Comissão das Comunidades Europeias:

> Uma gestão adequada do desporto é uma condição indispensável para a autonomia e autorregulação das organizações desportivas. Embora não seja possível definir um modelo único de gestão para o desporto europeu, tendo em conta as suas diferentes disciplinas e as diferenças nacionais, a Comissão considera que existem princípios interligados que sustentam a gestão do desporto a nível europeu, como a autonomia (nos limites previstos na lei), a democracia, a transparência e a assunção de responsabilidades no processo de tomada de decisão, e a inclusividade na representação das partes interessadas. Uma boa gestão no desporto é uma condição essencial para superar os desafios com que se deparam o desporto e o quadro normativo da EU.[305]

Há, assim, no cenário internacional, tendência regulatória voltada a garantir a "boa gestão do esporte", prevenindo e combatendo práticas que possam ensejar ameaças à integridade esportiva. Embora a força vinculante das normativas internacionais sobre o tema seja inferior àquela das normas exaradas pelas nações (por estarem as federações internacionais "imunes" a tais normativas),[306] é certo que sua força política, e a estratégia do "blame and shame",[307] colaboram para a formação de uma consciência global quanto à

---

[305] COM, 2011, p. 11.

[306] As federações internacionais possuem, em sua maioria, sede na Suíça, país que não integra a União Europeia e é considerado um dos países europeus mais "permissivos" em relação à sua organização e funcionamento.

[307] Por meio da estratégia do "blame and shame", a ausência de coercibilidade dos modelos principiológicos das organizações internacionais relacionados à integridade do esporte é superada pela previsão de indicadores e metas a serem alcançadas. O não cumprimento de tais metas, embora não resulte em sanção, pode resultar em medidas de "propaganda negativa", como a inclusão em listas públicas ou outros mecanismos de publicidade daqueles que não lograram atingir as metas propostas.

necessidade de adesão a um ideal de integridade – e às práticas necessárias a tal desiderato.

Como já atestado anteriormente, um dos organismos internacionais mais atuantes neste cenário é a União Europeia. Diante da importância outorgada ao esporte no meio europeu e ante a necessidade de uma conformação normativa mais uniforme entre os países daquele continente – principalmente dada a vocação internacional do meio esportivo, que não conhece fronteiras nacionais, nem sequer continentais –, a União Europeia tem sido chamada a manifestar-se sobre o tema rotineiramente, a ponto de ter elaborado, já no ano de 2007, o *Livro Branco sobre o Esporte*,[308] reunindo, ademais, os ministros de Esporte dos diversos Estados rotineiramente para discussão sobre temas de comum interesse, como é o caso da integridade.

> O *Livro Branco da Comissão Europeia* (2007), a Comunicação de 2011 sobre o tema *"Desenvolvendo a Dimensão Europeia no Esporte"* e os subsequentes Planos de Trabalho para o Esporte da UE (2011-2014 e 2014-2017) enfatizaram, sem exceção, a importância de promover integridade nas práticas esportivas, incluindo a necessidade de combater a corrupção. Políticas públicas sobre a corrupção no esporte têm enfatizado a necessidade de um diálogo estruturado entre governos e organizações esportivas, além de relevantes projetos e redes. Uma primeira prioridade dos Planos de Trabalho quanto à corrupção tem sido a luta contra a manipulação de resultados, já que esta tem sido comumente reconhecida como uma das prevalentes formas de corrupção no esporte. Outras prioridades-chaves na temática da promoção da integridade incluem o combate à dopagem e a promoção da boa governança.[309]

Especificamente acerca da temática da integridade – e, em especial, o seu viés da boa governança –,[310] foi inaugurada, no ano

---

[308] O *Livro Branco sobre o Esporte* tem por objetivo definir uma orientação estratégica para o papel do desporto na União Europeia, sendo composto por planos de ação voltados à atuação – respeitada a autonomia das organizações esportivas – sobre o esporte em sua globalidade (relacionado à saúde, educação, inclusão social e etc.).

[309] ECORYS; MANOLI, 2018, p. 8, trad. nossa.

[310] A par da boa governança, o cenário internacional tem se preocupado com outros aspectos relacionados à integridade no esporte, como a manipulação de resultados, a luta contra a dopagem e a lavagem de dinheiro. No relatório denominado *Mapping of Corruption in Sport in the EU – A report to the European Commission*, são descritas algumas iniciativas de relevo sobre o tema, dividindo-se em: (i) nível intergovernamental: "A Convenção sobre Manipulação das Competições Esportivas do Conselho Europeu (2014) foi introduzida como um tratado multilateral voltado a prevenir, detectar e

de 2017, a iniciativa internacional denominada IPACS – International Partnership Against Corruption in Sport [Parceria Internacional contra a Corrupção no Esporte]. A parceria conta com representantes de governos, organizações esportivas e organizações internacionais, tendo por missão unir os *stakeholders* relevantes para fortalecer e apoiar esforços voltados a eliminar a corrupção e promover a cultura da boa governança dentro e no entorno do esporte. Verifica-se que

> o interesse na Parceria cresceu significativamente desde sua formação, e suas metas e programas de trabalho foram discutidas em vários eventos internacionais, incluindo as 14ª e 15ª Conferências de Ministros responsáveis pelo Esporte do Conselho Europeu (Budapeste, 2016, e Tbilisi em 2018, respectivamente); a Conferência "Protegendo o Esporte da Corrupção" organizada para implementação da Resolução 7/8 sobre corrupção no

---

punir a manipulação de resultados no esporte. Esta convenção é a primeira ferramenta internacional legalmente vinculante de combate à manipulação de resultados para os Estados que escolham ratificá-la; (ii) associações internacionais de atletas: em paralelo, as associações internacionais de atletas e as associações esportivas em geral integram, em regra, subunidades especiais para defender a integridade do esporte. Notadamente, a unidade de prevenção de manipulação de competições do Comitê Olímpico Internacional (COI) reforça a estratégia de três pilares para promover o esporte 'limpo'. Isso inclui regulação e legislação, incremento da conscientização, construção de capacidades, além de inteligência e investigações. O Fórum Internacional do COI para Integridade no Esporte (IFSI) promove, ainda, colaborações entre múltiplos 'stakeholders' na proteção do esporte limpo, unindo representantes de governos, de organizações internacionais e de organizações esportivas nacionais e internacionais, além de entidades e especialistas em apostas"; (iii) esforços da sociedade civil global: "várias organizações da sociedade civil proeminentes ainda almejam mobilizar maior público na luta contra a corrupção ao conectar a comunidade esportivo com o mais amplo movimento contra a corrupção. Por exemplo, a Iniciativa de Corrupção no Esporte da Transparência Internacional inclui uma ampla parceria entre especialistas, apoiadores e patrocinadores focados em gerar pesquisas, análises, diálogo e recomendações chaves"; (iv) política internacional e organizações de segurança: órgãos de segurança internacional de liderança também são ativos na promoção da anticorrupção nos esportes. Por exemplo, ações inovadoras em aprendizado de prevenção foram estabelecidas tanto pelo Centro Internacional de Segurança Esportiva (ICSS) quanto pela Unidade de Integridade no Esporte da INTERPOL. Para garantir boa governança, integridade e segurança no esporte, a Iniciativa "Insight" da ICCS inclui conselhos estratégicos a respeito de integridade, boa governança e desenvolvimento de políticas, investigações e inteligência, treinamento e educação dos 'stakeholders' do esporte"; (v) federações internacionais de esportes individuais: "além dos programas de 'e-learning', uma iniciativa prevalecente entre as federações internacionais esportivas para esportes individuais (ex. futebol, basquetebol, tênis) envolve plataformas online de denúncias. Mais notoriamente, a FIFA lançou uma plataforma de denúncias confidenciais, cuja sigla é CRP. Pela CRP, os indivíduos podem denunciar qualquer forma ou conhecimento de potencial manipulação de competições ou corrupção. (...) Outra prática comum pra promover o esporte limpo e a boa governança por parte das federações esportivas internacionais é o estabelecimento de um Código de Ética geral" (MANOLI *et al.*, 2018, p. 12).

esporte adotada em Novembro de 2017 pela Conferência dos Estados partes da Convenção das Nações Unidas contra Corrupção e o Fórum da OCDE sobre Anticorrupção e Integridade em Março de 2018; chamadas feiras pelos líderes do G20 no Comunicado dos Líderes de Hamburgo, em 2017; o encontro dos Chefes de Governo da Commonwealth de 2018 e a inclusão do esporte e do comprometimento de apoio ao IPACS como parte do Plano de Ação Anticorrupção do G20 para 2019-2021.[311]

Uma das forças tarefas do IPACS visa, justamente, ao estudo de regras de boa governança que possam ser aplicadas globalmente para as organizações esportivas. Na medida em que representantes do Comitê Olímpico Internacional (COI) e de outras organizações esportivas internacionais transversais entre as modalidades – como a Associação das Federações Internacionais das Olimpíadas de Verão (ASOIF) – participam das discussões e deliberações, é inegável a legitimação das recomendações que sejam oriundas do trabalho do IPACS. Sua força vinculante é demonstrativa da chamada autonomia negociada, cogitada por Chappelet, e a que fizemos alusão no Capítulo I.[312]

Na mesma linha, o Parlamento Europeu lançou recentemente a Resolução nº 2199, de 2018, com o título *Towards a framework for modern sports governance* [Em busca de uma estrutura para a moderna governança do esporte]. Neste documento, o Parlamento Europeu, em face dos recentes escândalos de corrupção, dopagem e manipulação de resultados no esporte, verificou a necessidade de aceitação, pelas organizações esportivas, de novos *stakeholders*, considerando que sua autonomia deve ser observada na medida em que desempenhada dentro de parâmetros de boa governança.[313]

---

[311] IPACS, 2019, trad. nossa.

[312] Conforme já destacamos, "entre a autonomia total utópica e a autonomia de fachada não sustentável, as organizações esportivas devem construir junto com os Estados um novo modelo de autonomia do esporte, a meio caminho entre aqueles de inspiração liberal e aqueles de inspiração intervencionista, que poderia ser denominado 'autonomia negociada' e que é próprio da configuração social da tipologia Vocasport. O esporte não poderá continuar a se desenvolver harmoniosamente senão caso uma forte cooperação se estabeleça entre as organizações esportivas e os governos, baseada na compreensão e no respeito mútuos, assim como em consultas regulares" (CHAPPELET, 2010, p. 54, trad. nossa).

[313] "1. A Assembleia Parlamentar lamenta o fato de os recentes escândalos a respeito de doping, combinação de resultados, casos de corrupção, incluindo propina, compra de votos em licitações para grandes eventos esportivos, má gestão financeira, lavagem de dinheiro, fraude fiscal, apostas ilegais e exploração e tráfico de jovens atletas tenha maculado a imagem do esporte internacional, trazendo à luz a falta de transparência e "accountability" nas maiores organizações de administração do desporto. A crise de confiança parece longe de terminar. As

CAPÍTULO III
ESTADO E ESPORTE NO MUNDO | 171

A importância da resolução reside, principalmente, no reconhecimento da necessidade de se repensar o sentido da autonomia das organizações esportivas, considerando a importância do papel desempenhado pelas nações na construção de estruturas capazes de prevenir e combater ameaças à integridade. Assim, endereçou-se o Parlamento Europeu tanto aos Estados quanto a duas organizações esportivas internacionais – o COI e a ASOIF – como forma de debater e cuidar do problema da governança, *in verbis*:

> 17. À luz do acima exposto, a Assembleia apela aos membros do Conselho Europeu, aos Estados observadores e aos Estados cujos Parlamentos gozam do status de observadores na Assembleia Parlamentar, a:
>
> 17.1 promover a boa governança das organizações esportivas que atuam em seus territórios e adotar códigos nacionais vinculantes, baseados nas recomendações apresentadas no apêndice a esta Resolução;
>
> 17.2. encorajar os líderes dos movimentos nacionais esportivos para ativamente promover a boa governança enquanto atuando dentro do quadro das organizações esportivas internacionais;
>
> 17.3. fazer com que a concessão de benefícios públicos às organizações esportivas e para eventos esportivos sejam condicionados à observância de standards de boa governança;

---

falhas são sistêmicas e incitam uma grande revisão das estruturas de governança do esporte e de suas práticas. 2. A Assembleia defende a importância de que o esporte goze de autonomia; ainda assim, a autonomia enseja responsabilidade e deve ser autorizada a florescer apenas onde há boa governança em prática. A Assembleia acredita que o movimento esportivo não pode ser deixado sozinho para resolver suas falhas. Deve-se aceitar ter a bordo novos "stakeholders" para abraçar as necessárias reformas. 3. A Assembleia reconhece as reformas já realizadas pela maioria das federações esportivas internacionais, incluindo a Associação Internacional das Federações de Atletismo (IAAF), a Federação Internacional de Futebol (FIFA), a União das Associações de Futebol Europeu (UEFA) ou a União Internacional do Ciclismo (UCI); no entanto, mais precisa ser feito. O Comitê Olímpico Internacional – COI precisa demonstrar mais ousada liderança e fazer progressos em acelerar as reformas. 4. Restaurar a confiança pública começa por encerrar a impunidade e trazer justiça para aqueles responsáveis por crimes. Acima de tudo, o movimento esportivo precisa demonstrar, por ele mesmo, ser capaz e querer tomar medidas proativas para estancar a cultura de corrupção e ausência de leis dentro de seus quadros e trazer justiça àqueles que cometeram crimes. 5. A Assembleia mantém que é também responsabilidade dos governos criar um quadro legislativo robusto que permita o processo de lideranças do esporte por atos de suborno, desvio de recursos ou outras formas de corrupção; promover efetivas investigações, processo e mútua assistência jurídica com cooperação judicial e policial; e condicionar o recebimento de recursos públicos para eventos esportivos ao cumprimento e standards de boa governança. A Assembleia saúda o Governo da Suíça – casa de cerca de 60 federações esportivas internacionais – por ter introduzido uma complexa legislação que permite o processo de corrupção privada no esporte e classifica os líderes de organizações esportivas como 'pessoas politicamente expostas', assim permitindo aos investigadores examinarem suas contas e transações financeiras" (PARLIAMENT ASSEMBLY, 2018, trad. nossa).

17.4. implementar as resoluções finais da 14ª Conferência de Ministros responsáveis pelo Esporte (Budapeste, em 29 de novembro de 2016), em particular no que diz respeito à adoção e efetiva aplicação de previsões criminais claras na repressão da corrupção privada aplicável ao esporte, medidas de proteção de delatores e previsões na luta contra a lavagem de dinheiro e a corrupção no campo do esporte, por exemplo encorajando instituições financeiras a considerar alguns líderes de organizações esportivas como "pessoas politicamente expostas";

17.5. apoiar o trabalho do Consenso Parcial Ampliado do Esporte do Conselho Europeu (EPAS) e em particular a preparação do rascunho de recomendação do Comitê de Ministros dos Estados Membros na promoção da boa governança no esporte e na elaboração de coletânea e publicação de boas práticas na governança esportiva.

18. A Assembleia chama o COI para intensificar as reformas para moderna governança e apoiar mudanças na cultura de governança ao:

18.1. revisar seus Princípios Básicos Universais de Boa Governança no mandato da Agenda 2020, ao trazê-lo para dentro dos Princípios-chave de Governança e Indicadores Básicos da ASOIF e com as recomendações apresentadas no apêndice a esta Resolução;

18.2. apoiando e participando ativamente na criação de um standard de certificação ISSO em governança de organizações esportivas;

18.3. desenhando uma estratégia compreensiva de implementação de boa governança e "compliance", incluindo uma avalição externa profissional de "compliance"; assistência às federações em termos de aconselhamento, treinamento, ajuda financeira e construção de capacidades; e um sistema justo de recompensas e sanções;

18.4. fortalecer ainda mais seu Código de Ética e remover quaisquer ambiguidades de conflitos de interesses dentro das estruturas da sua Comissão de Ética, a qual pode ter poder de investigar de ofício casos de má conduta ética e de aplicar as sanções apropriadas, e ter recursos financeiros seguros e suficientes, além de um secretariado independente;

18.5. consolidar as regras e construir "firewalls" nos procedimentos que recentemente provaram-se com graves lacunas, por exemplo as regras de licitação para os grandes eventos esportivos e as regras de emissão de tickets.

19. A Assembleia estimula a liderança da ASOIF a publicar informações detalhadas da avaliação de todos os seus indicadores e dos resultados do segundo round para compará-los com uma avaliação externa independente levada a cabo pelo "Sports Governance Observer" (Observador de Governança Esportiva) ou outros corpos não-governamentais.[314]

---

[314] PARLIAMENT ASSEMBLY, 2018, trad. nossa.

Ao reconhecer-se a importância da atuação coordenada entre segmento esportivo e Estados no que concerne às ações relacionadas à integridade no esporte, as organizações internacionais e supra-estatais[315] reconhecem, a reboque, que o princípio da autonomia pode e deve ser analisado em face dessa missão desempenhada em dúplice investidura: pelos Estados e pelas organizações esportivas.[316] [317]

---

[315] Embora o foco desta obra seja a análise da integridade do esporte sob o viés das políticas estatais (ou intergovernamentais), não se pode olvidar que algumas organizações esportivas internacionais já fizeram vários – e relevantes – avanços nesta temática, em grande parte acionadas pela pressão derivada dos escândalos de corrupção no esporte a que fizemos referência. Assim, afirmam Simon Gardiner, Jim Parry e Simon Robinson (2016), que "uma evolução dos últimos 15 anos ou mais é que as maiores Federações Esportivas Internacionais desenvolveram códigos de ética em conjunto à formação de corpos de monitoramento e 'compliance', quer individualmente, quer em parceria com organismos externos. Entre elas incluem-se a Unidade Anticorrupção e de Segurança do Conselho Internacional do Cricket (ICC); o Sistema de Aviso Antecipado da União do Futebol Europeu (UEFA), dirigido pela companhia privada 'Sport Radar'; e a Unidade de Integridade do Tênis da Federação Internacional do Tênis (ITF). Nos esportes nacionais, um exemplo poderia ser a Associação do Futebol Inglês e a Primeira Liga, as quais, juntamente com a Liga Maior do Baseball, trabalham com a companhia privada, Sport Integrity Monitor (SportIM). Todos esses corpos, e aqueles em outras modalidades esportivas, falam sobre defender a integridade, mas poucos proporcionam qualquer articulação real do seu significado do termo acima da necessidade de engajamento nos assuntos de governança da competição, como manipulação de resultados e antidopagem. O órgão da ITF no tênis possui a palavra 'integridade' em seu título, mas não proporciona um significado para o termo, embora o Relatório que tenha levado à sua criação indique que 'integridade no esporte é crucial para seu sucesso e para a fruição dos participantes, espectadores e outros stakeholders interessados' (ITF, 2008). De fato, como um órgão, o foco é primordialmente e estreitamente a manipulação de resultados".

[316] "Finalmente, uma questão pode também apresentar-se quanto a quem é responsável por se engajar no desenvolvimento da política esportiva em matéria de integridade no esporte e quem deve levar a cabo tal política. Parece claro, em relação à primeira questão, que a complexidade das questões envolvidas significa que o problema somente pode ser endereçado propriamente por respostas de múltiplos 'stakeholders'. Um dos 'stakeholders', embora frequentemente negligenciado e igualmente frequentemente excessivamente tímido sobre o engajamento público, é a comunidade de filósofos e estudiosos da ética esportiva. Até que medida o esporte é capaz de auditorias autocríticas? Parece claro que suas vozes deveriam ser ouvidas nos próximos meses e anos conforme a agenda esportiva se desdobra. Em segundo lugar, é claro que há uma necessidade premente para o desenvolvimento de um novo profissional dentro das organizações esportivas: os Oficiais de Integridade e Ética do Esporte. Além disso, se tais 'experts' terão estruturas de ponta será necessário que se permitam seu acesso ao alto escalão das instituições esportivas. E aqui também os filósofos do esporte e os estudiosos da ética esportiva deverão fazer uma contribuição efetiva tanto no desenvolvimento da educação como da política" (CLERET *et al.* 2015).

[317] Outra iniciativa de destaque, no âmbito internacional, é o *Global Report on Corruption in Sport*, desenvolvido pela Organização das Nações Unidas (ONU), em parceria com especialistas do ramo esportivo, e publicado em 2021 (UN, [2021]).

CAPÍTULO IV

PROPOSTA DE UM MARCO JURÍDICO PARA A INTEGRIDADE DAS ORGANIZAÇÕES ESPORTIVAS NO BRASIL

Neste Capítulo IV, em sua característica de capítulo de fechamento, o desafio proposto é a integração das ideias lançadas ao longo dos Capítulos I a III e a formação da ideia defendida. Se no Capítulo I se apresentou a conceituação inicial das ideias de esporte, autonomia e integridade, estas serão neste momento entrelaçadas, de forma a conformar um modelo esportivo que, observando a evolução da noção de esporte e integridade no Brasil, às quais lançamos luz no Capítulo II e com base nas experiências estrangeiras e internacionais estudadas no Capítulo III, tentaremos demonstrar que, no embate entre Olímpia e Leviatã, há um caminho para a cooperação.

Essa cooperação – já sinalizada principalmente pelo esquema francês –, no entanto, não se sustenta senão a partir de um novo olhar sobre os conceitos já analisados nas linhas que antecederam este Capítulo, cuja nova conformação permitirá, justamente, a harmonização da garantia à autonomia das organizações esportivas (ou melhor, do esporte) com a normatização, pelo Estado, de regras de integridade, propondo-se um novo marco jurídico para esse fim.

Iniciemos, pois, pela (re)construção dos conceitos de esporte e autonomia, sob a óptica de sua função social.

4.1 Esporte e autonomia sob a ótica de sua função social

A missão de (re)construção de conceitos é, no Direito, uma das mais complexas – e, pois, das mais nobres. Se a abertura hermenêutica da ciência jurídica permite aos intérpretes a liberdade de amoldar os conceitos às mais díspares visões, o meio acadêmico desafia-nos a fazê-lo com fundações sólidas, as quais não sejam destruídas com a mera mudança de direção dos ventos hermenêuticos.

Nas linhas que seguem, ao falar em (re)construção dos conceitos de esporte e autonomia, o que se propõe, na realidade, é uma espécie de "desintoxicação" desses conceitos, principalmente do segundo, o qual teve seus contornos, após a Constituição de 1988, levados a extremos interpretativos. Interesses dos mais variados, amalgamados pelo objetivo comum de rechaçar a ação de um regime marcadamente interventivo verificado no passado,[318] impulsionaram o delineamento de uma autonomia quase absoluta, conforme já abordado no Capítulo II.[319] A "desintoxicação" proposta tem por escopo, justamente, desnudar os preconceitos que ensejaram esse inchaço do conceito de autonomia – a ponto de tudo imunizar – para forjá-lo em sua intrínseca significação: a autonomia instrumental, voltada à proteção do bem jurídico "esporte".

Se o esporte nasce da noção de jogo, como propugna Huizinga,[320] sob a forma de um ato voluntário voltado apenas a si mesmo, sua auto referencialidade inicial faz com que seja desnecessária qualquer perquirição sobre a sua interação com outros fatos sociais. O valor do jogo, em sua gênese, apresenta-se em si como um valor auto referenciado e, pois, não avaliado em termos comparativos.

Com a evolução dessa noção de jogo e a ideia de competição que traça os contornos do que se passou a denominar esporte,

---

[318] Já fizemos alusão a tal intervencionismo exacerbado no Capítulo II, ao mencionarmos as questões relacionadas ao Decreto-Lei nº 3.199, de 1941, e à Lei nº 6.251, de 8 de outubro de 1975.

[319] Fizemos, naquele Capítulo, alusão à ideia lançada por Álvaro de Melo Filho (citado por CAMARGOS, 2017) na análise do artigo 217, da Constituição de 1988, para quem "o item II outorga a 'carta de alforria' às entidades desportivas dirigentes, afastando a autoritária e despropositada intromissão estatal nas questões internas da administração do desporto prática essa incompatível com o regime democrático".

[320] Sobre a noção de jogo, em Huizinga, vide Capítulo I, 1.1 (nota 16).

apresentam-se nuances antes desconhecidas a este fenômeno, o qual sai da esfera da autorreferencialidade para atingir um patamar de pertencimento à vida social do ser humano, ao lado de outros valores ali circunscritos (como a cultura).[321] [322]

Se, após sua concepção quase religiosa na Grécia Antiga – quando alma e corpo eram quase igualmente idolatrados –, o esporte passou a ser rechaçado na Idade Média – principalmente por ação da Igreja Católica, que via o culto ao corpo como uma negação ao culto pleno da alma –, a Idade Moderna apresenta o esporte como um valor ínsito à vida social, passando a Inglaterra a incluir a disciplina de educação física – como educação ao corpo – em seus currículos escolares e universitários.[323]

---

[321] Pode-se afirmar, ademais, que a cultura não é apenas um valor em si, mas um meio de produção e reprodução de valores. De todo modo, em qualquer sentido que se eleja, a cultura pertence à vida social humana na medida em que representa valores caros àquela.

[322] Neste sentido, os ensinamentos de Norbert Elias, para quem "em poucas palavras: o esporte e os jogos são figurações sociais que são organizadas e controladas e que, assim mesmo, as pessoas presenciam e jogam. Ademais, não estão desligadas do social, nem flutuam livremente, sem relação com a estrutura mais ampla de interdependências sociais, ao contrário, vão entrelaçadas, frequentemente inextricavelmente, com o tecido da sociedade em geral e, através deste, com a estrutura das interdependências internacionais" (ELIAS; DUNNING, 1992, p. 249.

[323] "Quando a Rainha Vitória foi coroada, em 1873, os esportes britânicos ainda eram, na maior parte, relativamente negócios informais ocasionais patrocinados pela aristocracia rural, a paróquia ou o publicano local. Quando ela foi sucedida por Eduardo VII, em 1901, a competição esportiva típica era um evento regular da agenda patrocinado por um clube esportivo com filiação a uma federação esportiva nacional. O futebol popular vinha uma vez ao ano, para marcar o equinócio invernal ou celebrar a chegada da primavera. A presença em um jogo de futebol no sábado à tarde era parte da rotina semanal de um trabalhador. Essa transformação, essa institucionalização do esporte moderno, era, em grau marcante, fruto do trabalho de mestres, estudantes e graduados da Eton e de outras 'escolas públicas' estabelecidas para educar os filhos da elite britânica. Durante o longo reinado de Vitória, a noção de que o esporte amador – especialmente as modalidades esportivas por equipes, em especial o críquete – era a base da 'personalidade' se tornou um artigo de fé mais firmemente mantido do que as doutrinas da Igreja da Inglaterra. A "Cristandade Muscular", que desestabilizou a parceria entre piedade e atletismo, desenvolveu-se, na verdade, de maneira devagar. Os educadores ingleses eram inicialmente relutantes em aceitar os esportes como um pilar fundamental de seus currículos. Quando os garotos da Escola Westminster descobriram as gratificações pagãs do críquete e suas equipes, os seus professores ficaram mais horrorizados do que satisfeitos. Em 1796, o diretor da Escola Eton açoitou onze pupilos por jogar críquete contra a Escola Westminster em desafio às suas ordens. Os garotos não foram dissuadidos. Garotos mimados da aristocracia estavam, ao contrário, indignados quando os seus professores de nível social inferior tentavam impedir seus jogos. Quando o diretor da Escola Westminster interveio no remo, os rapazes insultaram-no, chamando-o de "covarde, piegas, nada cavalheiro e 'merda condenável aguda'. Meio século depois, professores de classe média hostilizados decidiram aceitar e celebrar o que eles não conseguiam prevenir. Afinal, eles ponderaram, o esporte poderia se provar um substituto útil para a caça, a bebida e a prostituição, as quais estavam entre as

TATIANA MESQUITA NUNES
OLÍMPIA E O LEVIATÃ

Em um primeiro momento, porém, o esporte ainda era um valor apenas relacionado ao indivíduo ou a um grupo de indivíduos, como forma de aproveitamento do seu tempo livre,[324] por vezes individual, por vezes coletivamente.[325] Foi com a organização das modalidades esportivas, prevendo-se regras para as competições, que o esporte passou a ser valorizado não mais apenas sob o prisma do indivíduo, mas também das organizações que passaram a traçar-lhe os contornos, configurando-se uma espécie de bifurcação de interesses baseado na prática esportiva (sob as óticas do lazer, da profissionalização e da assistência dos espectadores).

A partir deste momento, as organizações apropriaram-se, em certa medida, das modalidades esportivas, passando a criar regras universais e, com isso, a permitir que a competição ultrapassasse as barreiras locais para alcançar todo o globo. A formação das pirâmides organizacionais – próprias do direito desportivo – permitiu uma conformação do modelo desportivo à necessidade de universalidade de seus mandamentos, prevendo-se uma estrutura em que as regras postas pelas federações internacionais (ou comitês)

---

atividades de lazer preferidas dos pupilos de classes altas. Embora Thomas Arnold, diretor de *Rugby* entre 1828 e 1842, tenha sido glorificado e difamado como o homem que colocou o esporte no centro da educação de elite, G. E. L. Cotton em Marlborough e Edward Thring em Uppingham foram, na verdade, os primeiros diretores a valorizar a habilidade com um bastão de críquete sobre a habilidade de analisar versos da *Eneida*. Em seu diário de 10 de setembro de 1853, Thring escreveu, "eu entrei na minha função de diretor com uma iniciação bastante apropriada de um feriado inteiro e uma partida de críquete em que ganhei 15 por algumas boas rebatidas oscilantes, para o grande deleite dos meus pupilos" (GUTTMANN, 2004).

[324] Sobre a noção de tempo livre e tempo de trabalho, vide ELIAS, 1998; ELIAS, 1994; ELIAS,; DUNNING, 1992.

[325] De uma das características principais do esporte moderno – a competitividade – decorre uma incompatibilidade com a ideia de prática esportiva individual. Pode-se recorrer, aqui, pois, às noções de Aristóteles, que distinguia o esporte da atividade física esportivizada. Para o filósofo grego, apenas os homens proprietários e livres gozavam da disponibilidade de tempo, esta considerada elemento essencial para a prática da atividade física que, a depender do treinamento e dos seus objetivos, se transmutava em atividade física esportivizada; o treinamento de jovens nos ginásios era um exemplo disso, não tendo, necessariamente, caraterísticas do esporte moderno, como a competitividade. Essa ideia se alia à noção de jogo de Huizinga, já retratada no Capítulo I, a qual também vem impregnada desse caráter coletivo, de maneira a demandar a existência de ao menos dois atores (quaisquer seres vivos, humanos ou não). Nada obstante, prefere-se a alusão mais genérica à possibilidade de prática individual para abarcar todas as que, modernamente, possam ser englobadas no conceito mais amplo de esporte (como, por exemplo, a prática de corrida, ainda que desatrelada de uma competição). Veja-se, sobre o tema: GALLO, 2006, p. 9-30).

devem ser observadas – e, em alguma medida, reproduzidas – por suas projeções nacionais.

Como já estudado no Capítulo I, essa apropriação realizada primeiramente pelas organizações esportivas fez com que o Estado, ao buscar sua parcela de participação no âmbito esportivo, fosse inicialmente visto como um intruso. Se, no século XIX, o Estado via o esporte como mera manifestação social, sem lhe observar com especial interesse, o século XX deu-lhe outra conotação, passando o Estado a buscar, seja para o controle das massas, seja para promoção de uma imagem pujante perante as outras nações (o dito *soft power*), a instrumentalização daquele fenômeno.

Naquele momento, o Leviatã e as organizações responsáveis por ditar as regras de Olímpia passaram a travar suas batalhas mais emblemáticas. Se, de um lado, as organizações esportivas, acostumadas com a hegemonia conquistada no século XIX, não queriam dividir o protagonismo de sua atuação com ator tão poderoso como é o Estado, este buscava, às vezes até pela força de sua espada (a coerção legal), impor-se no meio esportivo.[326]

O resultado deste embate no esquema esportivo brasileiro foi, como visto, o intervencionismo estatal acentuado no período iniciado pela Era Vargas até o final da ditadura militar, com a concreta intromissão nos assuntos próprios das organizações esportivas, a culminar com a escolha dos seus dirigentes.

A Constituição da República de 1988, promulgada em ambiente de intensa hostilidade entre Estado e movimento esportivo, deu coercibilidade aos reclamos do movimento esportivo, passando a prever, no artigo 217, inciso I, a indigitada autonomia das organizações esportivas. Tratou-se de evidente resposta àquela intromissão tida por indevida, dando à Olímpia um escudo para proteção contra as (reputadas) incabíveis intromissões realizadas com o poder da espada de Leviatã.

Como visto no Capítulo II, mais do que prever tal autonomia pela primeira vez na história brasileira, a Constituição da República de 1988 deu ao esporte real assento constitucional, prevendo-o como

---

[326] No Brasil, tal imposição se operou, inclusive, com a "estatização" das entidades esportivas nacionais. Como visto no Capítulo II, uma vez percebido tal entranhamento social do esporte, em especial do futebol, o salto do campo político para o campo jurídico não tardou a ocorrer e a legislação que brotou desse encontro restou impregnada de forma indelével das marcas do intervencionismo estatal.

direito social do cidadão e alçando o Estado à condição de seu agente promotor – não apenas regulador. Mudou-se, assim, a visão da relação entre Estado e esporte no Direito brasileiro, equalizando-se as forças de maneira diversa àquela existente até então.

Nesse contexto, a (re)construção proposta dos conceitos de esporte e autonomia passa necessariamente pela análise de sua inserção no corpo da Constituição da República de 1988 e, pois, da observância de toda a lógica informativa da chamada Constituição Cidadã. Se o esporte foi alçado à condição de direito social, previsto no *caput* do artigo 217 como "direito de cada um", é este o marco interpretativo para todos os demais dispositivos que o circundam (como o são os incisos do artigo 217), e, pois, é a proteção deste bem jurídico a que as interpretações dos demais dispositivos devem visar.

A inclusão do valor esporte como bem jurídico constitucionalmente protegido faz com que os direitos que o circundam devam ser interpretados de acordo com a sua funcionalização, no sentido de propiciar o usufruto daquele valor. Assim, a autonomia, embora constitucionalmente consagrada, não o é pelo valor que em si carrega, e sim pelo fato de, ao se preservar a autonomia das organizações esportivas, se preservar, em decorrência, a autonomia do valor esporte perante indevidas intromissões.[327]

Assim, se a autonomia está consagrada como forma de garantia ao direito ao esporte, esta deve ser interpretada de forma a não apenas se relativizar e dar espaço a eventual princípio colidente que, no caso concreto, deva ter prevalência,[328] como também em observância à sua função social. Já afirmamos, em conjunto com o então consultor jurídico junto ao Ministério do Esporte, Pitágoras Dytz, nas razões de defesa da Lei nº 13.155, de 4 de agosto de 2015 (Ação Direta de Inconstitucionalidade nº 5.450, de 2016), que:

> Embora de maneira expressa restrita ao conceito de propriedade, com consagração constitucional nos arts. 5º, inc. XXIII e 170, inc. III, a função

---

[327] Demonstrou-se, no Capítulo I, que a função social do esporte já foi abordada pela autora italiana Antonella D'Andrea (2017), para que, tanto a nível internacional, como a nível europeu, haveria um expresso reconhecimento da função social do esporte, com uma íntima conexão entre esporte e direito social (direito de interesse da coletividade).

[328] Sobre o tema, vide a referência aos ensinamentos de Robert Alexy, feita no subcapítulo 2.2.2 desta obra.

social transbordou aquele conceito e sua matiz filosófica passou a influenciar a interpretação de direitos até então considerados de ordem essencialmente privatista, como é o caso do direito contratual ou dos direitos societários.

A função social passa, assim, a congregar fato, valor e norma na exegese do texto legal. A teoria tridimensional do Direito, propugnada por Miguel Reale, ganha real existência com a noção de funcionalização, servindo efetivamente a norma, ante os fatos da vida, como mecanismo de concretização de valores sociais, e não meramente de expectativas individuais.

Segundo os ensinamentos de Judith Martins-Costa, a funcionalização atua com a "atribuição de um poder tendo em vista certa finalidade ou a atribuição de um poder que se desdobra como dever, posto que concedido para a satisfação de interesses não meramente próprios ou individuais, podendo atingir também a esfera dos direitos alheios".

Já afirmamos que a autonomia apresenta-se como instrumento para a concretização do direito ao esporte, consagrado pelo art. 217, *caput*, da Constituição da República de 1988. É, portanto, o esporte o bem jurídico protegido, conforme bem delineado pelo Exmo. Sr. Relator da ADI 2937/DF, Min. Cezar Peluso. Se a propriedade, direito individual considerado pelos romanos como praticamente absoluto, sofre relativização para dar lugar a uma função social, com mais razão deve ser observada a função social do esporte e da autonomia das entidades. Esta deve ser preservada na exata medida em que cumpra a função de promoção do esporte, dando lugar à aplicação de outros princípios sempre que não exercer esta função.

(...)

Enquanto a teoria da relatividade dos princípios – a ensejar o juízo de ponderação correlato ante cada situação concreta – propugna a justa composição entre eles como forma de proteger os valores fundamentais da Constituição, a teoria da função social permite inferir das normas constitucionais o seu real conteúdo, levando em consideração os princípios informadores, seu sopesamento e a influência de cada um deles nos contornos finais do direito. Assim, a norma lastreada pela função social já levará em conta os princípios aplicáveis e, ao ponderá-los, aliará à vontade particular do sujeito os valores a serem socialmente promovidos por sua aplicação.[329]

A aplicação deste conceito de função social para a autonomia das organizações esportivas é, pois, corolário das noções aplicáveis

---

[329] Trecho da Informação CONJUR/ME nº 15/2016, constante do Processo Administrativo nº 00688.000010/2016-39 (Ministério do Esporte e Advocacia-Geral da União) (BRASIL, 2017b).

182 | TATIANA MESQUITA NUNES
OLÍMPIA E O LEVIATÃ

à propriedade e à própria autonomia privada (esta por meio da função social dos contratos e da empresa). Sendo esta princípio instrumental, voltada à efetivação do bem jurídico esporte, a ideia de sua funcionalização em prol deste é coerente com a lógica constitucional imprimida em 1988.

> (...) sob o prisma subjetivo, a função social cria o dever de o sujeito condicionar a sua autonomia privada a certos preceitos da ordem social e, de outro lado, sob o prisma institucional, cria o poder do Estado de intervir nas relações privadas com o fito de preservar a ordem social e os interesses da coletividade.[330]

E essa coerência evita emprestar ao princípio da autonomia das organizações esportivas carga ideológica maior do que o próprio bem jurídico que tem por escopo resguardar, a saber, o esporte.[331] Isso porque a autonomia concebida pela Constituição de 1988 teve por escopo o fortalecimento das entidades esportivas como

---

[330] BARRETO, 2019.

[331] Na oportunidade de defesa da Lei nº 13.155, de 4 de agosto de 2015 (Ação Direta de Inconstitucionalidade n. 5.450, de 2016), já afirmamos, em conjunto com o então Consultor Jurídico junto ao Ministério do Esporte, Pitágoras Dytz, que: "Interpretação diversa emprestaria à autonomia carga ideológica maior do que o bem jurídico que resguarda (o esporte). A utilização da autonomia como verdadeiro "escudo de proteção" das entidades contra atos do Poder Público que visam tão-somente impor-lhes a observância de práticas de transparência e boa gestão (como se busca por meio desta ação direta de inconstitucionalidade), importa em efetivo abuso àquele direito – ou das posições jurídicas dele derivadas (...) Em relação à autonomia das entidades desportivas, ter-se-á o exercício abusivo daquele direito (consagrado sob a forma de princípio constitucional) – ou das posições jurídicas dele derivadas – sempre que o comportamento seja lastreado na interpretação isolada e absoluta do art. 217, inc. I, da Constituição da República de 1988, sem considerar o valor a cuja consagração a autonomia serve como mero instrumento (no caso, o esporte) ou os demais direitos e princípios fundamentais da ordem jurídica brasileira. (...) No caso da Lei nº 13.155, de 2015, especificamente quanto aos artigos impugnados nesta ação direta de inconstitucionalidade, a interpretação dada na exordial demonstra tentativa de dotar direito de grau absoluto, configurando exercício abusivo das posições jurídicas derivadas da autonomia. Embora ferramenta de garantia da liberdade das entidades na plena promoção do esporte, inclusive em face de excessos interventivos do Estado, a autonomia concebida na exordial serve como verdadeiro manto encobridor de práticas dissonantes aos princípios e garantias fundamentais da Constituição. (...) Como qualquer direito, o exercício abusivo das posições jurídicas derivadas da autonomia deve ser reprimido, quer sob a ótica da cláusula geral inscrita no art. 187 do Código Civil de 2002 (que seria plenamente aplicável à hipótese), quer sob a ótica de regras especialmente editadas para esse fim, como são inúmeros dispositivos da Lei nº 13.155, de 2015, que, ao dispor sobre práticas de transparência e boa gestão da entidade, têm o condão de justamente dotar a autonomia dos contornos constitucionalmente devidos, evitando o seu exercício abusivo" (BRASIL, 2017b).

concretizadoras do esporte e como meios de efetivação desse direito. Sua funcionalização permite-lhe conviver com os demais princípios constitucionais, relativizando-se e relativizando-os na medida em que, a cada caso concreto, seja mais ou menos relevante na efetivação do bem jurídico resguardado.

> O meio – no caso, a autonomia das entidades – deve ser compreendido na medida em que serve ao fim para o qual foi desenhado – no caso, a concretização do esporte – e nunca avaliado como "um fim em si mesmo". Assim, a autonomia das entidades, quando configurada como verdadeiro obstáculo à concretização do esporte, deverá retornar à gênese e, em juízo de ponderação, ser relativizada para ceder espaço a interpretação que permita coordenar valor (esporte) e direito correlato (autonomia).[332]

Assim, na medida em que compreendida como garantia cuja função é, justamente, a concretização do bem jurídico "esporte", a autonomia pode ser considerada como inscrita em princípio passível de relativização, e não com o caráter absoluto que quiseram emprestar-lhe ao longo da vigência da Carta Cidadã. E, em tal medida, a autonomia terá seu espectro protetivo apenas voltado a situações prejudiciais ao usufruto do bem jurídico "esporte", reduzindo-se em espectro, por outro lado, para dar espaço a situações que, embora aparentemente possam afetar-lhe, tenham por escopo auxiliar a promoção ou proteger aquele bem jurídico.

Nas palavras do ministro Cezar Peluso, já lembradas no Capítulo II desta obra:[333]

> O SENHOR MINISTRO CEZAR PELUSO – E o art. 217, a mim me parece, com o devido respeito, proíbe que o Estado intervenha na organização da associação desportiva, isto é, *trata-se de norma protetiva contra ato*

---

[332] Trecho da Informação CONJUR/ME nº 15/2016, constante do processo administrativo 00688.000010/2016-39 (Ministério do Esporte e Advocacia-Geral da União), de autoria dos advogados da União Pitágoras Dytz e Tatiana Mesquita Nunes ((BRASIL, 2017b).

[333] Trecho da intervenção do ministro Cezar Peluso (BRASIL, 2007, grifos nossos). Verifica-se, pois, que, ao compreender a interpretação do artigo 217 da Constituição da República de 1988, muito bem soube o Supremo Tribunal Federal apreender seu real sentido: de proteção do bem jurídico esporte em face de indevidas ingerências. E estas seriam, claramente, as ingerências concretas, bem demonstradas no Capítulo II, quando fizemos um escorço histórico apto a demonstrar que os representantes do Estado, então, ingeriam excessiva e abusivamente na seara esportiva, colocando os interesses políticos à frente dos valores relacionados ao esporte.

concreto de intervenção estatal, não contra o poder de legislação sobre formas gerais de associação. Essa parece-me ser a diferença.

Com tal raciocínio quer-se dizer que, embora a autonomia sirva ao fim de proteger o bem jurídico esporte, na medida em que protege as organizações que lhe protegem de interferências indevidas, dará aquela lugar a princípio de maior valor no caso concreto, sempre que as circunstâncias imponham tal relativização. Aqui, afirmamos, pois, a possibilidade de que, frente a valores de maior importância para a proteção do bem jurídico "esporte", a autonomia ceda espaço à priorização de outros princípios.[334] Passaremos, pois, a avaliar, para além da possibilidade, a necessidade de que tal ocorra no tocante às normas de proteção à integridade no esporte.

4.2 A figura da organização esportiva frente ao bem jurídico esporte: peculiaridade do sistema esportivo e sua aproximação com os monopólios e carteis econômicos

Se tudo for deixado ao acaso, o desporto pode vir a transformar-se num mero espetáculo circense gerido por pessoas sem ideias e sem projectos para

---

[334] Mesmo Álvaro de Melo Filho já compartilhou dessa opinião – bastante diversa daquela demonstrada por nós nas linhas do Capítulo II que analisaram a sua interpretação do disposto no artigo 217 da Constituição. Assim, afirmava o autor que "não é demais destacar que MICHOUD, ao tratar do *direito de autonomia* das pessoas jurídicas, enfatiza que 'este direito é o que lhe pertence de reger por si mesmo os seus próprios negócios, de desenvolver sua personalidade no círculo e ação traçados pela lei. Este direito, como os outros, é regulamentado pelo Estado-legislador, e nos limites fixados por ele, pode ser defendido perante os tribunais em nome do ser moral. Seu limite se acha, exatamente, no direito subjetivo de controle que pertence ao Estado. Na ausência de textos é o direito da autonomia que prepondera, porque, para a pessoa moral, como para a pessoa física, o princípio é liberdade. O Estado não pode intervir para restringir esta liberdade senão na medida em que for autorizado por sua própria lei' (cf. MICHOUD, 1932). A atual legislação desportiva federal, instituída pelo Estado, em nada atenta contra a letra ou o espírito deste preceito constitucional, porquanto, no magistério de LYRA FILHO, 'só por instinto de subversão poder-se-á recusar ao Estado, ainda o mais democraticamente organizado em regime de liberalismo *ronflant*, o direito de disciplinar as atividades públicas do desporto e o direito de policiar suas manifestações' (*opus cit.*, p. 286). A autonomia *sub examen* não é um fim em si mesmo, mas um meio de dotar as entidades desportivas de instrumentos legais capazes de possibilitar uma plástica organização e um flexível mecanismo funcional que permitam o eficiente alcance de seus objetivos, e isto envolve, necessariamente, uma profunda revisão do excesso de leis e de amarras burocráticas que cerceiam e tolhem o gerenciamento desportivo das entidades desportivas (MELO FILHO, 1989).

além dos seus interesses pessoais, e alimentado, em muitas circunstâncias, por massas alienadas pela violência da competição ou por regionalismos exacerbados, que atrairão invariavelmente para as suas causas, políticos e empresários que vão, da pior maneira, aproveitar-se do desporto.[335]

As palavras acima destacadas servem para iniciar o debate a que se propõe este Subcapítulo, qual seja, a peculiar forma de organização do sistema esportivo, a permitir sua comparação com os monopólios e cartéis econômicos. Como dito, ao se introduzir o Capítulo III, não foi à toa a escolha dos sistemas francês e norte-americano como objetos de estudo. Se o sistema francês – mais "interventivo" –[336] auxiliará no fechamento deste Capítulo quando do desenho de uma forma de conciliação entre integridade e autonomia no sistema brasileiro, o sistema norte-americano – menos "interventivo", mas nem por isso alheio à prática esportiva – auxiliará na análise da eventual aproximação entre o sistema esportivo e os monopólios e cartéis econômicos.

Como já estudado, nos Estados Unidos da América, bem cedo houve tendência da Suprema Corte dos Estados Unidos em aplicar a Lei Sherman (principal ato antitruste norte-americano) para as contendas relacionadas ao esporte, especificamente aqueles organizados em Ligas. Isso porque, construindo-se as Ligas em torno dos clubes, em um sistema autorreferenciado de proteção e manutenção de interesses, os acordos internos poderiam, em algumas situações, prejudicar as partes consideradas "mais fracas", em especial os atletas (e, por que não dizer, os espectadores do espetáculo esportivo), sendo necessária sua proteção "externa", o que foi instrumentalizado pela aplicação da legislação antitruste.

Esta ideia relaciona-se, na verdade, com a forma de exercício do poder pelas organizações esportivas, já estudadas, no que diz respeito às suas interações com o Estado, no Capítulo II,[337] mas que,

---

[335] SILVA PIRES; REBOCHO LOPES, 2001, p. 89 citados por REZENDE, 2016, p. 342.

[336] Colocamos a expressão "interventivo" entre aspas tendo em vista que, embora alguns autores a adotem para qualificar o sistema francês, não acreditamos tratar-se de real intervenção, mas de atuação estatal própria de um subsistema em que vislumbrada a necessidade de não apenas regular-se, como também promover-se um determinado direito social – no caso, o esporte.

[337] Vide subcapítulo 2.2.3, "As formas de interação do movimento esportivo com o Direito brasileiro – o exemplo da *Lex* FIFA".

neste momento, necessita de abordagem no que diz respeito às suas interações com os cidadãos (em especial, atletas e espectadores). A primeira pergunta que se coloca é, portanto, a seguinte: de que maneira as organizações esportivas impõem-se aos cidadãos que desejam usufruir do direito ao esporte constitucionalmente assegurado? Respondida essa primeira pergunta, poderemos passar à seguinte: em que medida deve o Estado intervir para garantir o justo usufruto deste direito?[338]

A resposta à primeira pergunta pode ser resumida – com o pecado de resumir-se toda uma análise adiante empreendida em um par de palavras – no seguinte: poder monopolístico.[339] A análise do eventual poder monopolístico exercido pelas organizações esportivas não é nova, e as cortes – especialmente as inglesas e norte-americanas – têm analisado questões em que levam em conta esta circunstância.

Em Nagle *vs.* Feilden,[340] por exemplo, a treinadora de cavalos Nagle vinha tendo constantes recusas do Jockey Clube da Inglaterra (a organização esportiva nacional do jóquei) quanto à obtenção de uma licença para treinar, sob a justificativa de se tratar de uma mulher. O efeito desta decisão era excluir-lhe da modalidade esportiva em toda a Inglaterra. Em face de tal arbítrio e "em razão da natureza de monopólio do poder exercido pelo Jockey Clube, a Corte determinou que a assistência judicial estaria disponível, mesmo na ausência de um contrato", possibilitando à treinadora a obtenção de sua licença.[341]

---

[338] Levando-se em consideração que pode fazê-lo, tendo em vista a relatividade do princípio da autonomia e a necessária observância da função social estudadas nas linhas precedentes.

[339] Ao falarmos em poder monopolístico, utilizamos o conceito de Lloyd Freeburn, para quem "(...) o nível relevante de influência descrito aqui como 'poder monopolístico' é a capacidade das organizações esportivas de efetivamente imporem suas regras e decisões em face de indivíduos, independentemente de uma relação contratual, inclusa a razão de inexistência de uma alternativa disponível efetiva que não seja aceitar a autoridade de uma organização esportiva" (FREEBURN, 2018, p. 102, trad. nossa).

[340] FREEBURN, 2018, p. 90.

[341] Em sentido semelhante, Lloyd Freeburn (2018, p. 93) faz referência à possibilidade de revisão judicial das decisões das organizações esportivas. Segundo o autor, "a revisão judicial não está disponível sob a legislação inglesa já que a mera existência do poder monopolístico não equivale à execução de funções públicas e é, pois, insuficiente para fazer um corpo sujeitar-se à revisão judicial. Nada obstante, mesmo no caso R *vs.* Jockey Club; Ex p Aga Kahn, no qual a Corte rejeitou a aplicação da revisão judicial às decisões de organizações esportivas, ela reconheceu a posição dominante exercida por uma

CAPÍTULO IV
PROPOSTA DE UM MARCO JURÍDICO PARA A INTEGRIDADE DAS ORGANIZAÇÕES ESPORTIVAS NO BRASIL | 187

Jean-Marc Duval bem abordou o tema do exercício do poder monopolístico pelas organizações esportivas, ao estatuir que

A implementação de uma competição única em escala planetária, terá por consequência para as instâncias esportivas que realizem sua disciplina a de lhes conferir poder de edição das regras de organização da competição que resultem em características de um monopólio. Pouco importa que sua existência seja o produto da vontade dos esportistas ou de fenômenos de autoridade que se manifestem no seio do movimento que elas compõem, ela é garantida pelo valor absoluto do título. Na sua ausência, o título não possui senão um valor relativo. É assim que alguém pode afirmar com um pouco de certeza que a França é, por qualquer meio, ainda campeã do mundo de futebol, a FIFA sendo, atualmente, o único organismo a agrupar os *"habitantes do planeta futebol".* Diferente é aquele valor atribuído aos títulos de campeão do mundo conferido pelas diferentes federações internacionais de boxe que, por diferentes razões sem dúvidas financeiras, organizam cada qual suas próprias competições. A este título, é impressionante observar que seu interesse comum, compreendido ser, cada vez mais, sob o plano financeiro, as restringe a organizarem os confrontos entre seus campeões para designar o melhor. Não há dúvida de que a existência de um tal monopólio colide de frente às ideias liberais que fundam a maior parte dos Estados modernos. Estes últimos não sabem, entretanto, questionar esse estado de coisas sem questionar, por via de consequência, a noção mesma de atividade física e esportiva. É essa a razão pela qual um grande número de Estados, por ideologia, prefere o "laisser faire". Mas *pode parecer justificável para alguns dentre eles levar em consideração esta situação, dotando o monopólio da organização das competições de base legal, reforçando, com isso, a posição de seu titular, o movimento esportivo, com vistas a lhe submeter, em contrapartida, a um certo número de obrigações e evitar os abusos aos quais este monopólio pode dar lugar.* As virtudes sociais, verdadeiras ou supostas, reconhecidas geralmente à prática de atividades físicas e esportivas, fornecem ainda um fundamento aceitável a uma tal demanda voluntarista.[342]

A visão de Jean-Marc Duval é compartilhada por muitos autores, os quais, direta ou indiretamente, abordam o poder monopolístico (ou quase monopolístico)[343] exercido pelas

---

organização esportiva que permite-lhe operar sem a necessidade de utilizar-se de contratos com aqueles sobre os quais exerce controle. Por meio das suas regras e da sua dominação do mercado, o Clube de Jóquei poderia controlar toda a modalidade sem precisar lançar mão de contratos".

[342] DUVAL, 2002, p. 57, grifos nossos, trad. nossa.

[343] Afirma-se serem quase monopolísticos pois é comum que as legislações nacionais – como é o caso da legislação brasileira – permitam a criação de ligas, ao lado das tradicionais

organizações esportivas sobre "não-membros",[344] submetendo-os a regras e decisões independentemente de um comportamento volitivo de associação. Entre outros, podemos citar Lloyd Freeburn,[345] Simon Gardiner, Jim Parry e Simon Robinson,[346] Michael J. Beloff e Tim Kerr,[347] Andrea Marco Steingruber,[348] Ken Foster,[349] Sir William Wade e Christopher Forsyth.[350]

---

federações. O artigo 20 da Lei nº 9.615, de 1998 (Lei Pelé) prevê a possibilidade de criação, pelas entidades de prática do esporte (os denominados clubes), de ligas, as quais, por força do §5º, não poderão sofrer ingerência da respectiva entidade de administração da modalidade (a federação) enquanto se mantiverem independente. Caso clássico, no Brasil, de criação de liga de sucesso é verificável no basquetebol. Nesta modalidade, a entidade nacional de administração da modalidade (a Confederação Brasileira de Basquetebol) perdeu grande parte do seu poder ao assistir à criação da Liga Nacional. Sobre o tema, vide: JUNIOR; PELLANDA; CAVICHIOLLI, 2009.

[344] Ao se falar em "não-membros" quer-se referir – em contraposição às associações em geral, que apenas exercem alguma espécie de poder sobre os membros que voluntariamente a elas se associam – ao fato de que, independentemente de associação voluntária, há a geração de efeitos decorrentes das ações e decisões das organizações esportivas também sobre aqueles que não as integram formalmente (ou que com elas não possuem liame jurídico), como é o caso dos espectadores, por exemplo.

[345] A obra *Regulating International Sports – Power, Legal Authority and Legitimacy* (2018) foi utilizada como linha-mestra para a análise da questão relacionada ao poder monopolístico das organizações esportivas nesta obra. O autor analisa várias concepções relacionadas à autoridade exercida pelas organizações esportivas, entendendo-a como um poder *de facto*. Ele apresenta a visão de muitos autores sobre o tema, aliando a ideia de poder monopolístico à relevante influência exercida pelas organizações esportivas no dia a dia de todos aqueles que praticam a modalidade, por meio de suas regras e decisões.

[346] O autor, em conjunto com John O'Leary, Roger Welch, Simon Boyes e Urvasi Naidoo (Sports Law), "(...) observa que muitas organizações esportivas possuem poder monopolístico e que aqueles que desejam se envolver em sua modalidade não têm escolha senão submeterem-se à autoridade do corpo regulatório" (GARDINER; ROBINSON; PARRY, 2016 citados por FREEBURN, 2018, p. 98, trad. nossa).

[347] Os autores, no artigo "Why Aga Khan is Wrong" (BELOFF; KERR, 1996, p. 30-33), questionam, sob essa ótica do exercício do poder monopolístico, se seria justo deixar de submeter as decisões das organizações esportivas à *judicial review* do Common Law (que seria o equivalente a uma ação judicial para questionamento do mérito da decisão) sob a argumentação de que a base da relação seria contratual.

[348] O autor (citado por FREEBURN, 2018, p. 99), no artigo "Sports Arbitration: How the Structure and Other Features of Competitive Sports Affect Consent as it Relates to Waiving Judicial Control" (2010), afirma que "(...) a principal característica do movimento federativo é seu caráter monopolístico".

[349] Em "How Can Sport Be Regulated?", Ken Foster (2000 citado por FREEBURN, 2018, p. 99, trad. nossa) aponta que "há apenas um único fornecedor servindo a todo o mercado; há um produto único, deixando o consumidor sem um substituto; e há barreiras de entrada substanciais".

[350] Em interessante análise realizada na revista *Administrative Law*, os autores assinalam que as organizações esportivas "não possuem base estatutária ou autoridade, mas na prática podem operar monopólios de forma que todos os participantes da modalidade devam aceitar seu controle ou serem excluídos; e seus poderes disciplinares podem ter sérias consequências". Continuam os autores a análise desse poder, afirmando a possibilidade

Seria, justamente, o poder de fato exercido pelas organizações esportivas, a impor regras e decisões independentemente da voluntária submissão à sua estrutura, que justificaria, na visão de autores como Ken Foster, Sir William Wade e Christopher Forsyth, a possibilidade – e a própria necessidade – de regulação do exercício deste poder. Trata-se, pois, da possibilidade de modulação da autonomia destas organizações (quanto à sua organização e funcionamento), a fim de proteger aqueles influenciados por seus comandos de possíveis abusos ou injustiças decorrentes do poder "sem freios" por elas desempenhado.

A questão sob exame foi objeto de interessante alusão no julgamento da Ação Direta de Inconstitucionalidade nº 5450/2016. O parecer da Procuradoria-Geral da República abordou a distinção entre sociedades expressivas e não expressivas apresentada por Paulo Gonet Branco – enquadrando as organizações esportivas nesta segunda espécie –, para demonstrar que, quanto a estas últimas, a regulação estatal seria possível – e, por que não afirmar, necessária:

> Às sociedades expressivas (de cunho espiritual, ideológico) contrapõem-se as não expressivas (de finalidades profissionais ou comerciais). Neste último grupo, incluem-se as associações que se dedicam a viabilizar certas atividades essenciais aos associados, sobretudo quando atuam de forma monopolizadora. *São também não expressivas as associações que exercem, com marcado predomínio na sociedade, uma função social ou econômica relevante. Essas associações, ao contrário das expressivas, estão sujeitas a imposições estatais relacionadas com o seu modo de existir, em virtude da pertinência a elas de outros valores constitucionais concorrentes.*
> (...)
> (...) associações com meta de representação de interesses encontram restrições para recusar o ingresso nelas de todos os abrangidos pela atividade ou pelo grupo que dizem representar. Isso pode ser justificado, aludindo-se à doutrina dos atos próprios – "quem pretende assumir a condição de porta-voz ante as instâncias públicas e nas relações sociais dos interesses de uma certa coletividade de pessoas deve permitir que confluam à formação da vontade do grupo todas as correntes de opinião

---

de atuação estatal, por meio da previsão de regras objetivas, para evitar abuso de tal poder, ao estatuir que onde "(...) um grande montante de poder é exercido em determinadas matérias que não têm relação com o governo, e particularmente no caso de monopólios, a lei deve poder prevenir injustiças e abusos" (WADE; FORSYTH, 2009, p. 545-546 citados por FREEBURN, 2018, p. 99).

que se formam no conjunto das pessoas que dizem representar". *Essas associações formadas para representar uma classe de pessoas sofrem ainda modulação na sua liberdade de se autogerirem, no que tange ao mecanismo de formação da sua vontade. Elas devem adotar um sistema democrático de organização interna, com vistas, justamente, a assegurar a máxima legitimidade da representação. Cobra-se de associações desse tipo ampla liberdade interna de dissenso, isento de retaliações.* Em associações de outros tipos, não tem cabimento exigir-se estatuto interno caracteristicamente democrático, sob pena de ofensa ao inciso XVIII do art. 5o da CF, como se tornou pacífico em outros sistemas materialmente vizinhos ao nosso. Assim, em outras associações, sem fins de representação de interesses de uma classe, a dissenção com a linha de orientação predominante da associação pode ser tipificada internamente como causa de afastamento do associado. Um bispo que passe a professar ideias cismáticas não tem direito constitucional a se opor a uma medida de suspensão de ordem ou de excomunhão (exclusão de uma associação religiosa). Nas associações religiosas as questões de ideologia estão isentas de controle judicial. As deliberações internas a esse respeito integram o núcleo essencial do direito de associação. Questões como o ingresso nelas ou a exclusão de associados não podem ser revistas pelo Estado.[351]

A tese propugnada não se aplica tão somente às organizações esportivas. O Supremo Tribunal Federal tem adotado o entendimento de que as associações que exercem função predominante em determinado âmbito econômico e/ou social, e, com isso, mantêm seus associados em relação de dependência, passam a integrar o que se passou a denominar "espaço público não-estatal".[352] No julgamento da Ação Direta de Inconstitucionalidade nº 5.062/DF, em que analisada a constitucionalidade de dispositivos da Lei nº 12.583/2013 (novo marco regulatório setorial da gestão coletiva de direitos autorais), o relator, ministro Luiz Fux, também relacionou o papel exercido pelas associações com o exercício de uma função social e, pois, com o interesse público na regulação estatal de suas atividades, ao destacar que:

> *Esse relevante papel econômico é traduzido juridicamente como a função social das associações participantes da gestão coletiva de direitos autorais.* E mais: a importância social dessa função (ao permitir a existência do mercado e, a fortiori, o aumento de bem-estar de autores e usuários, bem como incremento da oferta e do consumo de cultura) *revela a natureza*

---

[351] BRANCO, 2013, p. 310, grifos nossos.
[352] Sobre os conceitos relacionados à expressão "público não-estatal" vide BRESSER-PEREIRA; GRAU, 1999, p. 15-48.

transindividual de tais associações, a justificar o interesse público na sua existência e no seu adequado funcionamento. Nesse sentido também se manifestou a PGR: "Tais atividades não se classificam como tipicamente associativas, porquanto essas entidades, além de administrar recursos de terceiros, com natureza alimentar, exercem a relevante função social de concretizar outros valores constitucionalmente protegidos que transcendem os interesses meramente privados dos envolvidos, tais como a justa remuneração dos autores, a liberdade de expressão artística, intelectual e de comunicação e a valorização e a difusão das manifestações culturais (objeto dos arts. 5º, IX e XXVII, e 215 da Constituição da República).[353]

Não se diga que, embora aplicável às demais associações, a tese não se aplicaria às organizações esportivas por gozarem de especial autonomia, expressamente consignada no artigo 217 da Constituição da República de 1988. O artigo 5º, inciso XIII, que consagra a liberdade de criação de associações, também consigna expressamente a vedação da interferência estatal em seu funcionamento, assim como o faz o citado artigo 217. A leitura do Capítulo II desta obra nos permite verificar que a consagração expressa da autonomia das organizações esportivas se explica pela necessidade de expressamente repudiar os atos concretos de ingerência estatal verificados a partir da Era Vargas, e não para dotar-lhe de contornos diferenciados – ou superiores, como afirmam alguns autores –[354] em comparação à autonomia das associações em geral.

---

[353] Trecho do voto do ministro relator (BRASL, 2017a, grifos nossos). Destaca-se, ainda, a alusão à proporcionalidade e à função social, verificando-se que, no caso concreto, a relativização do princípio da liberdade de associação para dar lugar a limitações coerentes com o bem jurídico protegido seria constitucional. *In verbis*: "(...) 5. O cânone da proporcionalidade encontra-se consubstanciado nos meios eleitos pelo legislador, voltados à promoção da transparência da gestão coletiva de direitos autorais, finalidade legítima segundo a ordem constitucional brasileira, porquanto capaz de mitigar o viés rentista do sistema anterior e prestigiar, de forma imediata, os interesses tanto de titulares de direitos autorais (CRFB, art. 5º, XXVII), dos usuários (CRFB, art. 5º, XXXII) e, de forma mediata, bens jurídicos socialmente relevantes ligados à propriedade intelectual como a educação e o entretenimento (CRFB, art. 6º), o acesso à cultura (CRFB, art. 215) e à informação (CRFB,art. 5º, XIV). (...) 7. As entidades de gestão coletiva possuem a evidente natureza instrumental de viabilizar trocas voluntárias envolvendo propriedade intelectual, dadas as dificuldades operacionais que marcam o setor. Destarte, tanto a produção de cultura (pelos autores) quanto o acesso à cultura (pelos usuários) dependem do hígido funcionamento das associações arrecadadoras e distribuidoras de direitos. Esse relevante papel econômico é traduzido juridicamente como a função social das aludidas entidades, cuja importância social justifica o interesse público na sua existência e escorreita atuação."
[354] Veja-se, sobre o tema, MELO FILHO, 2000; CAMARGOS, 2017.

Assim, retomamos as duas perguntas que inauguraram este subcapítulo para respondê-las apropriadamente. Quanto à primeiras delas (de que maneira as organizações esportivas impõem-se aos cidadãos que desejam usufruir do direito ao esporte constitucionalmente assegurado?), podemos repetir a resposta inicialmente apresentada, complementando-a.

As organizações esportivas impõem seu poder aos cidadãos na medida em que, enquadradas na pirâmide esportiva e detentoras do beneplácito da federação internacional da modalidade, exercem as atividades inerentes à organização daquela atividade em um regime praticamente monopolístico. Com isto queremos dizer que tais organizações regulam e decidem no bojo da modalidade sem oposição, alcançando não apenas aqueles que formalmente as integrem, mas todo cidadão que deseja usufruir do direito de praticar ou assistir àquela modalidade.

Quanto à segunda (em que medida deve o Estado intervir para garantir o justo usufruto deste direito?), sua resposta é dependente daquilo que, no caso concreto, deseja-se garantir.[355] De todo modo, pode-se desde logo afirmar que o Estado deve realizar tal "intervenção" sempre que se verifique que, na situação concreta, é bastante provável que os interesses egoísticos daqueles que exercem o poder de direcionar os rumos da modalidade esportiva prevaleçam em relação à proteção do bem jurídico esporte. As lições de Ronald Coase assinalam esse mesmo sentido, ao afirmar o autor que:

> (...) já que, na maior parte das vezes, as pessoas optam por fazer aquilo que elas pensam que promove o seu próprio bem-estar, a forma de alterar o seu comportamento na esfera econômica é fazer com que seja do seu interesse fazer isso (agir como é melhor para o sistema). A única forma disponível para os governos fazerem isso (que não por meio da exortação, em geral completamente ineficaz) é alterar a lei ou sua aplicação.[356]

---

[355] Como vimos, a ponderação de princípios apta a permitir a relativização da autonomia constitucionalmente garantida às organizações esportivas como forma de proteção ao bem jurídico "esporte", depende da avaliação, em concreto, dos princípios em jogo e do grau de flexibilização necessária a cada um deles de forma a encontrar o equilíbrio ótimo neste potencial conflito normativo.

[356] COASE, 1988, p. 27-28, trad. nossa.

CAPÍTULO IV
PROPOSTA DE UM MARCO JURÍDICO PARA A INTEGRIDADE DAS ORGANIZAÇÕES ESPORTIVAS NO BRASIL | 193

A funcionalização da noção de autonomia, que nas linhas antecedentes exploramos, permite-nos concluir que, ao se observar o bem jurídico "esporte", o Estado deverá introduzir-se na relação privada entre organizações esportivas e os demais atores do mundo do esporte sempre que verificar que o poder exercido por aquelas poderá ser objeto de abuso. Ao proteger a autonomia das organizações esportivas, a Constituição o fez com caráter instrumental: a autonomia deverá ser protegida – inclusive em face do próprio Estado – sempre que utilizada com o fim de proteção do bem jurídico esporte; por outro lado, o Estado deverá exercer plenamente o seu papel de ente regulador – de situações abstratas, sendo vedadas quaisquer formas de intervenções *in concreto* – sempre que se verificar a necessidade de atuar na proteção plena do bem jurídico esporte.

Autonomia das organizações esportivas e atuação estatal apresentam-se, assim, como regulagens recíprocas – ou, para usar expressão tão cara aos constitucionalistas, freios e contrapesos. Ambos os atores – Estado e organizações esportivas – são formados por homens (e mulheres), os quais possuem comportamentos volitivos voltados tanto à promoção de valores sociais – no caso, o esporte –, como à promoção de interesses egoísticos. A melhor forma de controle de tais comportamentos é evitando-se dotar quaisquer destes entes do controle absoluto. Estado e organizações esportivas atuam, assim, como parceiros e fiscais, controlando-se e conformando-se reciprocamente em prol do esporte.

Se, em um passado não tão distante, ao Estado era outorgado excessivo poder sobre os rumos da política esportiva – a ponto de utilizar o esporte como instrumento de *soft power*, subvertendo-lhe os fins –, a interpretação dada por grande parte da doutrina ao princípio da autonomia das organizações esportivas fez com que o pêndulo, ao invés de encontrar o equilíbrio, tenha encontrado o seu exato oposto.

Se o equilíbrio (ou a virtude) está no meio-termo, conforme a doutrina aristotélica,[357] o justo balanço entre a atuação das organizações

---

[357] Para Aristóteles, a virtude pode ser qualificada como "(...) uma disposição de caráter relacionada com a escolha e consiste numa mediania, isto é; a mediania a nós, a qual é determinada por um princípio racional próprio do homem dotado de sabedoria prática.

esportivas e a dos Estados pode ser alcançado por meio de uma visão cooperativa, compreendendo-se a autonomia das organizações esportivas dentro do espectro legislativo que deve regrar os comportamentos individuais – e, principalmente, os tendencialmente egoísticos – no bojo do Estado Democrático de Direito.

Tal equilíbrio, no que diz respeito à integridade do esporte, apenas será alcançado na medida em que se vislumbre o princípio da autonomia da forma proposta nesta obra e, a partir de um balanceamento de princípios, outorgue-se ao Estado a missão de prever regras – objetivas e de alcance geral – que disciplinem a boa governança e outros aspectos relacionados à integridade no esporte.

Os casos de corrupção sistêmica e de quase apropriação das modalidades por dirigentes e organizações orientadas apenas a seus próprios propósitos demonstram que o sistema esportivo necessita da espada estatal – representativa do monopólio da violência – para combater algumas mazelas que o atormentam.[358] E esta espada, manejada por Leviatã e embanhada pela lei, será a responsável não por atingir Olímpia, mas por protegê-la.

4.3 A cooperação possível entre movimento esportivo e Estado: conciliação entre a autonomia das organizações esportivas e a normatização de regras de integridade para o esporte brasileiro

A preservação da integridade do esporte coloca agora a questão dos caminhos e meios da intervenção do Estado.

E é um meio termo entre dois vícios, um por excesso e outro por falta; pois que, enquanto os vícios ou vão muito longe ou ficam aquém do que é conveniente no tocante às ações e paixões, a virtude encontra e escolhe o meio termo" (ARISTÓTELES, 1979, p. 73).

[358] Sobre o tema, merecem destaque as lições de Graham Brooks *et al.* (2013, p. 3, trad. nossa), para quem "a prevenção e as respostas à fraude e à corrupção dependem da modalidade esportiva e do tipo de corrupção com a qual está associada. Há, no entanto, pouca coordenação no combate à fraude e à corrupção dentro de algumas modalidades, e não admira, ainda, que, mesmo quando diante de um mesmo tipo de fraude (como a manipulação de resultados), aquelas instituições esportivas oferecem poucos conselhos ou assistência umas às outras. Ao contrário, autorregulação e promoção de interesses pessoais e organizacionais ao invés de supervisão regulatória é como o esporte é controlado. Se a instituição esportiva tem integridade sua autorregulação é vista como um desenvolvimento positivo; no entanto, se é vista como corrupta, isto danifica a reputação da modalidade esportiva mais do que um atleta traiçoeiro".

PROPOSTA DE UM MARCO JURÍDICO PARA A INTEGRIDADE DAS ORGANIZAÇÕES ESPORTIVAS NO BRASIL

Esta intervenção pode, aparentemente, colidir com o dito princípio da "autonomia do esporte". Mas esta autonomia não pode se compreender senão como a preservação do esporte e de sua organização contra a instrumentalização pelos Estados – e não como uma independência no que diz respeito às regras do Direito. É de outra parte notável que o próprio movimento esportivo apele à intervenção dos Estados para lutar contra a manipulação das competições em ligação às apostas, como já havia feito em matéria de dopagem. É o que resulta notadamente das conclusões do Comitê Olímpico Internacional (COI) de 14 de maio de 2013. Tais manipulações constituem, com efeito, um risco sistêmico para o esporte da mesma natureza que a dopagem, sobre o que o movimento esportivo internacional tomou perfeitamente consciência. Não obstante, se apelar a uma complementariedade da ação do movimento esportivo e das autoridades públicas parece lógico e compreensível, não é por isso menos notável.[359]

O tema em relação ao qual essa obra propôs enfrentamento é, por alguns, considerado "óbvio" ou "evidente". Se não analisada em seu contexto político-social, relacionado a uma tentativa de oposição aos abusos passados, a ideia de autonomia absoluta das organizações esportivas seria, a princípio, um desplante; algo inadmissível, rechaçável pelas mais simples formulações jurídicas.

Nada obstante, foi esse o conceito que, quase sem oposição, tomou forma após a sua expressa previsão no artigo 217 da Constituição de 1988. As interpretações levadas a cabo pela doutrina jus desportiva – às quais já fizemos referência nos capítulos anteriores–,[360] alçavam a autonomia a dogma fundamental do direito desportivo, responsável por assentar as bases sobre as quais as fundações de todo o sistema se sustentariam.

Admitiu-se na prática, tamanho inchaço conceitual da autonomia prevista no artigo 217 que passou a ser necessário escrever inúmeras linhas para, em conclusão, afirmar-se o óbvio: essa autonomia não é absoluta, e nem poderia sê-lo no bojo da

---

[359] VILOTTE, 2014, p. 86, trad. nossa.
[360] Veja-se, por todos, Álvaro Melo Filho (2009, p. 10), para quem: "(...) como o art. 217, I não autoriza o legislador ordinário a estabelecer contenções na sua aplicabilidade, a autonomia desportiva funciona, plena e integralmente, como raison d'être, alicerce e viga mestra do grande edifício que é o ordenamento jus-desportivo brasileiro, protegendo-o contra as desmedidas investidas do arbítrio ou do puro capricho dos poderes públicos, evitando "inverter a ordem constitucional das coisas."

ordem jurídica brasileira. O direito à vida não é absoluto;[361] o direito à liberdade não é absoluto;[362] o direito à saúde não é absoluto;[363] o direito ao livre pensamento não é absoluto;[364] por que o seria o direito à autonomia das organizações esportivas?

Tais direitos não carregam uma proteção em si e per si, mas sempre em atenção ao bem jurídico que tutelam. São, pois, passíveis de restrições tanto em atenção a outros bens jurídicos considerados, naquela situação concreta, mais relevantes, como em atenção a eventuais abusos das posições jurídicas que deles decorrem.[365] O mesmo se diga quanto à autonomia prescrita no artigo 217.

Assim, preservado o seu conteúdo essencial, ao Estado compete – como um poder-dever do qual investido – regulá-la, tendo em vista a incapacidade das organizações esportivas de lidarem com certas mazelas que se colocam no caminho do bom desenvolvimento do esporte.[366] Nada obstante, em vez de buscar tal auxílio estatal para, em regime de cooperação, combater as práticas nefastas e as extirpar do mundo esportivo, a maioria das organizações esportivas

---

[361] Para além das disposições constitucionais que flexibilizam tal direito, como é o caso da guerra declarada (art. 5º, inciso XLVII, da Constituição de 1988), a própria legislação ordinária o faz em alguma medida, como é caso do Código Penal, que o flexibiliza ao permitir o aborto em circunstâncias determinadas (como em caso de estupro) ou por entender ser a legítima defesa causa de exclusão da antijuridicidade da conduta.

[362] Uma das formas mais conhecidas de flexibilização do direito à liberdade é a prisão. Ao ser preso, o indivíduo perde a liberdade de ir e vir, a qual passa a ser tutelada pelo Estado.

[363] Exemplo emblemático de flexibilização de tal direito relaciona-se com o livre exercício da liberdade religiosa, situação em que se permite ao particular deixar de receber o tratamento de saúde adequado em razão de restrições impostas por sua religião (como exemplo, o caso da testemunha de Jeová, à qual não permitida a transfusão sanguínea).

[364] O próprio artigo 5º, inciso IV, da Constituição de 1988, que o protege, veda o anonimato, restringindo seu conteúdo.

[365] Sobre posições jurídicas, veja-se, por todos: MELLO, 2007. Em resumo, as posições jurídicas são as faculdades, pretensões, poderes formativos ou imunidades decorrentes da aquisição de um direito. São quaisquer delas abusáveis sempre que verificado o exercício de condutas que, pretensamente apoiadas em preceitos jurídicos, encontram-se, na realidade, em total dissonância com o sistema de Direito.

[366] Fala-se em incapacidade de lidar com certas mazelas por reconhecer-se que, diferentemente do Estado, que possui instrumentos de coerção em caso de descumprimento de seus preceitos, as organizações esportivas, como entidades civis que são, têm sua coercibilidade limitada. Da mesma forma, as investigações carreadas pelas autoridades estatais contam com uma série de prerrogativas e instrumentos – como a interceptação telefônica ou a quebra de sigilo – dos quais não podem as organizações esportivas lançar mão. Em casos mais graves, como a corrupção, essas divergências apresentam grandes dificuldades no endereçamento da questão pelas organizações esportivas, cabendo ao Estado atuar para, no exercício do seu papel de guardião da lei e da ordem, preveni-las e coibi-las.

prefere apegar-se ao mandamento da não interferência – sendo este a outra roupagem do princípio da autonomia –, professado como uma espécie de dogma, e que acaba servindo, em muitos casos, para encobrir práticas antiesportivas ou interesses políticos.[367]

Os estatutos da Fédération Internationale de Football Association (FIFA) determinam que todas as associações membros têm a obrigação de "administrar seus negócios de forma independente e garantir que seus próprios negócios não sejam influenciados por qualquer terceira parte". O diretor da FIFA de associações e desenvolvimento, Thierry Regenass, descreveu a interferência política nos seguintes termos: "a FIFA possui mandato para controlar o futebol ao redor do mundo, em todos os seus aspectos. Este mandato é delegado às associações nacionais, para controlar o futebol em nível nacional... As associações têm a obrigação de fazê-lo por si, de maneira autônoma, sem interferência externa, do governo ou de outros atores. Em geral, a interferência política ocorre quando um governo tenta tomar o controle direto."

Na prática, no entanto, casos recentes têm demonstrado uma dinâmica diferente. Embora a proteção de oficiais de futebol por comportamentos não razoáveis do governo seja incontroverso, a chamada "regra de não interferência" da FIFA aparenta estar sendo usada como pretexto para defender federações nacionais de demandas legítimas por transparência

---

[367] "Para Habermas, ao criar o conceito de *interferência* e de gradação nos processos de autonomia e de autopoieses, Teubner admite a existência de um discurso de comunicação social geral, baseado na esfera pública, que se entrelaça com os discursos setoriais especializados, politizando-os. Polêmica à parte – posto que Teubner não esclarece tal forma de politização – a realidade é que o subsistema esportivo fica sujeito à corrupção sistêmica, *i.e.*, seu código binário específico parece sabotado por outro, *e.g.*, da economia (ter/não ter), que passa a ditar as regras. Em outras palavras, a *lex* FIFA põe o direito a serviço do dinheiro ou o torna um meio dele. O escândalo de compra de votos para sediar as Copas do Mundo de 2018 e de 2022 são exemplos claros de corrupção perpetrada pelo subsistema econômico no subsistema esportivo. Se este último subsistema não tem a capacidade de reagir, surge então a corrupção sistêmica que, se momentânea e eventual, pode permanecer apenas no polo operativo, mas, se alcança o nível estrutural, atuando no plano da estabilização das expectativas, pode se tornar extremamente problemática. De fato, essas novas ordens jurídicas privadas trazem um preço embutido: sua orientação metodológica acaba por ser altamente atraente para aqueles que querem lhe manipular para proteger interesses setoriais descompromissados com os efeitos colaterais. A ausência de uma politização em nível transnacional, como advertia Teubner desde a *Bukowina Global*, representa um dos fatores-chave que permanece sob um véu obscuro. Pablo Holmes concorda, complementando que '*the attempts to describe alternative mechanisms of politization in transnational law are valid, but in may ways also limited*'. A dependência estreita da *lex* FIFA à sua respectiva área social especializada, sem legitimidade universal, '(...) com todos os problemáticos efeitos colaterais conexos dessa espécie de 'corrupção', *e.g.*, uma forte dependência de interesses estrangeiros e uma relativa fraqueza das garantias do Estado de Direito', não resguardou a normatividade desportiva transnacional em seu estado idílico de sistema jurídico autônomo e distante da politização estatal" (FARIA, 2016, p. 92).

no gasto de recursos públicos (o dinheiro de governos é comumente essencial na administração do futebol) e do desejo de indivíduos de ver justiça nas eleições e um fim na corrupção no desempenho da administração do futebol. Figuras políticas almejando fazer das federações nacionais ou de seus oficiais responsáveis comumente sentem que têm suas mãos atadas; ninguém quer arriscar a suspensão, pela FIFA, de sua federação nacional de futebol, e assim arriscar um significativo suporte de seus eleitores amantes do futebol. Essa ameaça comumente faz com que os governos não respondam aos mais flagrantes exemplos de corrupção na administração do futebol nacional.[368]

Esta a razão pela qual a autonomia negociada, proposta por Chapellet, embora seja teoricamente de encantadora beleza, é, na prática, de difícil aplicação.[369] Inexistente efetivo interesse

---

[368] BABER, 2016, p. 44-51, trad. nossa. Para confirmar e exemplificar sua a tese, o autor analisa ainda duas situações relevantes, uma ocorrida na Nigéria e a outra no Quênia. "Na Nigéria, a FIFA invocou agressivamente a regra da não interferência e a ameaça de suspensão, intervindo vários vezes em uma crise de faccionária em andamento dentro da associação nacional, a Federação de Futebol da Nigéria (NFF). As intervenções da FIFA forma presumivelmente utilizadas para proteger um grupo dentro da NFF de interferência do governo, assim como de atentados de facções rivais e indivíduos voltados a garantir seus próprios direitos civis por meio das cortes civis locais. Mais recentemente, em Outubro de 2014, a Corte Federal da Nigéria anulou os resultados de uma eleição disputada na NFF, a qual foi realizada em desafio a uma ordem da Corte. Um pouco depois, o Secretário-Geral da FIFA Jérôme Valcke escreveu para um dos dois homens que reivindicava ser o dirigente da NFF, insistindo que a Federação seria suspensa se o caso não fosse retirado das cortes civis. Embora na Nigéria as ações da FIFA tenham sido, ostensivamente, voltadas a prevenir que matérias relacionadas ao futebol fossem arrastadas para as Cortes, no Quênia a organização colocou-se à margem enquanto a Federação de Futebol do Quênia (FKF) institui procedimentos da corte civil, no início de 2015, na tentativa de ter a liderança da amplamente elogiada 'Kenyan Premier League', a qual era vista como um obstáculo para as ambições comerciais da Federação (e, como alegado, das ambições do Presidente da FKF de favorecer um clube de sua área de residência), aprisionada por decisão da corte como parte de uma ação intentada pela Federação para fechar a liga mais proeminente do país. Questões precisam ser apresentadas sobre o porquê de a regras de não-interferência não ter sido eficiente e consistentemente aplicada para evitar a interferência política de todos os países, incluindo alguns dos mais poderes (como o alegado papel dos governos da França e da Alemanha na influência das concorrências para a Copa do Mundo). Questões devem ser também apresentadas sobre o porquê de a regra não ter sido utilizada para evitar o envolvimento do futebol em campanhas governamentais. Por exemplo, a FIFA quedou-se silente quando o governo do Bahrain, incluindo o Sheikh Salman bin Ebrahim Al-Khalifa, então candidato para a Presidência da AFC e do Comitê Executivo da FIFA, reprimiu manifestantes pacíficos, incluindo dirigentes do futebol e árbitros. Em uma reunião da Associação de Futebol do Bahrain (BFA), o Sheikh Salman bin Ebrahim Al-Khalifa insistiu para que a BFA removesse indivíduos que, provadamente, teriam participado dos protestos pacíficos. A regra também continuou a ser usada como uma ferramenta de legitimação para regimes autoritários nos quais não há separação entre o poder político e a administração do futebol, como o Qatar" (BABER, 2016, p. 44-51, trad. nossa).

[369] A ideia encaixa-se mais adequadamente na esfera internacional, na qual inexiste uma

de cooperação, qual seria o interesse em mitigar-se o princípio da autonomia, permitindo-se a ação do Estado? Nada obstante, embora a negociação a que faz referência Chapellet seja de difícil realização entre Estado e organizações esportivas no âmbito de cooperações institucionais concretas que mitiguem a autonomia, ela pode sê-lo abstratamente, no campo de negociação próprio de qualquer Estado Democrático de Direito: o Parlamento.

Assim, como forma de possibilitar a cooperação entre Estados e organizações esportivas, apresenta-se a ideia de enquadramento legal daquela autonomia em um quadro formado pelas regras gerais e objetivas destinadas a pautar o exercício de suas atividades a bem do esporte. Tal enquadramento é já bem conhecido no Direito francês, o qual estudamos como modelo comparado, e que neste momento iremos utilizar como referência para a construção de um novo modelo para o Brasil.

Para tanto, lembro as já citadas lições de Jean-Marc Duval a respeito de independência e autonomia.[370] Naquela oportunidade, destacamos que: enquanto a independência se estabelece sob a noção de inexistência de limites, a autonomia concebe-se, por outro lado, em espaços nos quais os limites permitem esferas de independência. Ou seja, a autonomia não é avessa aos limites, antes os pressupõe. Estes conformarão quadros dentro dos quais – e apenas dentro deles – a atuação deverá ser livre e, por que não dizer, independente.

---

figura soberana, colocando-se os Estados e as organizações lado a lado na busca de soluções comuns (abrindo mão, em alguma medida, de parcelas de sua soberania), sempre que diante de problemas compartilhados. Na esfera nacional, por outro lado, está-se diante de um ente soberano – Estado – e de entidades que devem observar os regramentos internacionais, não possuindo liberdade para discutir-lhes os termos. A liberdade de negociação, para um e para outro, reduz-se significativamente, dificultando qualquer tentativa de cooperação mais ampla.

[370] "De fato, as federações nacionais não são independentes. Elas não o são sob o plano institucional, pois para obter a delegação ministerial elas devem adotar um dos 'estatutos tipos'. Por outro lado, sob um plano funcional, elas exercem suas atividades sob a tutela do Ministério encarregado do esporte. Assim fazendo, o legislador entendeu recusar àquele último, assim como às autoridades estatais, todo poder de natureza hierárquica. Em particular, o Ministro não pode reformar as decisões, nem as regulamentações, das autoridades esportivas. E, ante o silêncio dos textos, o próprio juiz [o Conselho de Estado] recusou o poder de as anular. A única possibilidade que lhe está aberta é agora o recurso ao tribunal. É, pois, o termo autonomia o que melhor parece qualificar as relações entre o Estado e as federações nacionais. Em contraste, é verdade que dentro do quadro definido de autonomia, as federações exercem suas atividades em total independência" (DUVAL, 2002, p. 81, trad. nossa).

No caso das organizações esportivas, tal conceito se encaixa perfeitamente. A autonomia de tais organizações será preservada sempre que o desenho normativo a estas aplicável tenha por objetivo o enquadramento de sua atuação em atenção a valores que correspondam à preservação do bem jurídico esporte. Tais organizações não são independentes ou soberanas.[371] São autônomas. E disso se extrai o poder-dever de regulação de seus contornos pela lei geral e objetiva, vedadas interferências concretas e subjetivas.

A proposta adequa-se plenamente a ambas as necessidades a que fizemos referência: a necessidade de proteção de tais entidades frente a interferências indevidas – e para isso foi insculpido o artigo 217, inciso I, da Constituição de 1988 – e a necessidade de serem previstos enquadramentos legais aptos a balizar sua atuação às regras do Estado Democrático de Direito.[372]

Tal proposta já foi parcialmente efetivada pelo ordenamento jurídico brasileiro, em matéria de integridade, na regulação da luta contra a dopagem,[373] no disciplinamento geral da má gestão[374] e na previsão de algumas normas de boa governança lastreadas nos investimentos públicos ou na isenção tributária aplicáveis às modalidades esportivas.[375] Nada obstante, a previsão de regras de

---

[371] Essa ideia vai ao encontro à afirmação de Celso Riberto Bastos e Ives Gandra Martins, para quem "a autonomia conferida às entidades desportivas não deve ser confundida com independência e muito menos com soberania; não é nem deve ser um fim em si mesma" (BASTOS; MARTINS, 1998).

[372] Neste mesmo sentido é o conceito adotado pela Confederação das federações nacionais britânicas, mencionado por Chapellet: "A autonomia do esporte representa o direito à autodeterminação dos organismos responsáveis e o direito de administrar sem interferência em benefício do esporte e de seus participantes (mas não obstante dentro do enquadramento da legislação em vigor)" (CHAPPELET, 2010, p. 36).

[373] Vide subcapítulo 2.3.4 ("O combate à dopagem como questão de integridade"). A dopagem é um exemplo relevante de parceria entre Estado e organizações esportivas na busca da integridade. Segundo Artur Flamínio da Silva (2014, p. 50), "(...) as federações desportivas vieram a alargar paulatinamente as suas competências normativas, de modo a poderem regular um conjunto de fenômenos associados às modalidades desportivas, por vezes, até em "parceria" com os Estados (um desses exemplos que reúne esforços regulatórios do associativismo desportivo e do Estado é precisamente a dopagem)".

[374] Vide subcapítulo 2.3.1. (repressão a ilícitos, à gestão temerária e aos atos contrários ao contrato ou estatuto social na Lei Pelé – o art. 27).

[375] Vide itens 2.3.2 ("Normas de boa governança incorporadas na Lei Pelé – o artigo 18-A") e 2.3.3 ("O Programa de Modernização da Gestão e da Responsabilidade Fiscal do Futebol – PROFUT").

boa governança em geral, independentemente de contrapartida estatal, ainda é para muitos considerada "indevida ingerência".[376] E justamente é este o principal ponto que desejamos abordar.

Com fundamento nas premissas lançadas nas linhas que antecederam este Subcapítulo, é evidente que a autonomia das organizações esportivas não possui espectro de proteção apto a impedir a regulação estatal de regras de boa governança voltadas à escorreita fruição do esporte, desde que tal regulação seja dotada das características de abstração e objetividade próprias das normas jurídicas de caráter geral.

Assim, nada há a sustentar a necessidade de que tais previsões venham apenas como contrapartidas necessárias à fruição de uma benesse estatal. Podem ser elas previstas em lei geral e objetiva aplicável a toda e qualquer organização que pretenda participar da administração de modalidade esportiva, independentemente do recebimento de uma benesse do Estado.

E por que tais regras podem ser previstas pelo Ordenamento Jurídico estatal e outras, como a largura de um campo de futebol, devem ser previstas pelas organizações esportivas? Como fazer tal distinção, de forma a garantir o núcleo protetivo da autonomia e, ao mesmo tempo, permitir ao Estado a regulação de assuntos de sua competência? Servimo-nos, para tanto, da definição proposta por Jean-Marc Duval a respeito da esportividade própria de cada assunto objeto de regulação, a que já fizemos alusão no Capítulo I.[377]

---

[376] Neste sentido, as lições de Alexandra Pessanha (citada por MELO FILHO, 2009, p. 9), para quem "intervenção dos poderes públicos na ordenação do fenômeno desportivo obriga a que essa mesma intervenção respeite o espaço de autonomia em que o sistema desportivo legitimamente se fundou e se desenvolveu. Quer numa perspectiva político-sociológica, quer do ponto de vista estritamente jurídico, o direito de auto-organização e de auto-regulação, compreendidos no direito geral de associação, constituem deveres jurídicos para qualquer Estado de direito, condicionando a sua ação".

[377] "A justificação desta autonomia outorgada pelas federações esportivas internacionais às federações nacionais é justamente permitir a estas o poder de exercer as atribuições que lhes são reconhecidas por aquelas, adaptando-se à sua situação geográfica, possivelmente à sua situação cultural, mas sobretudo à sua situação jurídica, no âmbito de seus próprios Estados. Ao seu lado, os Estados admitem voluntariamente, ao menos até certo ponto, mais comumente implicitamente, mas por vezes explicitamente, que as competições nacionais que preparam para competições internacionais devem se desenrolar conforme as regras elaboradas pelas federações esportivas internacionais, ao menos algumas dentre elas, quando o grau de "esportividade" seja o mais elevado. Como resultado, e isso parece satisfatório para o espírito, o grau de "esportividade" de uma regra esportiva é suscetível de afetar sua autonomia por um duplo ponto de vista. Quanto mais o grau de "esportividade" de uma regra editada por uma federação nacional for elevado, mais esta

Para o autor, aquelas regras com maior grau de "esportividade" – ou seja, regras voltadas à regulamentação de questões de ordem essencialmente esportiva, como as regras de uma competição – seriam de competência das organizações esportivas, cuja autonomia garantir-lhes-ia um núcleo duro de proteção em face de eventuais tentativas intervencionistas do Estado. Por outro lado, as regras de menor grau de "esportividade" – como aquelas não relacionadas a questões de ordem essencialmente esportiva, mas que afetam a atuação das organizações esportivas – poderiam ser reguladas pelos Estados (e organizações supranacionais), sendo, neste caso, menor a autonomia das organizações.[378] Assim, para Jean-Marc Duval,

> as especificidades das atividades físicas e esportivas e da ideia de competição, fonte material das regras que as regulamentam, conferem a estas últimas uma originalidade determinada em relação às regras de direito editadas pelo Estado. Umas e outras parecem convergir ao atribuir a este último uma certa restrição quanto à sua intervenção na matéria, assim como certos limites, de modo a fundar a ideia de autonomia dos regramentos esportivos em relação ao seu Direito. Não obstante, as considerações que a baseiam produzem consequências mais ou menos acentuadas segundo as regras concernentes. Elas atuam a fundo quanto às regras cujos objetos sejam o de instituir as modalidades esportivas e as diferentes competições às quais aquelas podem dar lugar. Elas atingem as outras regras que não são mais do que prolongamentos das precedentes, ainda que indiretamente, em um efeito cascata, e em graus variáveis a depender de seus objetos. Regulamentar a dimensão do campo de *Rugby* é uma coisa, determinar o conceito de atleta profissional ou fixar as regras relativas à nacionalidade dos competidores é outra coisa. Se pode-se pensar que não é desejável que o Estado intervenha no primeiro caso, o contrário acontecerá para o segundo, notadamente em matéria de nacionalidade. Disso resulta uma autonomia

---

é autônoma em relação ao direito estatal, mas menos ela o é em relação à regulamentação esportiva internacional" (DUVAL, 2002, p. 75, trad. nossa).

[378] Em sentido similar, Bernard Foucher pondera que: "Pode-se considerar: – que é conveniente regular o jogo, i.e., a regra técnica, a regra puramente esportiva em sentido estrito, que se aplica individualmente; – que é conveniente regular a organização e o funcionamento de uma modalidade esportiva, sendo neste caso aplicável igualmente uma regra esportiva com uma dose mais ou menos importante da regra estatal; – que é conveniente regular a atividade esportiva em sua dimensão econômica e social, aplicando-se, neste caso, a regra estatal. Mas na realidade, em todos esses domínios, há uma interação entre a regra esportiva e a regra estatal, entre a ordem esportiva e a ordem estatal. O mesmo é aplicável à regra unicamente de jogo: um golpe dado em um adversário em um encontrão será passível de aplicação da regra esportiva (golpe livre; possivelmente suspensão), mas poderá ser igualmente passível de aplicação da regra estatal: penal (golpe que exceda a prática do jogo) e civil (reparação). Esta interação apresenta, a sua vez, vantagens e inconvenientes" (FOUCHER, [200-?], p. 12, trad. nossa).

das regulamentações esportivas em relação ao direito estatal suscetível de graus, variável em função de algo que poderá ser chamado, à falta de uma melhor expressão, seu grau de *"esportividade"*, quer-se dizer, na verdade, seu objeto esportivo mais o menos acentuado, os primeiros entendidos como aqueles que não poderiam ser deixados a outras que não as autoridades componentes do movimento esportivo para editá-los.[379]

Neste sentido, a regulação voltada à integridade, que tem relação com os comportamentos virtuosos desejados na seara esportiva, embora tenha relação com o esporte na medida em que imporá regras a serem observadas por suas organizações, não se configura como norma essencialmente esportiva, visto não se relacionar – senão indiretamente – com o jogo ou a competição. Neste sentido, possível e desejável sua regulamentação pelo Estado.

No caso brasileiro, se a integridade já foi regulada pelo Estado na esfera da antidopagem, como visto no Capítulo II, e já teve previsões lastreadas em contrapartidas estatais no que cinge à boa governança, propõe-se alcançar um novo patamar, aplicando-se outras normas de integridade (boa governança, transparência e prevenção e combate à corrupção) que não sejam vinculadas a qualquer benesse estatal, mas de necessária observância por toda e qualquer organização que administre ou se envolva na prática de atividades esportivas no território brasileiro.[380]

Busca-se, pois, o alcance do comportamento virtuoso que fundamenta e incorpora-se à integridade.[381] E essa busca pode ser re-

---

[379] DUVAL, 2002, p. 59-60, trad. nossa.

[380] Esta ideia é compartilhada por muitos autores. Antoine Duval apela para um aumento de transparência como solução chave para muitos dos recentes problemas que emergiram, em um nível financeiro, de tomada de decisões e de aplicação da lei (DUVAL, 2016, 2016, p. 35, trad. nossa). Roger Pielke Jr., por sua vez, concluiu, em artigo denominado "Obstacles to accountability in international sports governance", que "as recentes décadas viram uma maior atenção ser devotada à aquisição de melhores práticas de governança por parte de Estados, empresas e associações sem fins lucrativos, mas as organizações esportivas ficaram defasadas. Elas irão continuar a enfrentar pressões para melhorar sua governança. Atletas, patrocinadores, torcedores, governos e outros atores têm todos interesse em participar deste processo. Até o momento, no entanto, o progresso tem sido lento. Se as organizações esportivas se provarem incapazes de introduzir uma reforma efetiva, elas podem se achar forçadas a fazê-lo. Até agora, pelo menos, as mudanças se provaram difíceis".

[381] Esta concebida, conforme vimos no Capítulo I, como a soma de virtudes aristotélicas, ou como "princípio orientador, relacionado à ideia de sinceridade, conformidade à realidade, honestidade e lealdade, cuja aplicação fática deverá ser apresentada sob a forma de visões diversas, necessariamente interconectadas". Veja-se, sobre o tema, COLLOMB, 2014, p. 21-30.

alizada, pelo Direito, notadamente por meio das seguintes atuações: (i) sancionar comportamentos "não virtuosos" (pelo estabelecimento de vedações e consequências jurídicas para seu descumprimento); (ii) evitar situações em que o agente possa se encontrar frente à necessidade de adoção de comportamentos "não virtuosos" (como a prevenção de conflito de interesses) ou (iii) adotar a transparência, permitindo a supervisão do povo.[382]

Para García Caba, em análise da aplicação de tais atuações ao esporte,

> poder-se-ia definir a transparência e a boa governança esportiva como o conjunto de responsabilidades e medidas de qualquer natureza (organizacionais, econômicas, éticas, sociais, etc.) que uma Administração ou entidade esportiva assume, tanto perante seus associados como perante a sociedade, com o objetivo de impor aos seus dirigentes máximos e órgãos de administração todo um conjunto de medidas ou comportamentos éticos que regulem e fiscalizem a gestão que desempenham.[383]

A transparência e a boa governança são, pois, ideias a serem alcançados por quaisquer entidades, quanto mais aquelas que lidam com um direito social, como é o caso das organizações esportivas. Assim, passamos a apresentar algumas medidas concretas que poderiam ser adotadas pela legislação brasileira para esse fim. Não sendo o escopo desta obra esgotar as formas pelas quais o Estado brasileiro poderá alcançar a integridade no esporte, mas considerando-se relevante, para fins didáticos, a apresentação de exemplos que possam ilustrar as premissas que lançamos, passemos a exemplificar cada uma das possíveis atuações relacionadas ao Direito, apresentando ideias gerais que poderiam ser implementadas pela legislação brasileira.

4.3.1 Adoção de medidas de transparência – o exemplo do Direito francês

No tocante à adoção de medidas de transparência, podemos invocar a célebre frase "nada se cria, tudo se copia" para importar,

---

[382] MATHIEU; VERPEAUX, 2015.
[383] Citado por CLARAMUNT, 2018.

CAPÍTULO IV
PROPOSTA DE UM MARCO JURÍDICO PARA A INTEGRIDADE DAS ORGANIZAÇÕES ESPORTIVAS NO BRASIL | 205

do ordenamento jurídico francês, relevante instrumento para a transparência da gestão esportiva. Como visto no Capítulo III, o artigo 11, III-bis, da Lei nº 2013-907, de 11 de outubro de 2013 (incorporado pela alteração promovida pela Lei nº 2017-261), do Estado francês, impôs aos dirigentes de organizações esportivas a obrigação de observar as mesmas regras que os demais "responsáveis públicos" do Estado[384] no tocante à transparência de seus bens e ativos.[385]

O Brasil possui relevante normativo acerca da transparência dos rendimentos dos servidores públicos – o Decreto nº 7.724, de 16 de maio de 2012 (norma regulamentadora da Lei nº 12.527, de 18 de novembro de 2011),[386] estabelecendo que deverão ser publicadas, em sítio eletrônico da respectiva instituição, todas as informações relativas aos rendimentos recebidos na condição de servidor público.

A norma, embora diversa da estabelecida pelo Direito Francês – que estabelece obrigação mais ampla, no sentido de dotar de transparência todo o patrimônio do responsável público –, pode ser, a exemplo da norma estrangeira, estendida aos gestores esportivos. A ideia por detrás da normativa francesa – desempenho, pelos gestores esportivos, de uma verdadeira missão de serviço público – é totalmente aderente à tese que ora defendemos, segundo a qual o esporte, como direito social, deve ser protegido e tutelado como os demais bens jurídicos de interesse público.

Assim, a extensão de regra que visa dotar de transparência o emprego dos recursos públicos, dando acesso ao povo aos rendimentos obtidos pelos servidores públicos, muito bem se

---

[384] Assim entendidos, nos termos do artigo 1º da Lei, os membros do governo, os titulares de um mandato eletivo ou aqueles encarregados de uma missão de serviço público.

[385] Conforme já afirmamos, houve "(...) a necessária observância das obrigações estatuídas no artigo 4º – concernentes à apresentação, perante a 'Haute Autorité pour la transparence de la vie publique', de declarações de patrimônio e de interesse – por parte das autoridades responsáveis pela direção das entidades de administração do esporte na França".

[386] Art. 7º, §3º, inciso VI, do Decreto nº 7.724, de 16 de maio de 2012: "Deverão ser divulgadas, na seção específica de que trata o §1º , informações sobre: (...) VI – remuneração e subsídio recebidos por ocupante de cargo, posto, graduação, função e emprego público, incluídos os auxílios, as ajudas de custo, os jetons e outras vantagens pecuniárias, além dos proventos de aposentadoria e das pensões daqueles servidores e empregados públicos que estiverem na ativa, de maneira individualizada, conforme estabelecido em ato do Ministro de Estado da Economia" (BRASIL, 2012a).

coaduna com a proteção dos recursos financeiros esportivos, por meio da transparência aos valores pagos para seus dirigentes, os quais, ao servirem em associação sem fins lucrativos – configuração jurídica atual das entidades de administração do esporte –, embora não devam empregar seus esforços profissionais sem contrapartida, não devem lucrar valores exorbitantes em detrimento dos investimentos na própria atividade esportiva.

A vigilância do povo – realizada mais propriamente, no caso das organizações esportivas, pelos próprios atletas – é elemento essencial da boa governança, permitindo, por meio de medidas de transparência como as adotadas pelo Direito francês, permanente controle daqueles que gerem as atividades esportivas, evitando-se desmandos e permitindo-se a correção de práticas nefastas.

O Direito francês previu, para além da transparência relacionada aos rendimentos, a transparência do patrimônio. Tal medida permite a verificação de eventual incremento patrimonial excessivo por parte dos responsáveis públicos. A opção do Direito brasileiro foi diversa. Embora tenha previsto apenas a transparência dos rendimentos obtidos pelo exercício da função pública, estendeu tal obrigação a todo e qualquer servidor público, independentemente da proeminência das funções por ele desempenhadas.

A extensão de tal obrigação aos dirigentes esportivos não só se coaduna plenamente com as premissas lançadas nesta obra – segundo as quais gerem tais agentes um bem jurídico tutelado sob a forma de direito social –, como aperfeiçoará sobremaneira a necessária vigilância ao jogo íntegro.[387]

---

[387] A escolha do Direito francês é considerada salutar por vários juristas da seara desportiva. Roger Pielke Jr. (2016, p. 33) afirma que: "A diferença das práticas de governança entre corporações públicas, organismos multilaterais e organizações esportivas é marcante. Por exemplo, se alguém quiser conhecer a compensação recebida por Ban Ki-Moon (por volta de US\$ 240,000), Secretário-Geral das Nações Unidas, é possível encontrar essa informação online. A mesma transparência vale para o Presidente dos Estados Unidos da América (US\$ 400,000 em 2014) e o CEO da Nestlé (US\$ 10.6 milhões em 2013), uma das maiores companhias suíças. Se alguém quiser saber o salário de Sepp Blatter, Presidente da FIFA, no entanto, é informação simplesmente não está disponível, e foi de fato recusada sua exposição pela FIFA. A FIFA pode manter essa informação secreta porque nenhum dos mecanismos de 'accountability' tem muita influência na FIFA, e assim ela pode fazer o que quiser com muitas poucas consequências."

4.3.2 Prevenção de situações em que o agente possa se encontrar frente à necessidade de adoção de comportamentos "não virtuosos" – o exemplo da luta contra o conflito de interesses na Justiça Desportiva

A prevenção quanto à adoção de comportamentos "não virtuosos" pode ser bem exemplificada pela adoção de medidas voltadas à prevenção de conflitos de interesses. O Brasil já possui legislação voltada à prevenção e repressão ao conflito de interesses na esfera pública. Atualmente, a questão vem disciplinada na Lei nº 12.813, de 16 de maio de 2013, a qual conceitua o conflito de interesses como "a situação gerada pelo confronto entre interesses públicos e privados, que possa comprometer o interesse coletivo ou influenciar, de maneira imprópria, o desempenho da função pública".[388]

Com base nessa disciplina, o agente público deve adotar as ações necessárias para prevenção de potenciais conflitos de interesse, assim como para impedir que tais ocorram. Diante da dificuldade de estipulação, a priori, de situações das quais possa decorrer um conflito de interesses,[389] é franqueada, em caso de dúvida, a apresentação de consulta à Comissão de Ética Pública ou à Controladoria-Geral da União, as quais detêm competência para solucionar tais situações de incerteza. A princípio, no entanto, os dirigentes esportivos brasileiros não possuem semelhante obrigação.[390]

Embora possa-se cogitar da extensão de tais obrigações relacionadas ao conflito de interesses aos dirigentes esportivos, é certo que as hipóteses de conflito potencial ou real em matéria

---

[388] Artigo 3º, inciso I, da Lei nº 12.813, de 16 de maio de 2013 (BRASIL, 2013).

[389] Ainda que ciente de tal dificuldade de estipulação de hipóteses concretas de conflito, a Lei arrolou, nos artigos 5º e 6º, situações das quais considera derivar o conflito, durante ou após o exercício de cargo ou emprego público.

[390] Na França, por outro lado, a mesma legislação, antes citada, que previu o dever de os responsáveis públicos – aí incluídos os dirigentes esportivos – manterem públicos, para acesso de qualquer cidadão, os seus rendimentos e patrimônio, determinou-lhes o preenchimento de um formulário de conflito de interesses, descrevendo os interesses que possuía no momento de sua nomeação ao cargo, função ou missão pública.

desportiva será diversa daquelas existentes para os detentores de cargo ou emprego público. Assim é que, neste caso, seria salutar uma disciplina específica, que pudesse contemplar as particularidades do esporte nesta seara.

Uma das particularidades relevantes relaciona-se com o espectro reduzido de profissionais que atuam no âmbito das organizações esportivas. Embora tal atuação seja, em tese, franqueada a qualquer profissional, a realidade demonstra que não são muitos aqueles incumbidos do exercício das mais relevantes funções. Há, na verdade, uma espécie de circulação dos mesmos profissionais entre as diversas organizações esportivas – das diferentes modalidades – sem ocorrer, de fato, uma real renovação de quadros.

Se tal proceder garante inegável experiência àqueles que atuam na seara esportiva, seu lado negativo corresponde a uma maior abertura a situações de potenciais e reais conflitos de interesses. Um dos casos já parcialmente endereçado pela legislação esportiva relaciona-se com a formação dos tribunais de Justiça Desportiva.

O exercício de função na Justiça Desportiva, em geral, é vedado aos dirigentes desportivos das entidades de administração e das entidades de prática,[391] haja vista os conflitos de interesse – reais ou potenciais – que de tal função poderiam decorrer. A opção foi a vedação de tais situações a priori, haja vista o alto risco de conflitos que poderiam ensejar. A previsão, no entanto, ainda não alcança todos os casos de conflitos que poderiam surgir na atuação na Justiça Desportiva.

A legislação específica aplicável à Justiça Desportiva Antidopagem foi mais além, prevendo, para além da obrigação supratranscrita, as de que: (i) "não poderão compor a JAD membros que estejam no exercício de mandato em outros órgãos da Justiça Desportiva de que trata o art. 50, independentemente da modalidade"; e (ii) "é vedado aos membros da JAD atuar perante esta pelo período de um ano após o término dos respectivos

---

[391] Lei nº 9.615, de 24 de março de 1998, art. 55, §3º: "É vedado aos dirigentes desportivos das entidades de administração e das entidades de prática o exercício de cargo ou função na Justiça Desportiva, exceção feita aos membros dos conselhos deliberativos das entidades de prática desportiva. (Redação dada pela Lei nº 9.981, de 2000)" (BRASIL, 1998).

mandatos".[392] Houve, assim, no ano de 2016, ampliação das hipóteses de vedação: possibilitando-se evitar conflitos não apenas com o exercício das funções de dirigentes de organizações esportivas, como também com o exercício de funções em outros ramos da Justiça Desportiva, prevendo-se, por fim, espécie de quarentena àqueles que nela tenham atuado.

A extensão em destaque teve por escopo evitar o que comumente recebe a denominação de "troca de favores". Sendo comum o serviço na Justiça Desportiva daqueles que exercem a advocacia privada por ofício, é possível que, sendo auditores na Justiça Desportiva de determinada modalidade e atuando como advogados privados nas demais, haja a "troca" de benesses, com o fim de aumentar o êxito nos processos de infrações desportivas em que atuam.

Embora a prova de tal proceder possa ensejar a aplicação de sanções desportivas e até penais, a busca pela legislação de prevenir tais hipóteses – e não apenas as reais, mas também a aparência de que tal ocorra – é salutar, garantindo a manutenção da confiança depositada nos órgãos de aplicação das regras desportivas. Como proposta, a ampliação do espectro de aplicação das disposições atualmente apenas vigentes para a Justiça Desportiva Antidopagem para todos os ramos desta Justiça Especializada nos parece um bom exemplo de prevenção de comportamentos "não virtuosos".

4.3.3 Sanções a comportamentos "não virtuosos" – a improbidade na administração do desporto

Como última proposta, a exemplificar a sanção a comportamentos "não virtuosos", apresenta-se a ideia de uma disciplina específica acerca da improbidade na administração do desporto. A sanção a comportamentos "não virtuosos" depende, inicialmente, de uma disciplina específica do que sejam tais comportamentos – e, apenas com base nesta, podem ser

---

[392] Art. 55-A, §§7º e 8º, da Lei nº 9.615, de 24 de março de 1998 (BRASIL, 1988) (incluídos pela Lei nº 13.322, de 2016).

estabelecidas as respectivas sanções. Embora seja claro que práticas corruptivas previstas nas legislações penais e cíveis em geral devam ser rechaçadas quando praticadas no âmbito das organizações esportivas, muito ganharia o esporte brasileiro pela previsão de uma disciplina específica apta a discriminar os particulares tipos relacionados a esta seara.

Propõe-se, pois, como fechamento aos exemplos trazidos nesta última parte da obra, a estruturação de uma legislação específica acerca da improbidade na administração do desporto, nos moldes da Lei de Improbidade Administrativa.[393] A legislação específica permitiria conceber uma estrutura básica de princípios estruturantes da integridade esportiva, cuja violação ensejaria a aplicação das respectivas sanções.

Se, na Lei de Improbidade Administrativa, são considerados fatos geradores dos ilícitos ali descritos a vantagem patrimonial indevida decorrente da função exercida, os atos dilapidadores do patrimônio das entidades e os atos atentatórios aos princípios da administração pública, mesma lógica poderia ser aplicada às organizações esportivas, cujos dirigentes devem zelar para manter a higidez patrimonial, sem desviar ou obter para si vantagem financeira ou patrimonial indevida, observados os princípios básicos que regem a boa condução do esporte.

Embora não seja o caso de adentrarmos, neste momento, nos detalhamentos de tal normativo, é razoável concluir pela sua adequação à lógica imprimida nas linhas que o antecederam, pois zelar pela probidade dos atos praticados no âmbito das organizações esportivas é zelar, em igual medida, pela integridade do próprio esporte.

---

[393] Na forma do artigo 1º, §5º: "Os atos de improbidade violam a probidade na organização do Estado e no exercício de suas funções e a integridade do patrimônio público e social dos Poderes Executivo, Legislativo e Judiciário, bem como da administração direta e indireta, no âmbito da União, dos Estados, dos Municípios e do Distrito Federal" (BRASIL, 1992).

CONCLUSÃO

O ESPORTE E O ESTADO (PARA ALÉM DE OLÍMPIA E O LEVIATÃ)

Eu não posso aceitar o seu cânone de que devemos julgar o Papa e o Rei de forma diferente dos demais homens, com uma presunção favorável de que não fizeram nada de errado. Se há uma presunção é outra, contrária aos detentores de poder, crescendo conforme cresce o poder. A responsabilidade histórica [a saber, o julgamento último dos historiadores] deve compensar a vontade de uma responsabilidade legal [a saber, consequências legais durante o período de vida dos governantes]. *O poder tende a corromper e o poder absoluto corrompe absolutamente.* Grandes homens são quase sempre homens maus, mesmo quando exercitam a influência e não a autoridade: ainda mais quando adiciona-se a tendência ou a certeza de corrupção pela autoridade. Não há pior heresia do que a de que o posto santifica seu detentor. Este é um ponto no qual...o fim aprende a justificar os meios. Você enforcaria um homem não detentor de uma posição,...mas se o que ouve-se é verdade, Elizabeth pediu ao algoz para assassinar Maria, e William III ordenou seu ministro escocês para extirpar um clã. Aqui há os maiores nomes aliados aos maiores crimes. Você pouparia esses criminosos, por alguma razão misteriosa. Eu os enforcaria, mais alto que Hamã, por razões de óbvia justiça; ainda mais, ainda mais alto, pelo bem da ciência histórica...[394]

O poder corrompe. E o poder absoluto corrompe ainda mais. Assim podem ser resumidos os ensinamentos historicamente associados à Carta enviada por Lord Acton ao Arcebispo Mandell Creighton, em 1887, e cujo emblemático excerto acima reproduzimos.

---

[394] ACTON, 2020, grifos nossos.

A essa ideia de corrupção pelo poder – reproduzida em muitas oportunidades pelos mais diversos pensadores –[395] se contrapõe a edificação de um mecanismo voltado ao seu enfrentamento: é este – entre outros – o sistema de freios e contrapesos apresentado como basilar às Constituições republicanas da atualidade.

No caso das organizações esportivas, no entanto, este sistema de freios e contrapesos constitucionalmente erigido não se aplica automaticamente. Ao contrário, a ideia de autonomia que passou a impregnar-se no seio de tais organizações fez com que qualquer sistema de controle fosse automaticamente rechaçado, por considerá-lo indevida ingerência nos assuntos eminentemente esportivos.

Mas se o poder corrompe, não estariam tais organizações esportivas sujeitas a tal corrupção, ao não possuir, interna ou externamente, mecanismos de controle aptos a evitar a conformação de um poder quase absoluto em torno de seus dirigentes? Foi essa, justamente, a pergunta realizada por muitos autores, ao verificar-se o quanto a corrupção se encontrava entranhada nas mais diversas organizações esportivas.[396]

E a resposta seria: sim. O poder quase absoluto erigido sob a base da não interferência – ou autonomia, no linguajar da Constituição de 1988 – cria o substrato necessário à reprodução da prática corruptiva, a qual passa de um problema pontual a um problema estrutural, impregnando todas as atividades relacionadas àquela modalidade. E quem perde com tudo isso é o esporte, o qual passa a sofrer uma crise de legitimidade, ao se ver diante da dúvida quanto a um de seus elementos mais essenciais: a imprevisibilidade.[397]

---

[395] Um dos pensadores mais emblemáticos a reproduzir semelhante raciocínio foi o ex-presidente norte-americano Abraham Lincoln, o qual, durante o seu mandato, afirmou que "(...) se quiser pôr à prova o caráter de um homem, dê-lhe poder" (BARROS, 2016).

[396] Para uma visão geral do tema, o relatório *Global Corruption Report: Sport*, editado pela Transparência Internacional, conta com uma série de artigos de renomados pesquisadores, os quais tratam do fenômeno da corrupção no esporte sob as mais diversas facetas e com interessantes aproximações. Todos eles, no entanto, embora possam divergir quanto à forma de solução, convergem quanto à existência de um claro problema de corrupção e fraude no mundo esportivo, decorrente – não apenas, mas em grande medida – do poder quase absoluto conferido às organizações esportivas (TRANSPARENCY INTERNATIONAL, 2016).

[397] Ao abordar o tema, Cobus de Swardt (2016, trad. nossa), diretor executivo da Transparência Internacional, vai ainda além, ao mencionar que a perda de confiança na legitimidade do esporte pode ensejar, para o cidadão, uma perda de confiança nas instituições em geral. No prefácio ao relatório denominado *Global Corruption Report*, ele afirma que "o esporte toca

A imprevisibilidade é ínsita ao esporte. O jogo só pode ser assim denominado quando, dentre aqueles que participam, qualquer um possa ser vencedor, quer por critérios de preparação física ou intelectual, quer por critérios mais relacionados à ventura daquele que joga. E, para que possa se falar em verdadeiro jogo – com a imprevisível sucessão de vitórias e derrotas que lhe é intrínseca –, há que se falar em um jogo limpo – livre de dopagem, justo – livre de resultados manipulados – e íntegro – livre de qualquer forma de fraude ou corrupção.[398]

A integridade do esporte é, pois, aspecto inerente à própria lógica que o torna atrativo aos espectadores. Qual seria a emoção de assistir a uma partida em relação à qual já se sabe, de antemão, o resultado? A atração ínsita ao esporte está justamente nessa imprevisibilidade que impregna o jogo de forma a ser possível se pensarem em favoritos e "azarões" – de acordo com algumas capacidades técnicas –, sem deixar de se acreditar na vitória dos segundos – de acordo com a sorte que naquele momento esteja mais favorável. E o espectador, desgraçado na derrota e sorridente na vitória, interessa-se pelo esporte na medida em que sabe ser este imprevisível, sem interferências alheias ao jogo bem jogado e à parcela de sorte que, acredita-se, acompanha os vencedores.[399]

---

a vida de bilhões. Ninguém quer pensar que seu passatempo favorito é maculado. Isso tornou-se inevitável, no entanto, para os fãs de futebol e maio de 2015, com o indiciamento, pelos Estados Unidos, de nove oficiais e ex-oficiais da FIFA por extorsão e lavagem de dinheiro, confirmando as piores suspeitas de muitos. Estas crises no coração do esporte ilustram assuntos bem conhecidos: a cultura de impunidade no topo das organizações esportivas que deixa solta a rédea para o recebimento de propinas e obscuros buracos negros financeiros. A implementação de reformas necessárias e de longo prazo demonstrar-se-á muito mais difícil. Não precisa dizer que a corrupção no esporte não se limita ao futebol, e a importância de combater a corrupção não é limitada ao efetivo no esporte apenas. O esporte é um símbolo de *fair play* em todo o mundo, e comumente proporciona uma folga das dificuldades diárias para muitos, quer sendo parte em ou torcendo por um time local. Se a confiança no esporte é perdida e as pessoas não mais conseguem acreditar naquilo que estão vendo no campo de jogo ou ouvindo daqueles a cargo da modalidade, então a confiança pública em qualquer instituição pode ser irreparavelmente abalada".

[398] A relação entre o *fair play* e a imprevisibilidade ínsita ao esporte foi bem colocada por Richard H. McLaren (2016, p. 12-15), para quem "o *fair play* é integrante do contínuo sucesso do esporte, e ainda assim está em todo lugar sob ataque. Atos de corrupção solapam o ideal de *fair play* ao controlar e manipular as variáveis que definem o esporte e o ideal olímpico para beneficiar indivíduos ou grupos específicos. Ao fazê-lo, o esporte é despojado da sua característica mais fundamental: a incerteza do resultado".

[399] Para além das características acima destacadas – relacionadas a aspectos como justiça, higidez e integridade – pode-se afirmar que o esporte – sob o prisma do espectador – é, em

E para os atletas? Também para estes o esporte apenas tem sentido na medida em que privilegia o mais talentoso e preparado; na medida em que retribui com os louros da vitória as horas dedicadas aos intensos treinamentos e na medida em que bane de sua prática aqueles que trapaceiem e tentem chegar à vitória por instrumentos diversos de seus próprios méritos.

E a garantia de tal integridade do esporte pode e deve ser buscada por todos os atores envolvidos, a saber, os próprios atletas, os Estados, as organizações internacionais e as organizações esportivas (de administração ou de prática). Se, para a luta contra a dopagem e contra a manipulação de resultados, tal parceria se tem demonstrado clara – e até natural, tanto no Brasil como internacionalmente –, o mesmo não se pode afirmar no tocante à prevenção e ao combate à gestão fraudulenta e às práticas corruptivas.

O princípio da não interferência – apresentado sob as vestes da autonomia das organizações esportivas na Constituição da 1988 – tem sido invocado, em muitas oportunidades, para afastar qualquer tentativa de intromissão do Estado – e das organizações internacionais correspondentes –, com a escusa de garantir a independência no exercício das funções desempenhadas pelas organizações esportivas em prol do esporte.

Em prol do esporte o é, sempre, a integridade. Assim, as medidas voltadas a garantir-lhe proteção – quer sejam endereçadas pelos atores propriamente esportivos (como o são as organizações esportivas), quer sejam endereçadas pelos Estados ou suas organizações internacionais – serão sempre desejáveis em favor da proteção do esporte.

Se a autonomia passou a existir para garantir a incolumidade dos atos praticados regularmente pelas organizações esportivas em face da alegada indevida – e política – ingerência dos Estados, sua conformação jurídica não pode ganhar contornos tais a contribuir

---

boa medida, inclusivo, não colocando barreiras para sua assistência. Embora não seja este o objeto desta obra, merece destaque a passagem da obra "O Negro no Futebol Brasileiro", de Mário Filho, que assim ditou, a respeito das partidas de futebol: "A paixão do povo tinha de ser como o povo, de todas as cores, de todas as condições sociais. O preto igual ao branco, o pobre igual ao rico. O rico paga mais, compra uma cadeira numerada, não precisa amanhecer no estádio, vai mais tarde, fica na sombra, não apanha sol na cabeça, mas não pode torcer mais do que o pobre, nem ser mais feliz na vitória, nem mais desgraçado na derrota" (FILHO, 1947).

para a construção de uma "criatura maior que o criador". A autonomia das organizações esportivas é protegida na medida em que proteja a boa gestão do esporte. Sua utilização alheia a tais fins, a configurar abuso da posição jurídica correlata, importa na deturpação de sua finalidade e, pois, em tornar-lhe relativizável ante outros princípios aplicáveis ao caso concreto.

Há que se estabelecer, novamente, o equilíbrio que deve imperar no balanceamento entre o poder outorgado às organizações esportivas e aquele mantido pelo Estado, a fim de possibilitar a conformação de forças necessária ao recíproco controle. Este controle, quando realizado pelo Estado, não o é, necessariamente, por um imperativo político de instrumentalização do esporte, sendo possível conceber-se a atuação do Estado desnudada de tal fim.

> O Estado não se reduz a um aparelho de poder a serviço dos dominantes nem a um lugar neutro de reabsorção dos conflitos: ele constitui a forma de crença coletiva que estrutura o conjunto da vida social nas sociedades fortemente diferenciadas.[400]

As palavras antes enunciadas, creditadas a lições do curso no Collège de France de Pierre Bourdieu, dão conta da evolução da própria noção de Estado, do Leviatã de outrora para a concepção de corpo estruturador do conjunto da vida social. E do temor do poder estatal antes enunciado como um dos mais importantes mecanismos de adesão da vida social, passa-se a essa ideia de crença coletiva, a qual permite cogitar-se da desnecessidade de utilização da força para a cooperação desejada com o movimento esportivo.

O Estado não mais deseja se apresentar como o monstro fenício uma vez retratado por Hobbes. Sua nova conformação, de maior adesão à vida social, tem por escopo aproximar-lhe dos cidadãos, apresentando-o como protetor e promotor. A força do Estado opera-se não mais pelo temor, e sim pela legitimidade conferida por suas leis.

Poderão Olímpia e o Leviatã, afinal, conceber uma relação de cooperação? Parece-nos que Estado e movimento esportivo se apresentam como recíprocos temperamentos do exercício soberano

---

[400] BOURDIEU, 2014, p. 676.

do poder no mundo do esporte. Se ao Estado compete regular excessos eventualmente praticados pelas organizações esportivas, a estas compete – lançando mão das garantias jurídicas afirmadas na Constituição – afastar aquele em caso de indevidas ingerências. Os já mencionados freios e contrapesos estabelecidos entre Estado e movimento esportivo permitem a boa execução de tal equilíbrio, buscando garantir ao jogo o elemento que lhe é essencial: a imprevisibilidade.

REFERÊNCIAS

ACADEMIA LANCE!: É preciso rever a Lei Pelé e o texto constitucional. *Lance!NET*, 16 out. 2014. Disponível em: https://ndmais.com.br/esportes/academia-lance--e-preciso-rever-a-lei-pele-e-o-texto-constitucional/. Acesso em: 23 ago. 2019.

ACTON, John Emerich Edward Dalberg. *Letter to Archbishop Mandell Creighton* (Apr. 5th, 1887). Disponível em: https://history.hanover.edu/courses/excerpts/165acton.html. Acesso em: 2 jan. 2020.

ALEXY, Robert. *Teoria dos direitos fundamentais*. Tradução: Virgílio Afonso da Silva. São Paulo: Malheiros, 2008.

ALMEIDA, Marcos Antonio; GUTIERREZ, Gustavo Luis; e MARQUES, Renato F. Rodrigues. *A transição do esporte moderno para o esporte contemporâneo*: Tendência de mercantilização a partir do final da guerra fria. *In:* ENCONTRO DA ALESDE ESPORTE NA AMÉRICA LATINA: ATUALIDADE E PERSPECTIVAS, 1., 2008. Curitiba. *Anais* [...]. Curitiba: ALESDE; UFPR, 2008. p. 1-8. Disponível em: http://cev.org.br/arquivo/biblioteca/a-transicao-esporte-moderno-para-o-esporte-contemporaneo-tendencia-mercantilizacao-partir-final-guerra-fria.pdf. Acesso em: 9 maio 2022.

ALTIS. *Britannica* (Encyclopedia). [*S. l.*]: [2022]. Disponível em: https://www.britannica.com/place/Altis. Acesso em: 25 mar. 2019.

AMADO, João Leal; COSTA, Ricardo (coord.). *Direito do Desporto Profissional* – contributos de um curso de pós-graduação. Cadernos do IDET. Coimbra: Almedina, 2011.

AMSON, Charles. *Droit du Sport*. Vuibert: Paris, 2010.

AMAZARRAY, Igor Chagas. *Futebol*: o esporte como ferramenta política, seu papel diplomático e o prestígio internacional. Orientador: Eduardo Filippi. 2011. Trabalho de Conclusão de Curso (Bacharelado em Ciências Econômicas) – Universidade do Rio Grande do Sul, Porto Alegre, 2011.

AQUINO, Cássio Adriano Braz; MARTINS, José Clerton de Oliveira. *Ócio, lazer e Tempo livre na sociedade de consumo e do trabalho*. Disponível em: http://pepsic.bvsalud.org/scielo.php?script=sci_arttext&pid=S1518-61482007000 200013.

ARAÚJO, Luiz Alberto David; NUNES JÚNIOR, Vidal Serrano. *Curso de Direito Constitucional*. 3. ed. São Paulo: Saraiva, 1999.

ARISTÓTELES. *Metafísica*: livro 1 e livro 2/*Ética a Nicômaco/Poética*. Seleção de textos de José Américo Motta Pessanha. Tradução: Vincenso Cocco *et al.* São Paulo: Abril Cultural, 1979.

BABER, Mark. Box 1.2 FIFA and the non-interference rule. *In:* TRANSPARENCY INTERNATIONAL. *Global Corruption Report: Sport.* New York: Routledge, 2016. p. 44-51.

BADDELEY, Margareta. *L'association sportive face au droit*: les limites de son autonomie. Bâle: Helbing & Lichtenhahn, 1994. (Collection Genevoise). Disponível em: http://archive-ouverte.unige.ch. Acesso em: 28 jul. 2019.

BARANI, Luca. the role of the european court of justice as a political actor in the integration process: The case of sport regulation after the Bosman Ruling. *Journal of Contemporary European Research (JCER)*, v. 1, Issue 1, p. 42-58, 2005.

BARRETO, Fernanda Carvalho Leão. Função social do contrato, liberdade econômica e seus reflexos no âmbito do direito das famílias e das sucessões – uma análise da Medida Provisória nº 881-2019. *IBDFAM*, 5 maio 2019. Disponível em: https://ibdfam.org.br/noticias/6931. Acesso em: 28 jul. 2019.

BARROSO, Luís Roberto. Constituição e tratados internacionais: alguns aspectos da relação entre direito internacional e direito interno. *In:* DIREITO, Carlos Alberto Menezes; TRINDADE, Antônio Augusto Cançado; PEREIRA, Antônio Alves Celso (org.). *Novas perspectivas do Direito Internacional contemporâneo*: estudos em homenagem ao professor Celso D. de Albuquerque Mello. Rio de Janeiro: Renovar, 2008.

BARROSO, Luís Roberto. *Interpretação e aplicação da Constituição*: fundamentos de uma dogmática constitucional transformadora. 3. ed. São Paulo: Saraiva, 1999.

BARROSO, Luís Roberto. *Temas de Direito Constitucional*. Rio de Janeiro: Renovar, 2001.

BARROS, Nelson Emílio. Que país é esse? *Gazeta do Povo*, 2 abr. 2016. Disponível em https://www.gazetadopovo.com.br/opiniao/artigos/que-pais-e-esse-3rmjb2xb7v9u2gdwt7ued ujr4/. Acesso em: 2 jan. 2020.

BASTOS, Celso Ribeiro; MARTINS, Ives Gandra. *Comentários à Constituição do Brasil*. São Paulo: Saraiva, 1998. v. 8.

BAYER, Rodrigo Steinmann. A ideia de autonomia das organizações internacionais esportivas. *RBDD*, v. 13, n. 26, p. 211-239, jul./dez. 2014. Disponível em: https://repositorio.ufsc.br/handle/123456789/129270. Acesso em: 30 jun. 2019.

BAYLE, Emmanuel; DURAND, Christophe. Vingt ans de relations entre le mouvement sportif et l'Etat: d'une collaboration ambivalente vers une régulation managériale? *Politiques et Management Public*, v. 22, n. 2, p. 113-134, 2004.

BEECH, John; CHADWICK, Simon (ed.). *The Business of Sport Management*. London: Financial Times Management, 2004.

BELOFF, Michael J.; KERR, Tim. Why Aga Khan is Wrong. *Judicial Review Journal*, v. 1, p. 30-33, 1996.

BERGSGARD, Nils Asle; *et al.. Sport* Policy: A Comparative Analysis of Stability and Change. Burlington: Elsevier, 2007.

BONIFACE, Pascal. *Football e Mondialisation*. 2. éd. Paris: Armand Colin, 2013.

BONIFACE, Pascal. *Géopolitique du sport*. Paris: Armand Colin, 2014.

BONIFACE, Pascal. *JOpolitiques*: sport et relations internationales. Paris: Eyrolles, 2016.

BOURDIEU, Pierre. Como é possível ser esportivo? *In:* BOURDIEU, Pierre. *Questões de sociologia*. Rio de Janeiro: Marco Zero, 1983. p. 136-153.

BOURDIEU, Pierre. *Sobre o Estado* – cursos no Collège de France (1989-92). Tradução: Rosa Freire d'Aguiar. São Paulo: Companhia das Letras, 2014.

BRANCO, Paulo Gustavo Gonet. Comentário ao art. 5º, XVI a XXI, da Constituição. *In:* CANOTILHO, J. J. Gomes; MENDES, Gilmar F.; SARLET, Ingo W.; STRECK, Lenio L. (coord.). *Comentários à Constituição do Brasil*. São Paulo: Saraiva; Coimbra: Almedina, 2013.

REFERÊNCIAS | 219

BRASIL. [Constituição (1988)]. *Constituição da República Federativa do Brasil de 1988.* Brasília, DF: Presidência da República, [1988]. Disponível em: http://www.planalto.gov. br. Acesso em: 5 jul. 2019.

BRASIL. Decreto-Lei nº 3.199, de 14 de abril de 1941. Estabelece as bases de organização dos desportos em todo o país. *Diário Oficial da União*: Brasília, DF, 1941. Disponível em: https:// www.planalto.gov.br/ccivil_03/decreto-lei/1937-1946/del3199.htm. Acesso em: 5 jul. 2019.

BRASIL. Decreto nº 7.724, de 16 de maio de 2012. Regulamenta a Lei no 12.527, de 18 de novembro de 2011, que dispõe sobre o acesso a informações previsto no inciso XXXIII do *caput* do art. 5º, no inciso II do §3º do art. 37 e no §2º do art. 216 da Constituição. *Diário Oficial da União*: Brasília, DF, 2012a. Disponível em: https://www.planalto.gov.br/ ccivil_03/_ato2011-2014/2012/decreto/d7724.htm. Acesso em: 9 maio 2019.

BRASIL. Lei nº 8.429, de 2 de junho de 1992. Dispõe sobre as sanções aplicáveis em virtude da prática de atos de improbidade administrativa, de que trata o §4º do art. 37 da Constituição Federal; e dá outras providências (...). *Diário Oficial da União*: Brasília, DF, 1992. Disponível em: https://www.planalto.gov.br/ccivil_03/leis/L8429compilada. htm. Acesso em: 15 jul. 2019.

BRASIL. Lei nº 9.615, de 24 de março de 1998. Institui normas gerais sobre desporto e dá outras providências. *Diário Oficial da União*: Brasília, DF, 1998. Disponível em: https:// www.planalto.gov.br/ccivil_03/leis/l9615compilada.htm. Acesso em: 15 jul. 2019.

BRASIL. Decreto nº 10.357, de 20 de maio de 2020. Aprova a Estrutura Regimental e o Quadro Demonstrativo dos Cargos em Comissão e das Funções de Confiança do Ministério da Cidadania e remaneja cargos em comissão e funções de confiança. *Diário Oficial da União*: Brasília, DF, 2020. Disponível em: https://www.planalto.gov.br/ ccivil_03/_ato2019-2022/2020/decreto/D10357.htm. Acesso em: 5 jul. 2019.

BRASIL. Lei nº 12.813, de 16 de maio de 2013. Dispõe sobre o conflito de interesses no exercício de cargo ou emprego do Poder Executivo federal e impedimentos posteriores ao exercício do cargo ou emprego; e revoga dispositivos da Lei nº 9.986, de 18 de julho de 2000, e das Medidas Provisórias nºs 2.216-37, de 31 de agosto de 2001, e 2.225-45, de 4 de setembro de 2001. *Diário Oficial da União*: Brasília, DF, 2013. Disponível em: https:// www.planalto.gov.br/ccivil_03/_ato2011-2014/2013/lei/l12813.htm. Acesso em: 5 jul. 2019.

BRASIL. Supremo Tribunal Federal. Ação Direta de Inconstitucionalidade: ADI 2.937 DF. Relator: Min. Cezar Peluso. *Dje*: Brasília, DF, 29 maio 2012b. Disponível em: http://redir.stf. jus.br/paginadorpub/paginador.jsp?docTP=TP&docID=2086302. Acesso em: 25 ago. 2019.

BRASIL. Supremo Tribunal Federal. ADI 3.045 DF. Relator: Min. Celso de Mello. *Dje*: Brasília, DF, 1 jun. 2007. Disponível em: http://redir.stf.jus.br/paginadorpub/ paginador. jsp?docTP=AC&docID=461974. Acesso em: 25 ago. 2019.

BRASIL. Supremo Tribunal Federal. ADI 4.976. Relator: Min. Ricardo Lewandowski, 7 de maio de 2014. *Dje*: Brasília, DF, 30 out. 2014.

BRASIL. Supremo Tribunal Federal. ADI 5.062 DF. Relator: Min. Luiz Fux. *Dje*: Brasília, DF, 21 jun. 2017a. Disponível em: http://portal.stf.jus.br/processos/detalhe. asp?incidente=4490979. Acesso em: 4 dez. 2019.

BRASIL. Supremo Tribunal Federal. ADI 5.450. Relator: Min. Alexandre de Moraes. *Dje*: Brasília, DF, 20 set. 2017b.

BRASIL. Supremo Tribunal Federal. RE 201.819-8 RJ. Relator: Min. Gilmar Ferreira Mendes. *Dje*: Brasília, DF, 27 out. 2006. Disponível em: http://redir.stf.jus.br/paginadorpub/ paginador.jsp? docTP=AC&docID=388784. Acesso em 25 ago. 2019.

BRESSER-PEREIRA, L.C.; GRAU, Nuria Cunill (org.). O público não-estatal na reforma do Estado. Rio de Janeiro: FGV, 1999.

BROHM, Jean-Marie. *La machinerie sportive* – essais d'analyse institutionnelle. Paris: Economicas, 2002.

BROHM, Jean-Marie. *Sociologie politique du sport*. Nancy: Presses Universitaires de Nancy, 1992.

BROMBERGER, Christian. *Football* – la bagatelle la plus sérieuse du monde. Paris: Bayard, 1998.

BROOKS, Graham *et al. Fraud, corruption and sport*. Houndmills: Palgrave Macmillan, 2013.

BUENO, Luciano. *Políticas públicas do esporte no Brasil*: razões para o predomínio do alto rendimento. 2008. Tese (Doutorado em Administração Pública e Governo) –Fundação Getúlio Vargas, São Paulo, 2008.

CAMARGOS, Wladymir Vinycius de Moraes. *A constitucionalização do esporte no Brasil* – autonomia tutelada: ruptura e continuidade. 2017. Tese (Doutorado em Direito). Universidade de Brasília, Brasília, 2017.

CANOTILHO, J. J. Gomes. Internormatividade desportiva e *Homo Sportivus*. *In:* AMADO, João Leal; COSTA, Ricardo (coord.). *Direito do Desporto Profissional* – contributos de um curso de pós-graduação. Cadernos do IDET. Coimbra: Almedina, 2011. p. 7-25.

CHADE, Jamil. Caixa da FIFA supera o PIB de 19 países. *Estadão*, São Paulo, 2 jun. 2011. Disponível em https://esportes.estadao.com.br/noticias/geral, caixa-da-fifa-supera-o-pib-de-19-paises-imp-,726974. Acesso em: 24 ago. 2019.

CHAMPION JR., Walter T. *Sports Law in a Nutshell*. 4th. ed. St. Paul: West Academic Publishing, 2009.

CHAPELLET, Jean-Loup. Autonomy and governance – Necessary bedfellows in the fight against corruption in sport. *In:* TRANSPARENCY INTERNATIONAL. *Global Corruption Report*: Sport. New York: Routledge, 2016. p. 16-28.

CHAPPELET, Jean-Loup. Beyond governance: the need to improve the regulation of international sport. *Sport in Society*, 2017, p. 1-11.

CHAPPELET, Jean-Loup. *L'autonomie du sport en Europe*. Conseil de l'Europe: Strasbourg, 2010.

CHAPPELET, Jean-Loup ; KUBLER-MABBOTT, Brenda. *The International Olympic Committee and the Olympic System*. New York: Routledge, 2008.

CHEVALIER, Emilie. L'élaboration de la règle déontologique: de l'interventionnisme public et du pluralisme des ordres normatifs. *Les Cahiers de Droit du Sport*, n. 42, p. 28-36, 2016.

CLARAMUNT, Jorge Castellanos. Corrupción y buen gobierno en el deporte – breve análisis del caso Soule. *Revista Internacional de Éticas Aplicadas*, n. 27, 2018, p. 115-130.

CLERET, Lea *et al.* 'Sports Integrity' Needs Sports Ethics (And Sports Philosophers And Sports Ethicists Too). *Sport, Ethics and Philosophy*, v. 9, n. 1, p. 1-5, 2015.

COASE, Ronald. *The Firm, the Market and the Law*. Chicago: Chicago University Press, 1988.

COMISSÃO DAS COMUNIDADES EUROPEIAS. *Comunicação da Comissão ao Parlamento Europeu, ao Conselho, ao Comitê Econômico e Social Europeu e ao Comitê das Regiões* – desenvolver a dimensão europeia do desporto. Bruxelas: COM, 2011.

COMISSÃO DAS COMUNIDADES EUROPÉIAS. *Livro Branco sobre o Desporto*. Bruxelas: COM, 2007.

COMITÉ OLÍMPICO INTERNACIONAL. *Carta Olímpica*: vigente a partir del 9 de octubre de 2018, 2018. Disponível em: https://library.olympic. org/Default/doc/ SYRACUSE/177768/carta-olimpica-vigente-a-partir-del-9-de-octubre-de-2018-comite-olim pico-internacional?_lg=en-GB. Acesso em: 30 jun. 2019.

COUNCIL OF EUROPE. *The reform of football governance*. Resolution 2.053. Brussels: Conselho Europeu, 2015.

COUNCIL OF EUROPE. Convention on the manipulation of sports competitions. *Council of Europe Treaty Series*, Magglingen, n. 215, 18 set. 2014. Disponível em: https://rm.coe. int/CoERMPublicCommonSearchServices/DisplayDCTMContent?documentId=090000 16801cdd7e. Acesso em: 21 ago. 2022.

COUR DE COMPTES. *Rapport public thématique*: l'État et le mouvement sportif: mieux garantir l'intérêt général. *La Documentation Française*, frévier 2018. Disponível em: http:// www.ladocumentationfrancaise.fr/var/storage/rapports-publics/134000044. pdf. Acesso em: 9 maio 2019.

COUR DE COMPTES. *Rapport public thématique*: sport pour tous et sport de haut niveau: pour une réorientation de l'action de l'État, Janvier 2013. Disponível em: www.ccomptes.fr.

CRISTIANO Ronaldo se transforma na celebridade com mais seguidores no Instagram. *iG Mail*, São Paulo, 5 abr. 2019. Acesso em: 13 ago. 2019.

D'ANDREA, Antonella. La Funzione Sociale dello Sport nell'Ordinamento Internazionale, Europeo ed Italiano. *Revista dos Tribunais*, ano 106, v. 979, p. 279-304, maio 2017.

DEFRANCE, Jacques. *Sociologie du Sport*. 6. éd. Paris: La Découverte, 2011.

DINH, Nguyen Quoc; DAILLIER, Patrick; PELLET, Alain. *Direito Internacional Público*. Tradução: Vítor Marques Coelho. 4. ed. Lisboa: Fundação Calouste Gulbenkian, 1999.

DORSEY, James M. Political interference, power struggles, corruption and greed – The undermining of football governance in Asia. *In:* TRANSPARENCY INTERNATIONAL. *Global Corruption Report: Sport*. New York: Routledge, 2016. p. 39-43.

DUDOGNON, Charles *et al*. *Intégrité des competitions sportives*. Lyon: Dalloz, 2014.

DURET, Pascal. *Sociologie du sport*. 3. éd. Paris: PUF, 2011.

DUVAL, Jean-Marc. *Le Droit Public du Sport*. Marseille: PUAM, 2002.

DUVAL, Antoine. The rules of the game: The need for transparency in sports governance. *Play The Game*, 1 jul. 2016. Disponível em https://www.playthegame.org/ news/comments/2016/034_the-rules-of-the-game-the-need-for-transparency-in-sports-governance/. Acesso em: 17 dez 2019.

EBERSPACHER, Sarah. 5 times the U.S. government interfered in the world of sports. *The Week*, 8 Jan. 2015. Disponível em: https://theweek.com/articles/458315/5-times-government-interfered-world-sports. Acesso em: 4 nov. 2019.

MANOLI, Argyro Elisavet *et al*. *Mapping of Corruption in Sport in the EU* – A Report to the European Commission. Luxembourg: Publications Office of the European Union, 2018.

ELIAS, Norbert; DUNNING, Eric. *Sport et civilisation*: la violence maîtrisée. Paris: Fayard, 1994.

ELIAS, Norbert. La genèse du sport en tant que probleme sociologique. *Revue des Deux Mondes*, p. 46-58, jun. 1998.

ELIAS, Norbert; DUNNING, Eric. Introducción. In. ELIAS, Norbert, DUNNING, Eric. *Deporte y ocio em el proceso de la civilización.* México: Fondo de Cultura Económica, 1992.

EOSE. *VOCASPORT* – Vocational Education and Training related to Sports in Europe: Situation, Trends and Perspectives, 2004. Disponível em: eose.org/our_work/vocasport-vocational-education-and-training-related-to-sports-in-europe-situation-trends-and-perpectives/. Acesso em: 28 jul. 2019.

ESPAÑA. [Constitución Española (1978)]. Constitución Española, de 29 de diciembre de 1978. *BOE*, n. 311, 29 dic. 1978. Disponível em: https://www.boe.es/eli/es/c/1978/12/27/(1)/con. Acesso em: 5 jul. 2019.

EUR-Lex. *Livro branco sobre o desporto*, 10 jul. 2017. Disponível em: https://eur-lex.europa.eu/legal-content/PT/TXT/?uri= LEGISSUM%3Al35010. Acesso em: 15 jun. 2019.

FARIA, Tiago Silveira de. A influência do Direito Desportivo Transnacional no ordenamento jurídico brasileiro: da reprodução de normas à aplicação direta pela jurisdição estatal. *Revista de Direito Internacional*, v. 12, n. 2, p. 324-341, 2015.

FARIA, Tiago Silveira de. *Lex FIFA*: Autonomia e poder de uma ordem jurídica transnacional. 2016. Dissertação (Mestrado em Direito) – Universidade do Vale do Rio dos Sinos, São Leopoldo, 2016.

FAVERO, Gonçalo; JÚNIOR, Paulo. Em crise, atletismo busca uma luz no fim do túnel. *Estadão*, São Paulo, 20 jan. 2019. https://esportes.estadao.com.br/noticias/geral,em-crise-atletismo-busca-uma-luz-no-fim-do-tunel,70002685668. Acesso em: 8 dez. 2019.

FILHO, Mário. *O negro no* foot-ball *brasileiro.* Rio de Janeiro: Irmão Pongetti Editores, 1947.

FUKAI, Bruno Marcos. *Modelos de gestão esportiva*: análise introdutória a partir dos estudos dos modelos de gestão esportiva dos EUA e Brasil. Orientador: Paulo Cesar Montagner. 2011. Trabalho de Conclusão de Curso (Bacharelado em Educação Física) – Universidade Estadual de Campinas, Campinas: 2011.

FOUCHER, Bernard. *Compréhension de l'institution sportive comme acteur non étatique.* [*S. l.*]: [*S. n.*], [200-?]. Disponível em: http://www.sciencespo.fr/chaire-madp/sites/sciencespo.fr.chaire-madp/

files/comprehension_institution_sportive_acteur_non_etatique.pdf.

Acesso em: 5 jun. 2019.

FREEBURN, Lloyd. *Regulating International Sports* – Power, Legal Authority and Legitimacy. Leiden: Koninklijke Brill, 2018.

GALLO, Sílvio. Corpo ativo e filosofia. *In:* MOREIRA, W.W. (org.). *Século XXI*: a era do corpo ativo. Campinas: Papirus, 2006.

GARDINER, Simon *et al.* (ed.). *EU, Sport, Law and Policy.* The Hague: TMC Asser Press, 2009.

GARDINER, Simon; ROBINSON, Simon; PARRY, Jim. Integrity and the corruption debate in sport – Where is the integrity? *European Sport Management Quarterly*, v. 17, n. 1, p. 1-18, Dec. 2016. DOI 10.1080/16184742.2016.1259246.

GEERAERT, Arnout *et al.* Good governance in International Non-Governmental Sport Organisations: An empirical study on accountability, participation and executive body members in Sport Governing Bodies. *In:* ALM, Jens (ed.). *Action for Good Governance in International Sports Organisations*: Final report, Apr. 2013. Disponível em: https://library.olympics.com/Default/doc/SYRACUSE/38587/action-for-good-governance-in-international-sports-organisations-final-report-jens-alm-ed?_lg=en-GB. Acesso em: 15 jul. 2019.

GEERAERT, Arnout. *National sports governance* observer – Indicators for good governance in national federations. Copenhagen: Play the Game; Danish Institut for Sport Studies, 2017.

GEHLING, Ricardo Tavares. Afirmação da autonomia do Direito Desportivo e tensões provocadas pela disputa de densidade normativa. *Revista Academia Nacional de Direito Desportivo*, ano 1, n. 2, p. 242-251, jul./dez. 2016.

GENEVOIS, Bruno. Mise en oeuvre du principe d'intégrité des compétitions sportives et lutte contre le dopage. *In:* DUDOGNON, Charles *et al. Intégrité des Compétitions Sportives*. Lyon: Dalloz, 2014.

GIANORDOLI-NASCIMENTO, Ingrid Faria *et al.* "Salve a seleção": ditadura militar e intervenções políticas no país do futebol. *Psicologia e Saber Social*, v. 3, n. 1, p. 143-153, 2014.

GILLES, Paché. Governance of professional sport leagues: Towards a convergence between North America and Europe? *International Conference on Advances in Management*, p. 69-73, Nov. 2015.

GOLDBLATT, David. *Football Nation* – A Footballing History of Brazil. London: Penguin, 2014.

GROS, Manuel; VERKINDT, Pierre-Yves. *L'autonomie du droit du sport* – fiction ou realite?, [*S. l.*]: [*S. n.*], [1985]. Disponível em: https://docplayer.fr/12273107-L-autonomie-du-droit-du-sport-fiction-ou-realite.html.

GUÉGAN, Jean-Baptiste. *Géopolitique du sport*. Paris: Breal, 2017.

GUTTMANN, Allen. *Sports*: The First Five Millennia. Boston: University of Massachusetts Press, 2004.

HENRY, I.; LEE, P. C. Governance and ethics in sport. *In:* BEECH, John; CHADWICK, Simon (ed.). *The Business of Sport Management*. Harlow: Prentice Hall, 2004. p. 25-42.

HOBSBAWM, Eric J. *Nações e nacionalismo desde 1780*. Rio de Janeiro: Paz e Terra, 1990.

HOULIHAN, Barrie; GREEN, Mick. *Comparative Elite Sport Development*: Systems, Structures and Public Policy. Massachussets: Elsevier, 2008.

HOURCADE, Michel. Le sport et l'État de droit: approche sociologique. Norme, règle, habitus et droit chez Bourdieu. *Droit et Société*, n. 32, p. 141-155, 1996. Disponível em: http://www.persee.fr/doc/dreso_0769-3362_1996_num_32_1_1364. Acesso em: 28 jul. 2019.

HUIZINGA, Johan. *Homo Ludens* – A Study of the Play-Element in Culture. London, Boston and Henley: Routledge & Kegan Paul, 1949.

IPACS. *General Conference* (15 December 2019). Disponível em: https://www.ipacs.sport/. Acesso em: 18 out. 2019.

IPACS. *IPACS Sport*, [2022]. Disponível em: https://www.ipacs.sport/. Acesso em: 21 ago. 2022.

JESSUP, Philip. *Transnational Law*. New Haven: Yale University Press, 1956.

JORDÃO, Milton. Medida Provisória nº 671/2015 e o princípio constitucional da autonomia desportiva. *Revista Síntese Direito Desportivo*, ano IV, n. 24, p. 9-19, abr./maio 2015.

JUNIOR, Rolando Ferreira; PELLANDA, Fabio Antonio; CAVICHIOLLI, Fernando Renato. O basquetebol brasileiro e o jogo do poder. *Efdeportes.com (Revista Digital)*, Buenos Aires, año 14, n. 134, Jul. 2009.

El baloncesto brasileño y el juego del poder

KARAQUILLO, Jean-Pierre. *Le Droit du Sport*. 3. ed. Paris: Dalloz, 2011.

KELSEN, Hans. *Teoria Pura do Direito*. 8. ed. São Paulo: Martins Fontes, 2009.

KESSOUS, Mustapha. *100 histórias dos Jogos Olímpicos*. Tradução: Maria Luiza Newlands. Rio de Janeiro: Edições de Janeiro, 2016.

KOLLER, Dionne L. Sports, Doping and the Regulatory "Tipping" Point. *Marquette Sports Law Review*, v. 26, n. 1, p. 181-197, Fall 2015.

LATTY, Franck. *La lex fifa. Droit et Coupe du Monde*, Paris, p. 9-27, 2011.

LAURENCE, Felipe. Lei sancionada na Califórnia pode mudar modelo esportivo nos EUA. *Estadão*, São Paulo, 30 out. 2019. Disponível em: https://esportes.estadao.com.br/noticias/geral,lei-sancionada-na-california-pode-mudar-modelo-esportivo-dos-eua,70003068826. Acesso em: 29 set. 2019.

LÉGIFRANCE. *Loi nº, 84-610 du 16 juillet 1984 relative à l'organisation et à la promotion des activités physiques et sportives*, 1984. Disponível em: https://www.legifrance.gouv.fr/affichTexte.do;jsessionid= 5C62E4BA1C00CB78E1CB2BE690F19425.tpdjo17v_1?cidText e=JORFTEXT000000693187&dateTexte=19920715. Acesso em: 11 jul. 2019.

LÉGIFRANCE. *LOI nº 2013-907 du 11 octobre 2013 relative à la transparence de la vie publique (1)*, 2013. Disponível em: https://www.legifrance.gouv.fr/loda/id/JORFTEXT000028056315/. Acesso em: 11 jul. 2019.

LIMA, Lucas Correia. Estado de Exceção brasileiro e o ordenamento jurídico "chutado para o escanteio": uma breve amostragem sobre as repercussões das inovações legislativas trazidas pelo megaevento da Copa Mundial de Futebol ao Estado Democrático de Direito Brasileiro frente ao afastamento de direito e garantias da sociedade. *Revista Síntese de Direito Desportivo*, São Paulo, n. 21, p. 80, 2014.

LUNZENFICHTER, Alain & Marie. *La politique et l'olympisme moderne*. Biarritz: Atlantica, 2008.

LYRA FILHO, João. *Introdução ao Direito Desportivo*. Rio de Janeiro: Irmãos Pongetti, 1952.

MCFARLAND, Kevin. Everything You Need to Know About FIFA's Corruption Scandal. *Wired*, 27 May 2015. Disponível em: https://www.wired.com/2015/05/fifa-scandal-explained/. Acesso em: 29 maio 2019.

MALMESBURY, Thomas Hobbes de. *Leviatã* – ou matéria, forma e poder de um Estado Eclesiástico e Civil. Tradução: João Paulo Monteiro e Maria Beatriz Nizza da Silva. São Paulo: Abril, 2018. Disponível em: http://www.dhnet.org.br/direitos/anthist/marcos/hdh_thomas_hobbes_ leviatan.pdf.

MANGE, Flávia Foz. As características do Direito Transnacional como metodologia: análise sob o enfoque dos aspectos processuais da arbitragem. *Revista de Direito Internacional*, v. 13, n. 3, p. 126-144, 2016.

MAGNON, Xavier. Morale et politique: quelles places pour le droit? *In*: MATHIEU, Bertrand; VERPEAUX, Michel. *Transparence et vie publique*. 1. éd. Paris: Dalloz, 2015.

MANHÃES, Eduardo Dias. *Política de esporte no Brasil*. Rio de Janeiro: Editora Paz e Terra, 2002.

MARMAYOU, Jean-Michel. *Sports Law in France*. 2. ed. The Netherlands: Kluwers Law International, 2019.

REFERÊNCIAS | 225

MARQUES, Renato Francisco Rodrigues; GUTIERREZ, Gustavo Luis; ALMEIDA, Marco Antonio Bettine de. *A transição do esporte moderno para o esporte contemporâneo*: tendência de mercantilização a partir do final da Guerra Fria. *In*: ENCONTRO DA ALESDE ESPORTE NA AMÉRICA LATINA: ATUALIDADE E PERSPECTIVAS, 1., 2008. Curitiba. *Anais* [...]. Curitiba: ALESDE; UFPR, 2008. Disponível em http://cev.org.br/biblioteca/a-transicao-esporte-moderno-para-o-esporte-contemporaneo-tendencia-mercantilizacao-partir-final-guerra-fria/. Acesso em: 23 ago. 2019.

MATHIEU, Bertrand; VERPEAUX, Michel. *Transparence et Vie Publique*. 1. ed. Paris: Dalloz, 2015.

MCLAREN, Richard H. Fair Play – Ideals and Realities. *In*: TRANSPARENCY INTERNATIONAL. *Global Corruption Report*: Sport. New York: Routledge, 2016. p. 12-15.

MEHTA, Ravi. The future of sports governance: Will sport sustain its traditional model of autonomy? *Law In Sport*, 14 Nov. 2016. Disponível em: https://www.lawinsport.com/topics/articles/item/the-future-of-sports-governance-will-sport-sustain-its-traditional-model-of-autonomy. Acesso em: 20 jun. 2019.

MELO FILHO, Álvaro. Constitucionalização do Desporto Revisitada. *In*: BONAVIDES, Paulo; MORAES, Germana; ROSAS, Roberto (org.). *Estudos de Direito Constitucional em Homenagem a Cesar Asfor Rocha* (Teoria da Constituição, Direitos Fundamentais e Jurisdição). Rio de Janeiro: Renovar, 2009. p. 1-18.

MELO FILHO, Álvaro Melo. Desporto constitucionalizado. *Revista de Informações Legislativas*, ano 26, n. 101, p. 207-236. jan./mar. 1989. Disponível em https://www2.senado.leg.br/bdsf/bitstream/handle/id/181915/ 000443848.pdf?sequence=1. Acesso em: 1 dez. 2019.

MELO FILHO, Álvaro. *Direito Desportivo no Limiar do Século XXI*. Fortaleza: ABC, 2000.

MELO FILHO, Álvaro. O novo art. 18-A da Lei Pelé e os mandatos dos dirigentes desportivos. *Revista do Advogado*, ano XXXIV, n. 122, p. 101/108, abr. 2014.

MELLO, Marcos Bernardes de. *Teoria do fato jurídico* – plano da existência. 13. ed. São Paulo: Saraiva, 2007.

MENDES, Gilmar Ferreira. Tendências e Expectativas do Direito Desportivo. *In*: MENDES, Gilmar Ferreira. *Direito Desportivo*. Campinas: Jurídica Mizuno, 2000.

MERLONE, Nicholas Maciel. A formação desportiva de uma potência olímpica. *Estado de Direito!*, 14 set. 2016. Disponível em: http://estadodedireito.com.br/formacao-desportiva-de-uma-potencia-olimpica/. Acesso em: 22 out. 2019.

MICHOUD, Leon. *La theorie de la personalite morale et son application au droit français*. Paris: LGDJ, 1932.

MITTEN, Matthew J. *Baseball*: An illustration of how professional sports are structured, internally governed, and legally regulated in the USA. *In*: LEGAL ISSUES ON THE CULTURE, ART, SPORTS AND ENTERTAINMENT INDUSTRY COMPARATIVE AND INTERNATIONAL LAW SEMINAR. 2008. Seoul. *Proceedings* [...]. Seoul: Universidade de Dongguk, 2008. Disponível em: https://www.researchgate.net/. Acesso em: 28 jul. 2019.

MRKONJIC, Michael. *Sports organisations, autonomy and good governance*. Disponível em: https://www.researchgate.net/publication/323696569_Sports_organisations_autonomy_and_good_governance.

MUNRO, Bob. Sport as force for good. *In*: TRANSPARENCY INTERNATIONAL. *Global Corruption Report: Sport*. New York: Routledge, 2016. Acesso em: 29 jun. 2018.

NAFZIGER, James A. R. *A Comparison of the European and North American Models of Sports Organization*. In: GARDINER, Simon et al. (ed.). *EU, Sport, Law and Policy*. The Hague: TMC Asser Press, 2009.

NICOLAU, Jean Eduardo. *Direito Internacional Privado do Esporte*. São Paulo: Quartier Latin, 2018.

NOLL, Roger G. (ed). *Government and the Sports Business*. Washington: The Brookings Institution, 1974.

NUNES, Tatiana Mesquita. The inclusion of financial fair play into Brazilian Sports Law – Considerations about a new wording of Article 10 of the Fans Statute. *Football Legal – The International Journal Dedicated to Football Law*, n. 5, p. 145-146, Jun. 2016.

NYE JR., Joseph S. *Soft Power*: The Means To Success In World Politics. New York: Public Affairs, 2004.

PALAZZO, Guido. Organizational Integrity – understanding the dimensions of ethical and unethical behavior in corporations. *In:* ZIMMERLI, Walther Ch.; RICHTER, Klaus; HOLZINGER, Markus. *Corporate Ethics and Corporate Governance*. Berlin, Heidelberg: Springer, 2007.

PARLIAMENT ASSEMBLY. *Resolution nº 2.199/2018*. Towards a framework for modern sports governance. Text adopted by the Assembly on 24 January 2018 (5th Sitting), 2018. Disponível em: https://assembly.coe.int/nw/xml/XRef/Xref-XML2HTML-en.asp?fileid=24443&lang=en. Acesso em: 21 de ago. 2022.

PARENTE FILHO, Marcos Santos (org.). *Esporte, educação física e Constituição*. São Paulo: Ibrasa, 1989.

PENTEADO, José Tadeu Rodrigues. *Direito Desportivo Constitucional*: o desporto educacional como direito social. 2016. Dissertação (Mestrado em Direito) – Pontifícia Universidade Católica, São Paulo, 2016.

PIELKE JR., Roger. Obstacles to accountability in international sports governance. *In:* TRANSPARENCY INTERNATIONAL. *Global Corruption Report: Sport*. New York: Routledge, 2016. p. 29-38.

PIETRO, L. M. Carzola. *Deporte y Estado*. Madri: Editorial Labor, 1979.

PORTUGAL. [Constituição (1976)]. *Constituição da República Portuguesa*, [1976]. Disponível em: https://www. parlamento.pt/Legislacao/paginas/constituicaorepublicaportuguesa.aspx. Acesso em: 5 jul. 2019.

REYNAUD, Jean-Baptiste. *L'encadrement par l'Etat des prérogatives des fédérations sportives françaises*. 2013. Tese (Doutorado em Direito) – Universidade de Bourgogne, Dijon, 2013.

RÉPUBLIQUE FRANÇAISE. Loi Mazeaud nº 75-988 du 29 octobre 1975 sur le développement du sport. *France Archives* (1974-1982), 1975. Disponível em: https://francearchives.fr/fr/facomponent/add1a052b84140b8c8f42d686d00e735b899c5e5. Acesso em: 11 jul. 2019.

REZEK, José Francisco. *Direito Internacional Público*. 7. ed. São Paulo: Saraiva, 1998.

REZENDE, José Ricardo. *Tratado de Direito Desportivo*. São Paulo: Allprint, 2016.

RIO Olympics: Ex-governor says he paid $2m bribe. *BBC News*, 5 Jul. 2019. Disponível em: https://www.bbc.com/news/world-latin-america-48881867. Acesso em: 13 jul. 2019.

RHODE, Deborah L. *Cheating*: Ethics in Everyday Life. New York: Oxford, 2018. p. 19.

REFERÊNCIAS | 227

ROCQUIN, Baudry. *Le Sport em France*: histoire, *économie*, sociologie. Paris: Breal, 2017.

RODRÍGUEZ, Antonio Marcos Escalona. *Heracles y sus doce trabajos*. Tutor: Pedro Pablo Fuentes González. 2012. Máster (Estudios Superiores de Filología y Tradición Clásicas) – Facultad de Filología Griega y Filología Eslava, Universidad de Granada, Granada, 2012. Disponível em: http://masteres.ugr.es/clasicas/pages/investigacion/escalonaheracles/!.

ROYAUME DU MAROC. Ministère de l'Economie, des Finances et de la Réforme de l'Administration. *Loi nº 30-09 promulguée par le dahir nº 1-10-150 du 13 ramadan 1431 (24 août 2010) relative à l'éducation physique et aux sports*. Maroc: Pouvoir Judiciaire, 2010. Disponível em: http://bdj.mmsp.gov.ma/Fr/Document/9011-Dahir.aspx. Acesso em: 11 jul. 2019.

ROMANO, Santi. *L'Ordinamento Giuridico*. Firenze: Sansoni, 1977.

ROMERO, Sérgio Luiz Gusmão Gimenes. *Mito e performance na Olímpica I de Píndaro*. Orientador: Fernando Brandão dos Santos. 2013. 100 fls. Dissertação (Mestrado em Estudos Literários) – Faculdade de Ciências e Letras, Unesp, Araraquara, 2013. Disponível em: https://repositorio.unesp.br/bitstream/handle/11449/93858/romero_slgg_me_arafcl.pdf?sequence=1. Acesso em: 21 ago. 2022.

RUBIO, Katia. *O atleta e o mito do herói* – o imaginário esportivo contemporâneo. São Paulo: Casa do Psicólogo, 2001.

SANTOS, J. A. *Os intelectuais e as críticas às práticas esportivas no Brasil (1890-1947)*. 2000. Dissertação (Mestrado em Sociologia) – FLCH, Universidade de São Paulo, São Paulo, 2000.

SÉNAT. *Autonomie du sport* – 15e législature. Question écrite nº 00648 de Mme Marie-Françoise Perol-Dumont (Haute-Vienne - Socialiste et républicain) (...), 24 août 2022. Disponível em: https://www.senat.fr/questions/base/2017/qSEQ170700648.html. Acesso em: 21 ago. 2022.

SERVIÇO SOCIAL DA INDÚSTRIA (SÃO PAULO). *A evolução do esporte olímpico*. São Paulo: Sesi-SP, 2012.

SMITH, Rory. At Manchester City uncommon greatness. *The New York Times*, 9 nov. 2018. Disponível em: https://www.nytimes.com/2018/11/09/sports/manchester-city-united-football-leaks.html. Acesso em: 5 jul. 2019.

SIQUEIRA, André Iki. *João Saldanha*: uma vida em jogo. São Paulo : Companhia Editora Nacional, 2007.

SILVA, Artur Flamínio da. A norma desportiva e o constitucionalismo social: traços de um fenômeno constitucional sem Estado. *Revista Síntese Direito Desportivo*, ano III, n. 18, p. 49-67, abr./maio 2014.

SILVA, Maria de Fátima. Da violência à civilização: Hércules e o super-homem da Antiguidade. *Revista Humanista, Imprensa da Universidade de Coimbra*, v. LXV, p. 7-26, 2013.

STAREPRAVO, Fernando Augusto; MARCHI JÚNIOR, Wanderley. (Re)pensando as políticas públicas de esporte e lazer: a sociogênese do subcampo político/burocrático do esporte e lazer no Brasil. *Revista Brasileira de Ciências do Esporte*, v. 38, n. 1, p. 42-49, 2016.

SWARDT, Cobus de. Prefácio. *In:* TRANSPARENCY INTERNATIONAL. *Global Corruption Report*: Sport. New York: Routledge, 2016. p. XIII-XIV.

TOVAR, Jorge. El fútbol, una representacion de la sociedad. *Universidad de Los Andes*, 15 jun. 2018. Disponível em: https://uniandes.edu.co/noticias/economia-y-negocios/el-futbol-un-fenomeno-de-masas. Acesso em: 15 jul. 2019.

TSUMA, Chris. Corruption in African sport – A summary. *In:* TRANSPARENCY INTERNATIONAL. *Global Corruption Report:* Sport. New York: Routledge, 2016. p. 44-51.

TUBINO, Manoel José Gomes; GARRIDO, Fernando Antônio Cardoso; TUBINO, Fábio Mazeron. *Dicionário enciclopédico Tubino do esporte.* Rio de Janeiro: Senac Rio, 2007.

UNICEF Brasil. *Convenção sobre os Direitos das Pessoas com Deficiência e Protocolo Facultativo à Convenção sobre os Direitos das Pessoas com Deficiência,* [2019]. Disponível em: https://www.unicef.org/brazil/convencao-sobre-os-direitos-das-pessoas-com-deficiencia. Acesso em: 5 jul. 2019.

UNESCO. *Annex II.* Status of ratification of conventions and agreements adopted under the auspices of UNESCO (as at 1 july 2021), 2021. Disponível em: http://www.unesco.org/eri/la/convention.asp?KO=31037&language=E. Acesso em: 21 ago. 2022.

UNESCO. *Carta Internacional da Educação Física e do Esporte da UNESCO,* 21 de novembro de 1978. Disponível em: https://unesdoc.unesco.org/ark:/48223/pf0000216489_por. Acesso em: 5 jul. 2019.

UNITED NATIONS. Office in Drugs and Crime. *UNODC Global Report on Corruption in Sport,* [2021]. Disponível em: https://www.unodc.org/unodc/en/safeguardingsport/grcs/index.html. Acesso em: 15 jul. 2019.

USADA. *Independence & History,* [2019]. Disponível em: https://www.usada.org/independence-history/. Acesso em: 12 nov. 2019.

USA. Congress. Senate. Committee on the Judiciary. Subcommittee to Investigate Juvenile Delinquency. *Proper and Improper Use of Drugs by Athletes:* Hearing Before the Sen. Subcommittee to Investigate Juv. Delinquency, Committee on the Judiciary, 93rd Congress, 1973 (statement of Phil Shinnick, Director of Athletics, Livingston c., Rutgers Univ.). Washington: U.S. Govt. Print. Off., 1973. Disponível em: http://files.eric.ed.gov/fulltextJED086919.pdf. Acesso em: 9 maio 2019.

USA. Supreme Court. Case Copperweld *v.* Independence Tube Corp, 1984. Disponível em https://supreme.justia.com/cases/federal/us/467/752/. Acesso em: 1 nov. 2019.

USA. Supreme Court. Law N. 107-67, Section 644. *In:* USA. *U.S. Code,* [1967]. Disponível em: https://www.govinfo.gov/content/pkg/STATUTE-115/pdf/STATUTE-115-Pg514.pdf#page=45. Acesso em: 21 ago. 2022.

USA. Supreme Court. Title 21, Chapter 25, Subchapter I, Section 2001. *In:* USA. *U.S. Code,* [1926]. Disponível em: https://www.law.cornell.edu /uscode/text/21/2001. Acesso em: 12 nov. 2019.

VARGAS, Angelo; *et al.* Os princípios fundamentais do desporto, seu amparo constitucional e sua efetivação. *Revista Síntese Direito Desportivo,* ano IV, n. 23, p. 54-77, fev./mar. 2015.

VASCONCELOS, Douglas Wanderley de. *Esporte, poder e relações internacionais.* Brasília: Fundação Alexandre Gusmão, 2008.

REFERÊNCIAS | **229**

VECCHIOLLI, Demétrio. Maior operação da história contra o doping prende 234 pessoas. *UOL*, 8 jul. 2019. Disponível em: https://olharolimpico.blogosfera.uol.com.br/2019/07/08/maior-operacao-da-historia-contra-o-doping-prende-234-pessoas/. Acesso em: 15 jul. 2019.

VILOTTE, Jean-Françoise. Lutte contre la manipulation des competitions sportives en lien avec les paris (dispositive français et cooperation internacionale) (1). *In:* DUDOGNON, Charles *et al. Intégrité des competitions sportives*. Lyon: Dalloz, 2014.

WEBER, Max. *Economia e sociedade*. Brasília: UnB, 2015.

Esta obra foi composta em fonte Palatino Linotype, corpo 10,5
e impressa em papel Boivory Bulk 65g (miolo) e Supremo 250g (capa)
pela Gráfica Formato, em Belo Horizonte/MG.